Essential legal knowledge
for public officials

新版

地方公務員のための法律入門

松村 享 Susumu Matsumura

ナカニシヤ出版

新版まえがき

> 「法律は武器になる」

　この言葉は，地方公務員を 30 数年，法務担当を 20 数年の間，続けてきた私の率直な感想です。私の公務員生活は，法律の知識，法的な考え方に支えられてきたといっても過言ではないと思っています。しかし，実際には，「法律は難しい」というのが多くの自治体職員の気持ちだと思います。本書の初版は，そんな皆さんが少しでも法律に親しんでいただけるように，地方公務員として必要最小限の法律の知識をできるだけ分かりやすく学んでいただきたいとの思いで執筆しました。

　本書の初版を刊行した 2014 年 3 月から既に 7 年以上の歳月が経過し，その間に地方公共団体を取り巻く状況は大きく変化しました。特に大きな影響を与えたのが，新型コロナウイルスではないでしょうか。新型コロナウイルスによって私たちの生活も大きく変わりましたが，地方公共団体の役割も大きな変化を遂げたように思います。

　新型コロナウイルスに対しては，全国の地方公共団体が保健所を中心に最前線で対応に当たってきました。全国の地方公共団体の職員が感染症に関する専門知識と感染症の予防及び感染症の患者に対する医療に関する法律，新型インフルエンザ等対策特別措置法等の法律に関する知識を武器に新たな感染症と戦ってきたともいえます。想定外の事態の中で，これらの法律を解釈して適用することも多くあったのではないでしょうか。

　今まさに地方公務員にとって武器としての法的能力が求められていると思います。

　新版の刊行に当たっては，このような視点を踏まえて，より幅広く法的な解説を行うことを心掛け，新たに行政計画や行政調査等についても記述を加えるとともに，行政救済制度についてもより詳しい解説を行いました。

2021 年 12 月

松村　享

初版まえがき

> 「市長が個人として数十億の賠償責任を負うとの判決！」

　これはかつて実際に起こった事件です。驚くような判決ですが，地方自治法に規定されている住民訴訟の結果，元市長に対して数十億円もの損害賠償責任を認めた判決が下されました。

　違法な公金支出を行った場合，住民訴訟によって知事・市町村長，さらには局長，部課長などの職員が個人として損害賠償責任を負うことがあります。地方公共団体の職員は，そのようなリスクと背中合わせで仕事を行っています。違法な支出による責任を問われることのないように細心の注意をはらって職務にあたらなければなりません。そしてそのためには，さまざまな法令を理解しておく必要があります。

　また，近年では地方公共団体の行政運営をみつめる住民の視線はますます厳しくなっており，法令遵守がよりいっそう強く求められるようになっています。当然ながら地方公共団体は行政活動を法令に従って行うべきものですが，相次ぐ不祥事の発覚などもあって法令遵守ということが改めて重要性を増しています。特に，地方公共団体の不祥事には，職員の知識不足によって生じているものも少なくないだけに，公務員にとって法律の知識は必須といえます。

　ところが，地方公務員が職務に当たるために必要な法律の知識は，憲法や地方自治法はもちろんのこと，地方公務員法，行政手続法，行政不服審査法，行政事件訴訟法など非常に幅広い分野にわたります。これらの法律を身につけるために関連する法律書をすべて購入して学習するというのは，気の遠くなるような作業です。しかも，法律の解説書というのは，初学者にとっては一筋縄では理解できないほど難解であるというのが実情です。

　そこで，この本では，地方公務員として必要最小限の法律の知識を，できる限り分かりやすく解説することを心がけました。またこの第2版では行政不服審査法の改正に対応しました。本書を通じて，1人でも多くの地方公務員の方が法律を学び，安心して行政活動を行っていただくことを切に願っています。

　なお，地方公務員，特に初学者にとって学説の文献提示はそれほど必要でないことから，最小限にとどめました。逆に判例は行政実務において非常に重要であるため，なるべく多くの判決，裁判例等を示しました。さらに地方公務員にとっては契約法も重要な法律の知識の1つですが，本書ではこの点にふれていません。契約に関しては，拙著『自治体職員のための契約事務ハンドブック』（占部裕典・田井義信〔監修〕，第一法規，2014年）をぜひご一読ください。地方公務員にとっての契約の基礎的な知識がきっと身につくはずです。

凡　例

※本文中（　）内の条文で，法令名の表記のないものは地方自治法です。

※判例・判例集の略記は次のとおりです。

下民　　⇒　下級裁判所民事裁判例集

行集　　⇒　行政事件裁判例集

刑集　　⇒　最高裁判所刑事判例集

高刑速　⇒　高等裁判所刑事裁判速報集

高判　　⇒　高等裁判所判決

最判　　⇒　最高裁判決

集民　　⇒　最高裁判所裁判集民事

大判　　⇒　大審院判決

地判　　⇒　地方裁判所判決

判時　　⇒　判例時報

判自　　⇒　判例地方自治

判タ　　⇒　判例タイムズ

民集　　⇒　最高裁判所民事判例集

※文献の略称は次のとおりです。

芦部憲法　　　　　⇒　　芦部信喜『憲法 第 7 版』岩波書店　2019 年

宇賀行政法　　　　⇒　　宇賀克也『行政法（第 2 版）』有斐閣　2018 年

宇賀概説Ⅱ　　　　⇒　　宇賀克也『行政法概説Ⅱ』有斐閣　2021 年

川﨑基本解説　　　⇒　　川﨑政司『地方自治法基本解説 第 7 版』法学書院　2018 年

木村憲法の急所　　⇒　　木村草太『憲法の急所 第 2 版』羽鳥書店　2017 年

佐藤憲法　　　　　⇒　　佐藤幸治『日本国憲法論 第 2 版』成文堂　2020 年

塩野行政法Ⅰ　　　⇒　　塩野　宏『行政法Ⅰ 行政法総論 第 6 版 補訂版』有斐閣　2015 年

塩野行政法Ⅱ　　　⇒　　塩野　宏『行政法Ⅱ 行政救済法 第 6 版 補訂版』有斐閣　2019 年

塩野行政法Ⅲ　　　⇒　　塩野　宏『行政法Ⅲ 行政組織法 第 5 版』有斐閣　2021 年

曽和行政法総論　　⇒　　曽和俊文『行政法総論を学ぶ』有斐閣　2014 年

逐条自治法　　　　⇒　　松本英昭『新版 逐条地方自治法 第 9 次改訂版』学陽書房　2019 年

現代行政法入門　　⇒　　曽和俊文他『現代行政法入門 第 4 版』有斐閣　2019 年

自治体政策法務講義　⇒　　磯崎初仁『自治体政策法務講義（改訂版）』第一法規　2018 年

※さらに詳しく学びたい人は，以下の私の著書を活用してください。

『自治体職員のための情報公開事務ハンドブック 改訂版』第一法規　2021 年

『自治体職員のための判例の読み方・活かし方』第一法規　2021 年

『自治体職員のための契約事務ハンドブック（改正民法対応版）』第一法規　2019 年

『基礎から学ぶ 入門地方自治法』ぎょうせい　2018 年

『住民監査請求・住民訴訟の基礎知識』第一法規　2018 年

『自治体職員のための外部委託・民営化事務ハンドブック』第一法規　2017 年

『憲法の視点からみる条例立案の教科書』第一法規　2017 年

目　次

第１部　行政活動に向けて

第１章：行政活動に向けて　*2*

第２章：住民からの申請の審査　*23*

第3章：行政手続法について 29

第 2 部　地方自治制度

第 7 章：地方自治と地方公共団体　　*68*

第 1 部
行政活動に向けて

01 行政活動に向けて

　地方公務員のための法律入門として，まず行政処分から始めましょう。**行政処分**は，地方公共団体等の行政活動の中心となるもので，行政処分の理解ができてはじめて一人前の地方公務員として事務処理ができるといっても過言ではありません。

　行政処分の理解のために，まずどのような行為が行政処分に当たるのか，契約など私法上の行為と比較しながらみていきます。最も典型的な行政処分は**許認可**といわれるもので，例えば飲食店の営業許可や鉄道運賃等の公共料金の認可などがあります。

　行政処分にはさまざまな特徴があり，特有の効果を有するほか，訴訟体系なども異なります。私法上の行為の効力などを争う場合には民事訴訟によることになりますが，行政処分の場合には**行政不服審査**や**行政事件訴訟**によりその効力を争うことになります。

　そして，地方公務員にとって重要なことは**教示**です。行政処分を行う場合には，救済を求める方法を相手方に対して示さなければなりません。さらに，行政処分については，**公定力**や**自力執行力**など一般の私法上の行為とは異なる特殊な効力があるものとされています。地方公務員はそれらの効力を十分に理解した上で，行政処分を行うことが必要です。

　このように行政処分についての一般的な理解を深めた後に，具体的に行政処分にどのような種類のものがあるかを学びます。実際の行政処分の**類型**を学ぶことによって，行政処分の実態にさらに近づくことができるはずです。

　行政処分は相手方の意思に反しても行うことができるという重要な特徴があります。行政機関として住民全体の利益を守るためには，住民の権利に対して一定の制約をかける必要が生じる場合があります。しかし，住民の権利を制限するためには，法律の根拠が必要です。これは，民主主義の下で行政が適正に行われるために必要なことで，**法律による行政**といわれています。もっとも，行政機関の活動すべてが法律で厳格に規定されているわけではありません。法律の範囲内で行政機関に一定の裁量を認めることで迅速かつ，柔軟な行政活動を行うことができると考えられています。

　地方公務員としては，法律による行政の理解はもちろんですが，行政機関にゆだねられた裁量についても十分に理解して行政活動に当たらなければなりません。

01-01　行政処分

①行政処分について

　行政処分といっても実態がつかめず，よく分からない人も多いでしょう。そこで例えば，市役所の職員が印鑑証明書の交付申請を受け付ける場合を考えてみます。申請を受ければ市役所の職員は印鑑証明書を交付しますが，この交付は法的には**公証**という行政処分に当たります。次に，保健所の窓口で喫茶店の営業許可申請を行う場合について考えてみましょう。この申請を受けて，要件に適合していれば**営業許可**が行われますが，これも行政処分に当たります。このように地方公共団体で，なにげなく行われている事務の多くが実は行政処分なのです。

　行政機関が行うこのような行為は，学問上の概念では**行政行為**と呼ばれますが，法律上で使われる「(行政)処分」(行政事件訴訟法3条1項)という用語とほぼ同義と解されています。本書では，一般的に使われる**行政処分**に統一して表現することにします。

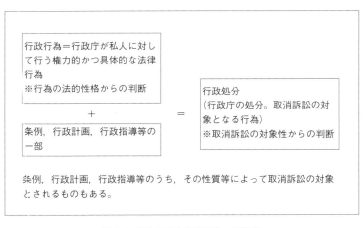

図1-1　行政処分と行政行為との関係

　ところで行政処分は，どういったことを意味しており，どのように定義されているのでしょうか。行政手続法，行政不服審査法，行政事件訴訟法の各法律においては，**処分**という言葉が使われていますが，その規定はそれぞれ異なっており，以下のように規定されています。

【行政手続法】
第2条　この法律において，次の各号に掲げる用語の意義は，当該各号に定めるところによる。
②処分　行政庁の処分その他公権力の行使に当たる行為をいう。

【行政不服審査法】
第1条第2項　行政庁の処分その他公権力の行使に当たる行為（以下単に「処分」という。）に関する不服申立てについては，他の法律に特別の定めがある場合を除くほか，この法律の定めるところによる。

【行政事件訴訟法】
第3条　この法律において「抗告訴訟」とは，行政庁の公権力の行使に関する不服の訴訟をいう。
2　この法律において「処分の取消しの訴え」とは，行政庁の処分その他公権力の行使に当たる行為（次項に規定する裁決，決定その他の行為を除く。以下単に「処分」という）の取消しを求める訴訟をいう。

●行政庁の優越的な立場の根拠
行政庁が，優越的な立場から住民に対し法的規制を行うことができるのは，行政庁が住民の信託を受けその権限を与えられているからです。そのため，行政庁は法律という信託の手段を通じて授権された範囲で権限を行使できるのです。

このように行政処分についての規定の仕方は，法律によって若干の差がありますが，その意味はおおむね同様のものと考えられています。そこでひとまず，行政事件訴訟法を例に考えてみましょう。処分の取消しの訴えの対象は「行政庁の処分その他公権力の行使に当たる行為」とされている（行政事件訴訟法3条2項）ものの，その具体的な範囲は必ずしも明確ではありません。ただし，行政機関の行為がすべて取消訴訟の対象となるものではないということについて，異論はありません。判例によれば，行政機関の行為のうち「直接住民の権利義務を形成し又はその範囲を確定することが法律上認められているもの」が行政処分に該当するとされています[1]。

このように取消訴訟の対象となる法的性格を**処分性**とよびます。解説書などでは，行政処分の定義について「行政庁が法に基づき，優越的な意思の発動又は公権力の行使として，「住民に対し具体的な事実に関し，法的規制をする行為」あるいは「権利を設定し，義務を命じ，その他法律の効果を発生させる行為」」などと説明されています。なお，「行政庁」とは，行政処分を行う権限をもった行政機関のことです。

②行政処分の特徴

行政機関はさまざまな活動を行いますが，その活動の中でも**行政処分**は，三つの特徴（（1）行政の一方的判断によって権利，義務を決定する，（2）特定の人の法的な権利，義務を具体的に決定する，（3）その法的な効果が特定の人の権利，義務に及ぶ）を有するものとされています。

---

1) 行政事件訴訟特例法（現行の行政事件訴訟法の前の法律）に関して，最判昭和39年10月29日民集18巻8号1809頁。

(1) 行政の一方的判断によって権利，義務を決定する。

　契約と行政処分との違いを説明したものです。行政機関も契約を締結する場合がありますが，その法的性格は行政処分とは大きく異なります。

　民法522条1項では，契約は申込みに対して相手方が承諾をしたときに成立すると規定しています。このように**契約**は，申込みと承諾という形で双方が合意することによって成立します。これに対して，行政処分は相手方の合意なしに行政機関が一方的に法律関係を形成することができます。この点が行政処分の大きな特徴です。例えば，地方公共団体は，住民の同意を得ることなく地方税を賦課することができるのがこの例です（地方税法2条）。

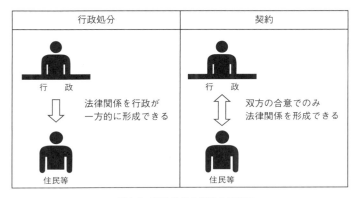

図1-2　行政処分と契約との違い

(2) 特定の人の法的な権利，義務を具体的に決定する。

　行政指導と行政処分との違いからのポイントです。**行政指導**も行政活動において大きな役割を果たしているため，行政指導と行政処分との区別は重要なポイントです。

　先ほどの地方税の賦課を受けた住民は，納税する義務を負うことになります。一方，行政指導はあくまでも相手方の任意の協力によってのみ実現されるもので（行政手続法32条1項），行政指導を強制的に守らせるような義務を負うものではありません。

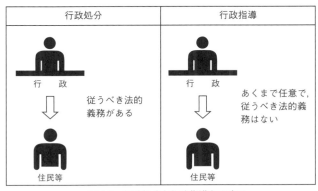

図1-3　行政処分と行政指導との違い

(3) 効果が特定の人の権利，義務に及ぶ。

　行政処分と行政立法とを区別するために重要なポイントです。**立法**は，国会における法律制定を中心に行われていますが，行政機関による立法（行政立法）もあります。**行政立法**とは，行政機関による規範（一定の法的拘束力を有するルール）の定立のことです。国においては，政令，府令，省令として制定されてます。例えば，先ほどの地方税法に関連する政令として地方税法施行令があり，総務省令として地方税法施行規則があります。また，地方公共団体では，地方公共団体の長の定める規則及び行政委員会が定める規則，規程があります。

　行政立法は，国会が制定する法律と同様に一般的に国民，住民の権利，義務について規定しています。例えば，地方税法施行令や地方税法施行規則は全国民を対象とするもので，特定の1人の国民を対象にするものではありません。これに対して，行政処分は特定の個人の権利，義務を定めるものです。例えば，地方税の賦課は，個々の住民に対して行われるので，法的な効果は特定のみの権利，義務に及ぶことになります。

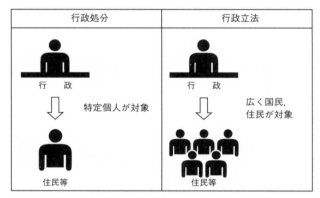

図 1-4　行政処分と行政立法との違い

③処分性の有無による違い

　行政機関の行為が行政処分に当たるかどうかは，不服申立てができるか，あるいは取消訴訟が提起できるかどうかにかかわる重要な問題です。行政処分でなければ，原則として行政不服申立てや行政訴訟を起こすことはできません。したがって，行政処分に当たるかどうかで裁判所等への救済の求め方が異なるということを理解しておいて下さい。

　また，審査請求や取消訴訟を行うことができる行政処分に当たる行為を行う場合には，**教示**を行わなければなりません（行政不服審査法82条，行政事件訴訟法46条等）。教示は，不服申立てや訴訟の対象となる場合に，処分を受ける相手に対し，不服申立てや訴訟の手続を教えなければならないという制度で，住民がその行政処分に対して不服申立てなどをするための重要な情報提供となります。十分に注意して漏れのないように行わなければなりません。

④行政処分に特有の効力

　従来からの理論によれば，行政処分には**公定力**，**自力執行力**，**不可争力**，**不可変更力**の4つの効力があるとされています。これらは私法上の行為には認められない，行政処分に特有の効力です。

（1）公 定 力

　公定力とは，「行政処分の成立に何らかの瑕疵（欠点，欠陥）があっても，それが重大かつ明白な瑕疵であってそのために絶対に無効と認められる場合のほかは，行政処分は有効なものとしてその法的効果に従うとする」効力です。

　公定力の根拠として，かつては行政処分は適法性の推定を受けるという考えもありました。しかし，今日では行政処分の効力を争う方法が行政不服申立てと行政事件訴訟法に基づく取消訴訟に限定されている（取消制度の排他性）ため，行政庁が自ら取り消すか，あるいは取消訴訟等の方法により取り消されるまで，処分を行った行政機関も相手方も行政処分の法的効果に従わなければならないものと考えられています。事例を伴わない説明だけではなかなか理解が難しいため，具体例を挙げて説明してみましょう。

　例えば，税務署長から課税処分を受けたAさんが，その処分が法律に違反していると思った場合について考えてみましょう。この場合であっても，納税を拒否していると，たとえその課税処分が違法だとしても，その処分が有効なものとして滞納処分を受けることになります。

　課税処分に何らかの瑕疵があったとしても，審査請求や取消訴訟等の争訟手続によって取り消されるか，処分庁等の取消権限を有している行政機関により取り消されるまでは，その処分は有効なものとして扱われ，税務署長は滞納処分を行うことができることになるのです。このため，滞納処分を避けようとするならば，その前提となる課税処分の取消しを審査請求や取消訴訟によって求めなければなりません。これが取消制度の排他性から導かれる公定力です。

図1-5　公定力の効果

(2) 自力執行力

　行政処分は，法律の定めるところにより，行政処分自体の効力として，相手方の意思に反してもその内容を強制し，実現しうる力を有します。これを**自力執行力**といいます。

　これも私法上の法律関係と比較して考えてみましょう。図1-6を見てください。AさんとBさんが20万円でパソコンの売買契約を成立させていたとして，Bさんがパソコンを受け取った後に支払期限が来ても売買代金20万円を支払わない場合，Aさんにはどのような手段が取れるでしょうか。この場合，Aさんは，裁判所に訴えて債務名義（確定判決のように強制執行できる法的資格）を得て，執行官に対して強制執行を求めることになります。

　次に税金の例を考えてみましょう。適正に課税がなされたとして，Aさんが税金を支払わないときに，税務署（徴税職員）は裁判等の手続を経ることなく国税徴収法47条の規定に基づいて自らが差押えや公売の強制執行を行うことができます。これが**自力執行力**といわれるものです。訴訟を経て強制執行を行うと，訴訟等に時間を要するため，税金を速やかに収納することはできません。しかし，行政機関が行う行為については，住民全体に広く影響を与えるため（例えば税金が収納できなければ，公共事業ができないなど）早期に確定させることが強く求められています。このために，行政機関には裁判手続を経ることなく自らが強制執行をすることのできる権限が法律によって付与されている場合があります。

　ここでいう法律とは，地方税法等の法律ですが，行政処分のすべてにこのような自力執行力が認められるわけではありません。

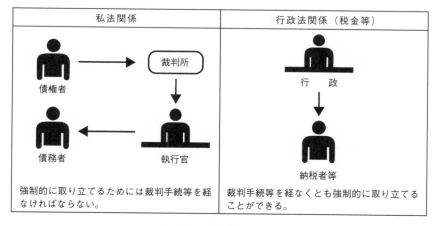

図1-6　私法関係と自力執行力

(3) 不可争力

　不可争力とは「行政処分が，行政法秩序の安定を図る見地から，一定の期間を経過した後は，もはや，私人の方からその行為の効力を争うことができないとする」効力です。一定期間というのは，取消訴訟の出訴期間[2]（処分があったことを知った日から6ヵ月，あるいは処分の日から1年。行政事件訴訟法14条）で，この期間を経過すると行政処分について不可争力が発

生するというわけです。

　公定力の説明で挙げた課税処分の例で考えてみましょう。税務署長から課税処分を受けた A さんが，その処分が法律に違反していると思った場合，出訴期間内に取消訴訟を提起しなければならず，出訴期間の経過後はもうその効力を争うことはできなくなってしまうのです。

　これが**不可争力**です。これも「行政処分の効力を早期に確定させることが住民の法的利益につながる」との考えに基づき認められている法的効力です。

（4）不可変更力

　不可変更力とは，「いったん行った行政処分は行政機関の側から変更できない」という効力です。

　行政処分は，取消訴訟の出訴期間が経過して不可争力が生じると，私人の方からその行為の効力を争うことができなくなります。しかし，このような場合でも，行政機関の側からは取り消し，又は処分内容の変更を行うことができるというのが原則です。ただし，それによって相手方の住民に不利益を及ぼす場合や法的安定性を欠く場合には，取消しや処分内容の変更を行うことはできません。それが**不可変更力**といわれるものです。

　不可変更力を有する行政処分はそれほど多くありませんが，裁決や審決という名称が与えられている行政処分の多くは不可変更力を持ちます。このような行政処分は，紛争について一定の解決を図るものなので，自ら取り消すことによっても紛争の蒸し返しになる可能性があるからです。不可変更力は判例・学説によって解釈上認められてきた効力であり，不可争力のような明文の根拠に基づくものではありません。例えば最判昭和 29 年 1 月 21 日（民集 8 巻 1 号 102 頁）は，裁決は行政処分であるが他の一般行政処分とは異なり，裁決庁自らが取消すことはできないとしています。

（5）行政処分の無効

　注意深い人は気がついたかもしれませんが，公定力の説明のところで，行政処分は，重大かつ明白な瑕疵であってそのために絶対に無効と認められる場合のほかは，行政処分の効力を有すると説明しました（☞7頁）。ということは無効と認められる場合には，公定力は認められないということです。行政処分が無効となる場合には，当該行政処分は成立当初から効力を有しないため，行政処分を有効なものとして扱うという公定力は認められないのです。

　また，行政処分が無効な場合には，不可争力も認められません。つまり，行政処分の無効を争う場合は，行政事件訴訟法において出訴期間の制限はなく，いつまでも訴訟上で争うことが可能です。

2）行政事件訴訟法で取消訴訟を提起することのできる期間のこと。

　ところで，どのような行政処分が無効となるのでしょうか。一般的には，「重大かつ明白な瑕疵ある行為」が無効になるものと考えられています。最高裁判決においても「重大な瑕疵の存していることが，処分成立の当初から，客観的に関係人の知・不知とは無関係に外観上一見して明白であること」が行政処分の無効事由であるとされています（最判昭和34年9月22日民集13巻11号1426頁）。なお，この「明白性」については第三者が当該行政処分を信頼して行為を行う場合等において第三者の利益を保護する必要から求められる要件です。このため，課税処分のように処分庁と被処分者の間においてのみ法律関係が生じる行政処分については，第三者保護の必要はないため明白性を要求する必要はなく「重大な瑕疵」がある行政処分を無効とするものと解されています（最判昭和48年4月26日民集27巻3号629頁）。

⑤行政処分の分類

　具体的に行政処分には，どのようなものがあるのでしょうか。さまざまな分類方法がありますが，ここでは最も一般的な分類に従ってみていきましょう。

　行政処分は，まず，法律行為的行政処分と準法律行為的行政処分に分類されます。**法律行為的行政処分**は，「その内容が意思表示（一定の法律効果の発生を意欲する意思を外部に表示すること）を要素とし，法的効果の内容が行政庁の意思（判断）によって定められる行為」のことをいいます。このため，行政処分の内容は，それぞれの処分ごとに行政庁の判断によって異なることになります。これに対して**準法律行為的行政処分**は，「行政庁の意思（判断）に基づくものではなく，法の規定によって一定の効果が生じる行為」のことを意味します。

　法律行為的行政処分は，その内容が行政庁の意思により決まるため，どのような効果を生じさせるかについては行政庁の裁量が認められる場合が多くあります。これに対して，準法律行為的行政処分は，法律の規定により一定の事実があれば一定の効果が生じます。準法律行為的行政処分については効果が法律により一義的に定まるため，裁量は認められません。裁量とは行政処分を行うに当たって，行政機関に許された判断の幅のことです（くわしくは☞18頁～）。

(1) 法律行為的行政処分
　法律行為的行政処分は，さらに**❶命令的行政処分**と**❷形成的行政処分**とに分類されます。

❶命令的行政処分　住民が生まれながらに有している権利や自由を制限して義務を命じ，又はその制限を解除するものを**命令的行政処分**といいます。さらにこの命令的行政処分は，ⓐ下命及び禁止，ⓑ許可，そしてⓒ免除の3つに分類することができます。

　ⓐ下命及び禁止　**下命**とは，住民に対し一定の作為義務を命ずることです。下命という言葉はとても権威的ですが，行政が「お上」とよばれていた名残かもしれませんね。

　禁止とは，住民に対し一定の不作為義務を命ずることをいいます。作為義務とは一定の行

為を行う義務をいい，不作為義務とは一定の行為を行わない義務をいいます。食品衛生法に基づく営業禁止命令は，対象者に対して「営業しない」という不作為を命じるものです。

※例：下命＝租税賦課処分（地方税法41条等），ばい煙処理方法の改善命令（大気汚染防止法14条），違法建築物の除却命令（建築基準法9条）
　　　禁止＝営業停止命令（食品衛生法60条等），道路の通行禁止（道路法46条），違法建築物の使用禁止（建築基準法9条）

　ⓑ **許　　可**　　許可とは，特定の行為について，法律や条例で定めた原則的な禁止を特定の場合に解除し，当該行為を行うことを適法と認めることです。本来，住民はさまざまなことを自由に行うことができますが，そのまま放置したのでは知識・経験のない者が行うことなどで公共の安全を著しく害するなどの弊害が生じる場合があります。そのような行為を原則として禁止して，一定の基準を満たした場合のみ禁止を解除することとしています。そのように「原則的な禁止を解除する」ことを**許可**といいます（図1-7）。
　例えば運転免許について考えてみると，特に免許がなくても車を動かすことは可能です。しかし，運転手に道路交通法規の知識がなかったり運転技術が十分でなかったりすると，歩行者は危なくて安心して道を歩けませんね。そのため自動車の運転は原則的に禁止として，試験の合格など一定の基準を満たした場合にだけ，禁止を解除し運転免許を与え道路で運転することを認めるものです。法律上は「免許」と規定されていますが，行政法学的には「許可」に当たります。

※例：風俗営業の許可（風俗営業等の規制及び業務の適正化等に関する法律3条），宅地建物取引業の免許（宅地建物取引業法3条），公衆浴場営業の許可（公衆浴場法2条），自動車運転免許（道路交通法84条），都市計画区域内の土地についての開発許可（都市計画法29条），飲食営業の許可（食品衛生法55条）

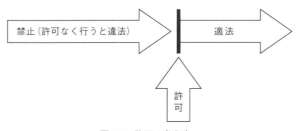

図1-7　許可の考え方

　ⓒ **免　　除**　　**免除**とは，「法令等により課せられた作為義務を一定の条件が備わった特定の場合に解除する」ことです。例えば，税の場合，住民には一般的に所得に応じて納税義務がありますが，災害を受けたときなどは，この納税義務を解除することがあります。

※例：税の納付義務の免除（地方税法323条），児童就学義務の免除（学校教育法18条），国民健康保険保険料の免除（国民健康保険法77条）

❷**形成的行政処分**　　**形成的行政処分**とは，「住民が本来有していない特殊の権利や能力そ

の他法的地位を与えたり奪ったりするもの」です。行政庁の行為で一定の法律関係を発生させる，つまり法律関係の「形」を「成」すことから「形成的行政処分」といわれています。

　ⓐ特　　許　　特許とは，「生まれながらには有しない新たな権利を設定し，法律上の地位を付与すること」です。「許可」は一般的に禁止されたものの解除であり，基準を満たす場合には禁止を解除するものです。これに対して，「特許」はその権利について公益に資するものを選んで付与するものです。対象となる権利の数量などが限られる場合[3]に申請者の中で公益の観点から選考して最も望ましい者に権利（特許）を与えるものです。

※例：鉱業権設定の許可（鉱業法 39 条），河川の占用許可（河川法 23 条・24 条），公有水面埋立免許（公有水面埋立法 2 条），公務員の任命（地方公務員法 17 条），外国人の帰化の許可（国籍法 4 条）

　ⓑ認　　可　　認可とは，「不完全な法律行為を補充して，その法律上の効力を完成させるもの」です。契約などは当事者が自由に行うことができますが，当事者間の力関係が不均衡な場合などに弊害が生じないようにするため，行政が間に入ってその弊害を是正しようとするものです。例えば，鉄道の料金は，運送契約として鉄道会社と利用者の合意で決まるはずですが，両者の力関係に差異があるため，そのまま放置したのでは鉄道会社の思うとおりに決めることが可能です。それでは利用者が不当に高い料金を請求される可能性があるため，料金を認可制とすることによって行政庁の後見的介入を認めるものです。

※例：鉄道料金の認可（鉄道事業法 16 条），農地の権利移転の許可（農地法 3 条），河川占有権譲渡の認可（河川法 34 条）

　(2) 準法律行為的行政処分
　ⓐ確　　認　　確認とは，「特定の法律事実又は法律関係の存否について疑いあるいは争いがある場合，行政庁が公の権威をもってこれを確定し，公に宣言する行為」です。

※例：土地収用における事業認定（土地収用法 16 条），公の選挙における当選人の決定（公職選挙法 95 条）等

　ⓑ公　　証　　公証は，「特定の法律事実又は法律関係の存在を，公に証明する行為」です。

※例：戸籍簿への記載（戸籍法 13 条），住民基本台帳法に基づく住民票への記載〔住民登録〕（住民基本台帳法 7 条）等

　ⓒ通　　知　　通知とは，「特定の事項を知らせる目的で行われる行為で，その後続の行為を適法とする行為」です。例えば，租税の滞納者に対する督促は，それによってその後の強

---

3) 河川の占有許可：河川区域が有限。無線局の免許：電波が有限。

制徴収を適法に行うことができるという効果を有しています。

※例：租税滞納者に対する督促（地方税法285条・331条），行政代執行の戒告（行政代執行法3条）
　　　等

　⒟受　　理　　受理とは，「届出，願書，不服申立書（異議申立書，審査請求書）などの他人の申出を有効な行為として受領する行為で，そのことによって一定の法的効果が生じるもの」をいいます。行政処分としての受理は単に受領するのみでなく，そのことによって法的効果が生じるもののみをいいます。例えば，婚姻届は受領によって婚姻の効果が生じることになりますが，そのように受理によって一定の法的効果が生じるものだけが，行政処分としての受理に当たります。

※例：戸籍法に基づく婚姻届の受理（民法739条，740条，戸籍法74条）等

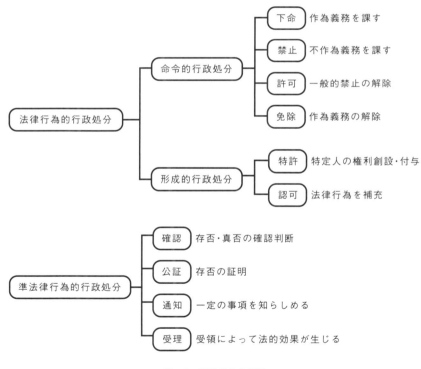

図1-8　行政処分の分類

⑥行政処分の附款

　「行政処分の効果を制限したり，あるいは付加的な義務を課するため，行政処分の主たる内容に行政庁が付加する定め」を**行政処分の附款**といいます。附款というと耳慣れない言葉ですが，「許可の条件」という言葉は聞いたことがあるのではないでしょうか。「条件」も附款の１つです。行政処分の附款は，主たる意思表示に付加させるものです。このため，附款を付すことができるのは，行政庁に裁量が認められる場合に限るとされています。

附款の種類

　附款の種類として，❶条件，❷期限，❸負担，❹撤回権の留保，❺法律効果の一部除外があります。

❶条　　件　「行政処分の効果を，将来発生することが不確実な事実の発生にかからせるもの」を**条件**といいます。条件には，**条件の成就**によって行政処分の効果が発生する**停止条件**と条件の成就で行政処分の効果が終了する**解除条件**とがあります。

　例えば会社の成立を条件とするバス事業の免許は，停止条件に当たります。一方，一定期間内に工事に着手しないと許可の効力を失わせるという条件は，解除条件に当たります。

　この停止条件，解除条件という概念は，実務でも非常に重要なので，ぜひ覚えておいてください（図1-9）。

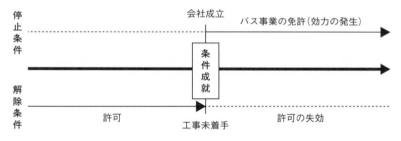

図 1-9　停止条件と解除条件

❷期　　限　「行政処分の効果を，将来発生することが確実な事実の発生にかからせるもの」を**期限**といいます。期限には，事実の発生により効果が発生する**始期**と事実の発生により効果が消滅する**終期**とがあります。

❸負　　担　「行政処分の主たる内容に付随して相手方に何らかの義務を課する附款」を**負担**といいます。

　例えば，運転免許証に付された「眼鏡の使用の義務付け」などがこれに当たります。

附款の例

河川占用許可書

○○市指令第　　号
年　月　日

様

市長

年　月　日付で許可申請のあった準用河川の区域内における土地の占用及び工作物の設置については，次の条件をつけて許可する。

占用場所	○○市
河川名	○○川，○○川
占用目的	
占用面積・延長	
占用期間	年　月　日から　年　月　日まで ← 期限
占用料	○○○○円 ← 負担

※条件

1　占用目的以外に使用してはならない。

2　当該行為に起因して，他の公共施設を損傷したとき又は第三者に損害を与えたときは，申請者の責任において原因回復又は損害賠償に当たらなければならない。

3　河川工事の施工その他公益上の理由により，特に市長が必要と認めたときは，申請者に対し占用許可の取消し又は占用物件の除去等を命じることがある。← 撤回権の留保

4　河川法及びその他の関係法令を遵守すること。

5　占用料等を市長が発する納入通知書により指定金融機関に納付しなければならない。← 負担

図 1-10　附款の例

❹撤回権の留保　行政処分をする際に，「撤回する権限を行政庁が留保する旨を表示した附款」を**撤回権の留保**といいます。

例えば，行政財産の使用許可を行う場合に，「公益上の必要が生じた場合，使用許可を取り消します」などというものです。

❺法律効果の一部除外　**法律効果の一部除外**とは，「主たる行政処分によって一般的に生じる効果の一部を発生させない附款」をいいます。この附款を付けることによって，法律が定める効果を行政庁が排除することになるので，法律の根拠がある場合にのみ認められます。

例えば，自動車道事業免許の際に通行できる自動車を制限するようなものがその例です。その他にも公務員に対する旅行命令について，通常発生する旅費の支給はしないというような場合もこの例に当たります。

01-02 法律による行政の原理

①法律による行政の原理とは

　行政処分が自力執行力等の強力な効力をもつことと関連して重要なのが**法律による行政の原理**です（図 1-11）。この法律による行政の原理は，行政活動を住民の代表者である議会により制定された法律に従わせることにより，公権力の恣意的な行使を防ぎ，住民の自由・権利の保護を図るという自由主義的な側面と，行政活動を法律によって統制することにより，民主的コントロールの下に置くという民主主義的側面を有しています。

　民主主義の基本理念は「治者と被治者の自同性」であるとされます。つまり，民主主義においては，国を治める者と，治められる者を同一視できる状態が必要とされています。従って，自らの権利を制限することができるのは，自らの代表者である議会であると考えることになります。

　法律による行政の原理は，その具体的内容として，（1）法律の優位，（2）法律の専権的法規創造力，（3）法律の留保の 3 つが挙げられています。

（1）法律の優位
　まず，**法律の優位**とは，「行政活動は法律の定めに違反してはならない」とする原則をいい

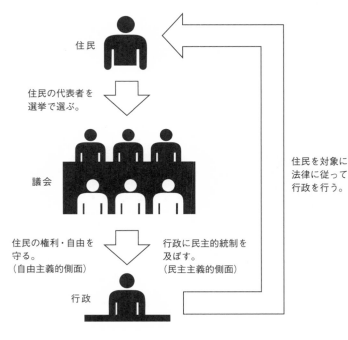

住民

住民の代表者を
選挙で選ぶ。

議会

住民の権利・自由を
守る。
（自由主義的側面）

行政に民主的統制を
及ぼす。
（民主主義的側面）

行政

住民を対象に
法律に従って
行政を行う。

図 1-11　法律による行政の原理

ます。行政活動が法律に従って行われる以上当然のことであり，行政活動全般にわたって妥当する原則です。その根拠としては，先ほどの自由主義的側面と民主主義的側面に基づくものですが，条文上は日本国憲法（以下「憲法」といいます）41条の「国会は国権の最高機関である」という条文に法律の優位の原則が示されていると考えられています。つまり，国民の代表であり，国権の最高機関である国会の定めた法律に，行政機関は違反することは許されないと考えるものです。

(2) 法律の専権的法規創造力

次に，**法律の専権的法規創造力**とは，「「法規」（住民の権利義務に影響する一般的な規定）を作る力は法律のみがもっている」ということです。法規は，住民の権利義務に影響するものであるため，住民の代表機関である議会に独占させるべきであるという考え方に基づくものです。

(3) 法律の留保

最後に，**法律の留保**とは，「行政活動は法律（条例）に基づくべきであって，法律（条例）が定めていない事項を行政が行ってはならない」という原則です。この原則は，行政は住民の信託を受け自己に与えられた権限を行使するものであるという民主主義の理念に基づきます。言い換えれば，行政機関は法律によって住民から授権を受け，住民のコントロールの下でさまざまな活動を行うということになります。

しかし，行政活動のすべてについて法律の根拠が必要と考えることは，行政活動の柔軟性，迅速性を阻害することになります。現在の行政活動においてもすべて法律の根拠が必要であるとはされていません。そのため，どのような行政活動に法律の根拠が必要かということが問題となり，「侵害留保説」「全部留保説」「社会留保説」「権力留保説」などの説によって，その範囲が争われています（図1-12）。

❶**侵害留保説**　法律とは，かつては住民の権利を直接に制限し，義務を課す法規範をいうと考えられていました。というのは，19世紀の専制君主制の時代には，すべての権力が君主にありました。住民の代表である議会が「自由と財産に関する事項」を君主から奪い取り，議会の権限としました。その頃の名残で「住民の権利を制限し，又は住民に義務を課す内容」は法律で定めなければならないと考えられていました。これがいわゆる**侵害留保説**の根源となっています。現行法も，基本的にこの説によっているものと考えられます。例えば，内閣法11条では「政令には，法律の委任がなければ，義務を課し，又は権利を制限する規定を設けることができない」と規定しています。また，地方自治法14条2項では「普通地方公共団体は，義務を課し，又は権利を制限するには，法令に特別の定めがある場合を除くほか，条例によらなければならない」とされています。

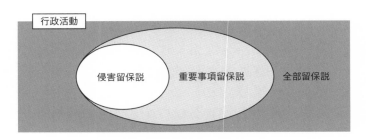

図 1-12　法律の留保　各説のイメージ

❷**全部留保説**　　**全部留保説**は，行政の活動にはすべて法律の根拠が必要であるという説です。この説は民主主義に最も忠実ですが，複雑多岐にわたる行政の活動のすべてについて法律の根拠を与えることは困難です。法律の予想していない事態や法律に規定のない事項については，行政は何もできず，かえって住民の利益につながらない可能性があります。

❸**その他の考え方**　　このほかには，社会保障等の社会権の保障については法律の根拠を要するとする**社会留保説**や侵害的な行為か授益的な行為かを問わず行政の権力的な行為にはすべて法律の根拠を有するという**権力留保説**があります。さらに，行政の行為が侵害的か授益的か，あるいは権力的か非権力的かにかかわらず，重要な事項は法律で定めるべきだとする**重要事項留保説**という見解もあります。地方自治法では重要な事項[4]については条例の規定を必要としており，この重要事項留保説に近い考え方に基づいているものと思われます。

②行政裁量（法律による行政の例外）

　法律による行政の原理の下では，行政活動の根拠を可能な限り法律で明確に規定しておくほうが望ましいと考えられます。しかし，あらゆる事態を想定してすべてを法律で規定することは不可能です。また，法律ですべてを規定するのではなく，行政を執行する段階で判断したほうが臨機応変に状況に応じた適切な対応が可能な場合もあります。そのため，法律による行政の例外として，法律の一定の枠の中で判断を行うことが行政庁に認められています。これを行政庁の**裁量**といいます。

(1) 要件裁量と効果裁量

　裁量には，行政処分のどの段階での裁量かによって，要件裁量と効果裁量とがあります。

❶**要件裁量**　　**要件裁量**は，法律に定められた要件に該当するか否かの判断の時点での裁量です。
　例えば，公務員が飲酒運転を行った場合を例に考えてみましょう。その場合，まず飲酒運転

4）行政機関，内部組織の設置（156 条，158 条）のほか多くの規定がある。

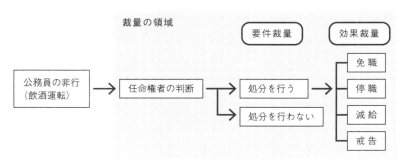

図 1-13　裁量の考え方

が地方公務員法で規定する懲戒事由に当たるか否かを判断することになります。この裁量は，懲戒処分の原因となる要件に該当するか否かの裁量であることから**要件裁量**といわれます。

❷**効果裁量**　　**効果裁量**とは，どのような効果を発生させるかという点についての裁量です。こちらも飲酒運転のケースで考えてみましょう。飲酒運転が懲戒処分の原因となる要件に該当するとして，次にどの程度の懲戒処分を行うかということが問題となります。地方公務員法では「免職」「停職」「減給」「戒告」のいずれの処分を行うことが可能であることになり，その点についての裁量が認められています。このようにどのような効果を発生させるかについての裁量を**効果裁量**といいます。

【地方公務員法】
第 29 条　職員が次の各号の一に該当する場合においては，これに対し懲戒処分として
　　戒告，減給，停職又は免職の処分をすることができる。
　①この法律若しくは第 57 条に規定する特例を定めた法律又はこれに基く条例，地方
　　公共団体の規則若しくは地方公共団体の機関の定める規程に違反した場合
　②職務上の義務に違反し，又は職務を怠つた場合
　③ 全体の奉仕者たるにふさわしくない非行のあつた場合

(2)　裁量権の範囲
従来の学説によれば行政処分には，「羈束行為」と「裁量行為」があるとされてきました。

❶**羈束行為**　　**羈束行為**とは，「行政機関に裁量の余地が認められない行為」です。「羈」はしばるという意味で，一義的に定まっている行為ともいえます。行政機関がこの羈束行為を法の定めるとおりに行わなかったときは違法となります。

❷**裁量行為**　　これに対し，**裁量行為**とは，行政機関に裁量の余地が認められる行為です。この裁量行為は，さらに羈束裁量行為と自由裁量行為に分けられます。

ⓐ**覊束裁量行為**　　**覊束裁量行為**は，行政機関の自由な裁量が許されるのではなく，法律が予定する客観的な基準が存在すると考えられる場合です。この点に関する行政機関の判断は，裁判所の審査の対象となると考えるのが特徴です。

ⓑ**自由裁量行為**　　**自由裁量行為**は，純粋に行政機関の政策的・行政的判断にゆだねられ，本来の意味での自由裁量のことをいいます。何が最も行政目的や公益に適するか等の判断について行政庁が誤っても，当・不当の問題は生じるが違法の問題は生じないと解され，裁量権の濫用に至らない限りは司法審査の対象にはならないとされていました。

しかし，近年ではかつてのように裁量権の有無を形式的に判断するのではなく，法令の規定が一義的に明確に規定されていない場合には一定の裁量権を認め，その上でその裁量権の行使に踰越濫用がないかを司法審査の対象としようとする傾向がみられます。そして**裁量審査**に当たっては，法令の文言ばかりを重視するのではなく，①法の趣旨目的，②争われている事柄の性質，③裁量権行使によって制約される権利・自由の重要度，④行政処分の手続及び行政判断過程の適正さ等を考慮することが求められます（現代行政法入門，158-159頁）。

(3) 裁量権の逸脱・濫用

行政事件訴訟法30条は，「行政庁の裁量処分については，裁量権の範囲をこえ又はその濫用があつた場合に限り，裁判所は，その処分を取り消すことができる」と定めています。これは，裁量権の逸脱や踰越があったり裁量権の濫用があった場合には，その行為は違法となり裁判所の審査の対象となることを認めたものです。法の許容する裁量の範囲を超えるのが**裁量権の逸脱**あるいは踰越であり，法の許容する範囲内であっても恣意的な行為をするのが**裁量権の濫用**であると説明されます。

裁量権の逸脱・濫用があって違法とされるのは具体的にどのような場合でしょうか。この点について判例・学説は次のようにさまざまな基準や原則を設定しています。

ⓐ**事実誤認**　　要件に該当する事実が存在しないときや事実の認定が全く合理性を欠くときは，違法とされます。

> 判　例：公立大学が行った学生の退学処分が裁量権の範囲を逸脱した違法なものであるとして，退学処分の取消しを求めた訴訟において「学生の行為に対し，懲戒処分を発動するかどうか，懲戒処分のうちいずれの処分を選ぶかを決定することは，その決定が全く事実上の根拠に基づかないと認められる場合であるか，もしくは社会観念上著しく妥当を欠き懲戒権者に任された裁量権の範囲を超えるものと認められる場合を除き，懲戒権者の裁量に任されているものと解するのが相当である」とし，事実誤認の場合には裁量権の濫用になる可能性を示しました（最判昭和29年7月30日民集8巻7号1501頁）。

ⓑ**目的違反・不正な動機・他事考慮**　　根拠法規と異なった目的で裁量権を行使すると違法とされます。不正な動機，恣意的なあるいは報復的な目的で裁量権を行使する場合も同様です。また，本来考慮すべきでない事柄を考慮したために裁量権の行使が違法とされる場合

もあります。

> 判　例：個室付き浴場の開業を阻止するために行った児童遊園の設置許可について，「本件児童遊園設置許可処分は行政権の著しい濫用によるものとして違法である」と，目的違反，動機違反について違法であるとの判断を示しました（最判昭和53年5月26日民集32巻3号689頁）。

> 判　例：公立小学校の校長の職にあった者が地方公務員法に基づく分限処分として受けた降任処分は，手続的にも実質的にも違法であるとし，取消しを求めた訴えにおいて「分限処分については，任命権者にある程度の裁量権は認められるけれども，もとよりその純然たる自由裁量にゆだねられているものではなく，分限制度の上記目的と関係のない目的や動機に基づいて分限処分をすることが許されないのはもちろん，処分事由の有無の判断についても恣意にわたることを許されず，考慮すべき事項を考慮せず，考慮すべきでない事項を考慮して判断するとか，また，その判断が合理性をもつ判断として許容される限度を超えた不当なものであるときは，裁量権の行使を誤つた違法のものであることを免れないというべきである」と判示されました（最判昭和48年9月14日民集27巻8号925頁）。

ⓒ平等原則　裁量権の行使であっても，恣意や不合理な基準による不平等な扱いは違法とされます。もっとも，行政上の諸事情に応じて個別的に異なった取扱いをすることは当然認められます。

明確に平等原則違反と判断した最高裁判例はありませんが，かつての食糧管理制度において，市町村長が生産者に対して定めた米の供出割合の通知の取消しを求めた訴訟において「いわれがなく他の生産者と区別して取り扱う裁量権を有するものではない」として平等原則を適用することを示した判例はあります（最判昭和30年6月24日民集9巻7号930頁）。

ⓓ比例原則　比例原則はもともと警察権の法理として発達したもので，行政権限の発動は，法規上は幅広く認められていても，行政目的の達成に必要な最小限度のものにとどめるべきだとの原則です。この原則は，処分の選択肢が複数ある場合や（例：公務員の懲戒処分には免職，停職，減給，戒告の幅があります），処分内容に幅がある場合（例：営業停止の期間に幅があります）などによく適用されます。比例原則に反する裁量権の行使は違法となります。

> 判　例：東京都立学校の教職員であった上告人らが，卒業式等に際して，国歌斉唱時に国旗に向かって起立し，国家を斉唱すること等を命ずる職務命令は，上告人らの思想及び良心の自由を侵害するなど違憲，違法なものであるから，これに従わなかったことを理由とする懲戒処分も違憲，違法であるとして，各懲戒処分の取消しを求めるとともに，損害賠償を請求した事案の上告審において，「過去2年度の3回の卒業式等における不起立行為による懲戒処分を受けていることのみを理由に同上告人に対する懲戒処分として停職処分を選択した都教委の判断は，停職期間の長短にかかわらず，処分の選択が重きに失するものとして社会観念上著しく妥当を欠き，上記停職処分は懲戒権者としての裁量権の範囲を超えるものとして違法の評価を免れないと解するのが相当である」としています（最判平成24年1月16日集民239号253頁）。

ⓔ 信頼保護の原則（信義則）違反　民法1条2項に規定する信義則は，行政法関係にお

いても妥当する重要な原則とされています。特に行政法関係では，行政活動に対する国民の信頼を保護するという信頼保護の原則として論じられることも多くあります。ただし，信頼を保護しようとすると法律の規定に適合しない結果となる場合もあるため，法律による行政との両立については慎重な判断が求められます。

判　例：宜野座村の企業誘致に応じて進出準備をしていた企業が，村長交代により方針転換が行われ工場建設が不可能になったため，村に対して損害賠償請求を行った事案です。判決では，「地方公共団体のような行政主体が一定内容の将来にわたつて継続すべき施策を決定した場合でも，右施策が社会情勢の変動等に伴つて変更されることがあることはもとより当然であつて，地方公共団体は原則として右決定に拘束されるものではない」としたものの，「その者と当該地方公共団体との間に右施策の維持を内容とする契約が締結されたものとは認められない場合であつても，右のように密接な交渉を持つに至つた当事者間の関係を規律すべき信義衡平の原則に照らし，その施策の変更にあたつてはかかる信頼に対して法的保護が与えられなければならないものというべきである。（略）地方公共団体において右損害を補償するなどの代償的措置を講ずることなく施策を変更することは，それがやむをえない客観的事情によるのでない限り，当事者間に形成された信頼関係を不当に破壊するものとして違法性を帯び，地方公共団体の不法行為責任を生ぜしめる」とされました（最判決昭和56年1月27日民集35巻1号35頁）。

02 住民からの申請の審査

　さあ，いよいよ実際に**申請**の受け付けです。ここからは，住民等から申請などがあった場合の行政機関における具体的な事務の流れに沿って学んでいくことにします。

　地方公務員にとっては，許可等の行政処分を求める申請は，普段の仕事の中でとても重要な部分を占めています。例えば，飲食店の**営業許可**を求める人にとっては開業できるかできないかに生活がかかっている場合もあります。しかし，一方で飲食店の営業許可に当たっては，利用者の健康を守ることも重要です。そこで，適正に営業許可を行うためには，十分な法律の知識をもって適法，適正な判断を行わなければなりません。

　許可申請の受付に当たっては，まず申請書に必要事項が記載されているか，必要な書類が添付されているかなど**形式的審査**を行います。そして何らかの不備をみつけた場合には，申請者に補正を求めるなど速やかな対応が求められます。

　また申請に当たっては，申請者が**行為能力**を有している必要があります。民法では**制限行為能力者制度**というものがあり，未成年などは法定代理人の同意がなければ有効な法律行為を行うことができません。行政法上の行為能力については，民法のような一般的な規定を定める法律がありません。そのため，個別の法律の規定やその法律の趣旨を踏まえて，どのような人に対して申請などを行う行為能力を認めるべきかを判断することになります。

　そして申請等の書類を受け付けた職員は，速やかにその申請の内容の審査を行わなければなりません。行政手続法の規定では，申請が到達したときは遅滞なく審査を開始しなければなりません。いくら忙しいからといって申請をそのまま放置しておくことは許されません。

　形式的に要件を満たしている申請については，引き続き実質的な審査を行うことになります。その際の審査に当たっては，次の章で説明する行政手続法の規定に基づき，各地方公共団体が設定する**審査基準**によります。

02-01　形式的な審査の始まり

①形式的な要件

　地方公共団体の職員は，申請を受け付けると，まずその形式的な要件について審査することになります。申請の**形式的な要件**とは，申請が有効に成立するために法令において必要とされる要件のうち，「当該申請書の記載，添付書類等から外形上明確に判断しうるもの」をいいます。具体的には，①申請書の記載事項に形式的な不備（記載漏れなど）がないこと，②申請書に必要な書類が添付されていること，③申請をすることができる期間内に申請されたものであること，④申請する権限がある人が申請していることなどが考えられます。これらはいずれも申請の根拠となる法令において定められており，その法令に基づき審査することになります。

　例えば自動車の**運転免許の申請**については，道路交通法 89 条の規定で，申請の要件が定められ，さらに具体的な書式等は，道路交通法施行規則で定められます。申請を受理した行政庁は，それに基づいて審査を行います。

【道路交通法】
第 89 条　免許を受けようとする者は，その者の住所地（略）を管轄する公安委員会に，内閣府令で定める様式の免許申請書を提出し，かつ，当該公安委員会の行う運転免許試験を受けなければならない。

【道路交通法施行規則】
第 17 条　法第 89 条第 1 項の内閣府令で定める様式は，別記様式第 12 のとおりとする。
2　前項の様式の免許申請書には，次に掲げる書類及び写真を添付（略）しなければならない。
　①運転免許（略）を受けようとする者（略）が住民基本台帳法の適用を受ける者である場合にあつては，住民票の写し（略）
　②～⑧（略）
　⑨申請前 6 月以内に撮影した無帽（略），正面，上三分身，無背景の縦の長さ 3.0 センチメートル，横の長さ 2.4 センチメートルの写真で，その裏面に氏名及び撮影年月日を記入したもの（略）

別記様式第十二（第十七条関係）

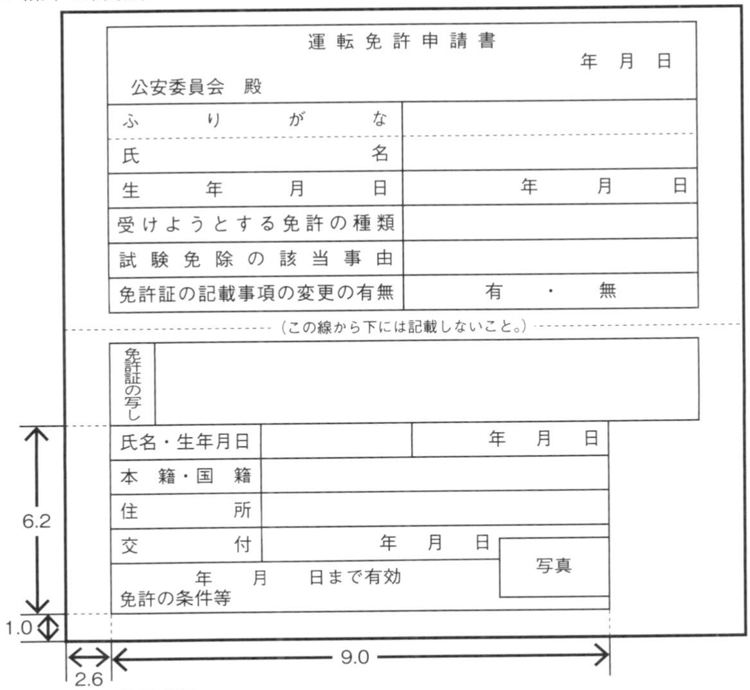

図 2-1

②行為能力

　地方公共団体の職員が申請等を受け付けるときに注意しなければならないのが，申請を行った人が法律上申請を行う能力を有するかどうかです。私法上では，一般的に判断能力が不十分とみられる人を定型化して画一的に**制限行為能力者**とし，その人に保護者をつけて能力不足を補わせることとしています。さらに，被保護者の権限を無視した行為を取り消しうるものとし，その財産の保全を図るとともに，その結果生じる相手方の不利益を軽減する措置を講じています。民法では，制限行為能力者として「未成年」「成年被後見人」「被保佐人」「被補助人」が定められています。

　この行為能力は行政法規においても問題となります。行政法規に基づく法的行為（例えば，許可の申請，納税の申告等）を民法上の制限能力者が単独でなし得るかは，民法の規定とは別の問題です。各行政法規の中に行為能力についての通則的な規定はないため個別法の規定に従うことになります。また，個別法に規定がない場合は，法律の制度，趣旨等に従って考えることになります。

❶運転免許（原動機付自転車）の場合　　原動機付自転車の免許については道路交通法 88 条

1項において，16歳に未満の者には与えない旨が規定されています。同法は，未成年者が単独で原動機付自転車の免許を申請できるかについて明文では規定していませんが，同法の趣旨からすれば16歳以上の未成年が原動機付自転車の免許を申請する場合，法定代理人によることを要せず，また，法定代理人の同意があることも要しないと解されています。

❷旅券発給の場合　　未成年者でも海外渡航の際には**旅券**を取得しなければなりません。しかし，旅券の発給の申請については，旅券法では法定代理人による手続という条項を設けていません。未成年者が一般旅券の発給を請求する場合に法定代理人の同意が必要かどうかは問題になります。

　実務では，未成年者が申請する場合，申請書裏面にある「法定代理人署名」欄に法定代理人が署名を行うか，法定代理人の署名のある「同意書」を提出することを求めています（旅券法施行規則1条等）。しかし，旅券法の条文上，旅券発給判断の一材料として法定代理人の同意書の任意提出を求めるのはともかく，その不提出のみを理由とする発給拒否は未成年者の海外渡航の自由を侵害することになるため，できないと解されます。

❸特許法の場合　　特許法には明文の規定があり，**特許法上の手続**は成年被後見人は法定代理人によること，未成年者は独立して法律行為ができる場合を除き法定代理人によること，被保佐人は保佐人の同意を得ることが原則になっています（特許法7条）。

　民法と違うのは，特許法の手続においては未成年者の場合に，法定代理人の同意を得て未成年者本人が行為することが認められない点です。行政法規で特許法のように行為能力について明確な規定をもつ例は多くありません。

❹国籍法の場合　　国籍法においては，**15歳未満の者の届出**などは法定代理人が行うこととされています（国籍法18条）。

02-02　　実質的な審査に向けて

①実質的な審査

　02-01で説明した形式的な審査で申請が要件を満たしていれば，実質的な審査を経て，行政処分を行うことになります。この**実質的な審査**とは，提出された申請が，法律等で規定されている実質的な要件に適合しているか否かを判断するものです。実質的な要件に適合していれば，申請で求められた行政処分（許可等）を行うことになります（図2-2）。

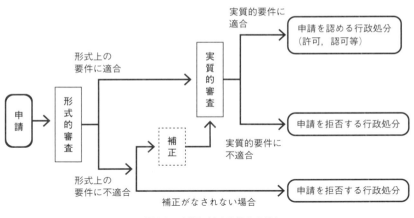

図 2-2　申請に対する処分の流れ

②法令に従った審査

　この実質的な審査では，それぞれの行政処分の根拠となる法令に従って審査を行います。その審査基準に適合していれば，許可等の行政処分を行うことになります。これが申請に対する実質審査です。

　例えば，薬局を開設しようとする場合には都道府県知事の許可を受けなければなりません（医薬品，医療機器等の品質，有効性及び安全性の確保等に関する法律4条1項）。この薬局開設についての実質審査に当たっては，同法5条に規定されている基準に従い審査を行い，適合している場合には開設の許可を行うことになります。

【医薬品，医療機器等の品質，有効性及び安全性の確保等に関する法律】

（許可の基準）

第5条　次の各号のいずれかに該当するときは，前条第1項の許可を与えないことができる。

①その薬局の構造設備が，厚生労働省令で定める基準に適合しないとき。

②その薬局において調剤及び調剤された薬剤の販売又は授与の業務を行う体制並びにその薬局において医薬品の販売業を併せ行う場合にあつては医薬品の販売又は授与の業務を行う体制が厚生労働省令で定める基準に適合しないとき。

③申請者（略）が，次のイからへまでのいずれかに該当するとき。

　イ　第75条第1項の規定により許可を取り消され，取消しの日から3年を経過していない者

　ロ　第75条の2第1項の規定により登録を取り消され，取消しの日から3年を経過していない者

　ハ　禁錮以上の刑に処せられ，その執行を終わり，又は執行を受けることがなくなつ

た後，3年を経過していない者

ニ　イからハまでに該当する者を除くほか，この法律，麻薬及び向精神薬取締法，毒
　　物及び劇物取締法（昭和25年法律第303号）その他薬事に関する法令で政令で定
　　めるもの又はこれに基づく処分に違反し，その違反行為があつた日から2年を経
　　過していない者

ホ　成年被後見人又は麻薬，大麻，あへん若しくは覚醒剤の中毒者

ヘ　心身の障害により薬局開設者の業務を適正に行うことができない者として厚生労
　　働省令で定めるもの

③法令で規定されていない基準

　しかし，法令ですべてが規定されているわけではなく行政庁に一定の裁量がゆだねられて
いる場合があります。そのような場合には行政庁として，一定の審査基準を設定して実質的
な審査に当たる必要があります。この審査基準の設定については，次章の行政手続法でくわ
しく説明します。

03 行政手続法について

　行政手続法は，申請に対する審査などさまざまな行政活動の基本となるので地方公務員にとって最も重要な法律の１つです。特に申請の審査に当たっては，この法律の知識が不可欠です。

　この行政手続法では，**申請に対する処分**，**不利益処分**，**行政指導**，**処分等の求め**，**届出**，**意見公募手続**についての手続等を規定しています。この法律の制定前は，諸外国からわが国の行政手続が不透明であるといった批判がされていました。また，行政手続法が制定されるまでは，行政処分の事後的な救済方法を定めた法律としては**行政不服審査法**と**行政事件訴訟法**のみであり，行政処分の事前の手続に対する規定が不十分であるといった課題もありました。行政手続法では，このような課題を踏まえて事前の手続きの公正さを担保しようとしたのです。

　申請に対する処分等を行う場合には，この行政手続法に従って適正に事務を処理しなければなりません。地方公務員としては，日常的に行政手続法を意識して，**審査基準**，**処分基準等の設定状況**，あるいはその**内容**を十分にチェックしておく必要があります。法律に違反した手続を行ったために，行政処分が無効あるいは取り消されるなどということもあります。実際に，行政手続法に基づく審査基準が定められていなかったために，処分が取り消された判例もあるのです。

　また，行政手続法の改正によって追加された**意見公募手続**も，住民参加の意識が高まる中で近年特に重要な役割を果たしています。この制度はいわゆる**パブリック・コメント**とよばれるもので，多くの地方公共団体において法律に先行して導入されていますが，未導入の地方公共団体では行政手続法を踏まえて制度の導入等を進める必要があります。

　行政手続法についての知識は，地方公務員にとって欠かすことができない，いわば運転免許のようなものです。地方公務員として行政手続法を十分に理解していなければ，適正な行政活動は行えません。

03-01 制定の経緯

　諸外国では，以前から行政処分の事前手続について**行政手続法**が，事後の手続について**行政不服審査法**，**行政事件訴訟法**がセットで制定されていました。しかし，わが国において従来は，住民が行政処分等について救済を求めたり，権利を守る手段としては，事後的な救済方法である**行政不服審査法**と**行政事件訴訟法**しかありませんでした。

　こうした中，1992年の日米構造協議の最終報告において，アメリカ側から日本の行政システムがよく分からない。閉鎖的な日本の経済社会を改善するため政府慣行を透明性，公正性確保の観点から改めてもらいたい。それがアメリカ資本の参入の妨げになっていると，日本の行政の透明化を要請するという厳しい要望が出されたことが大きな契機となって行政手続法（以下この章では「手続法」といいます）が制定されています。

　手続法では，申請に対する処分（☞ 03-02），不利益処分（☞ 03-03），行政指導（☞ 03-04），処分等の求め（☞ 03-05），届出（☞ 03-06），意見公募手続（☞ 03-07）についての事項を定め，行政運営における公正の確保と透明性の向上を図り，国民の権利利益の保護に資することを目的としています（1条1項）。

03-02 申請に対する処分

　まず，最初に規定されているのが**申請に対する処分**に関する規律です。ところでこの「処分」とは行政処分のことで，判例によれば，「行政庁の法令に基づく行為のすべてを意味するものではなく，公権力の主体たる国又は地方公共団体が行う行為のうち，その行為によって，直接住民の権利義務を形成し又はその範囲を確定することが法律上認められているものをいう」とされています（☞4頁）。また，申請とは，何らかの利益を得る行政処分を求める行為をいいます。

①審査基準の設定・公表

　申請が許認可等の要件に適合しているかを判断するためには，具体的な基準，すなわち**審査基準**をあらかじめ定めなければなりません（手続法5条1項）。これは，「個人タクシー事業の免許申請の許否を決しようとするときは，道路運送法の規定の趣旨に沿って具体的基準を設定し，公正かつ合理的に適用すべきである」（最判昭和46年10月28日民集25巻7号1037頁）という判例理論をもとに手続法に規定されたものです。

(1) 法律や条例に基準が規定されている場合

審査基準の設定については，許認可に関する法律や条例において許認可の要件がすべて規定されている場合は別に基準を設けなくても，法律や条例の規定内容自体が審査基準になります。

(2) 裁量の余地が残されている場合

行政庁に**裁量**の余地が残されている場合は，審査基準を具体的に設ける必要があります。例えば，道路占用許可については，道路法33条1項で「道路管理者は，道路の占用が前条第1項各号のいずれかに該当するものであつて道路の敷地外に余地がないためにやむを得ないものであり，かつ，同条第2項第2号から第7号までに掲げる事項について政令で定める基準に適合する場合に限り，同条第1項又は第3項の許可を与えることができる」として，一定の要件を規定しています。しかし，すべてを網羅的に規定しているわけではなく，例えば「やむを得ない」か否かなど裁量の部分があるため，この部分についての基準をできる限り具体的に定めなければなりません。ただし，すべてを明確に定めておくことは不可能なので，実際には個別の申請ごとに判断する部分も残されることになります。

(3) 審査基準の公表

審査基準を定めた場合には，申請の提出先とされている機関の事務所に備え付けるなどの**方法による審査基準の公表**も求められています（手続法5条3項）。なお，公表の方法は，特に決まっていないため，各地方公共団体の判断で窓口に冊子を備えつけるなどしておき，いつでも申請者等に示すことができるようにしておけば足りると考えられます。

なお，行政庁が審査基準の設定とその公表を怠ったまま許認可等をすることは許されないとして，行政処分の取消しを認めた裁判例（東京高判平成13年6月14日判時1757号51頁，那覇地判平成20年3月11日判時2056号56頁）もあるので，注意が必要です。

②標準処理期間の設定・公表

標準処理期間として，申請が事務所に到達してから処分までに要する標準的な期間を定めるよう努めなければなりません（手続法6条）。処分を行うまでにこの期間を過ぎたからといって直ちに違法となるわけではありませんが，裁判等における判断の1つの基準となることが予想されるため，慎重に設定する必要があります。

なお，この期間の設定については，現実にはほとんど行われないような処分について設定することは困難であり，またその必要性も低いため，努力義務とされています。ただし，標準処理期間を設定した場合には，必ず**公表**しなければなりません。

③審査開始義務

　申請が申請先の事務所に到達したときは，遅滞なく審査を開始しなければなりません（手続法7条）。また，申請の形式上の要件に適合しない申請については，申請者に対し相当の期間を定めて補正を求め，又は許認可等を拒否しなければなりません。

　かつては，受付と受理を区別し，受け付けたけれど正式の受理ではないとして審査をしないといった運用が行政現場でされていたこともありました。しかし，この規定により受付と受理の区別といった概念はなくなり，到達後，遅滞なく審査をしなければならないことが明確になりました。

④理由提示

　申請を拒否する場合には，同時にその理由を提示しなければなりません（手続法8条1項）。なお，拒否処分を書面でするときは，理由も書面で示さなければなりません（同条2項）。その趣旨としては，処分庁の判断の慎重・合理性を担保してその恣意を抑制するとともに，処分の理由を相手方に知らせて不服の申立に便宜を与える趣旨であるとされています（最判昭和38年5月31日民集17巻4号617頁）。**理由提示**については，旅券法の旅券発給拒否処分の場合（同法14条）等のように法律上規定されている場合もありますが，個別法の規定がない場合であっても手続法の規定により理由提示が義務付けられることになります。なお，行政処分において理由提示がなされなかったことを理由として，処分が違法とされた判例（最判平成23年6月7日民集65巻4号2081頁等）もあるため，注意が必要です。

　提示内容としては，申請期間を過ぎているとか，根拠規定を示すだけでは足りず，申請に係る具体的事実を認定して審査基準のどれに適合しないかを明示する必要があります（最判昭和60年1月22日民集39巻1号1頁）。ただし，状況に応じて抽象的に示せば足りる場合もあります。

　例えば，情報公開条例に基づく不開示決定については，開示しない理由を具体的に書くと文書の内容が推測できてしまい開示したのと同様の結果になってしまう場合があります。そのような場合には抽象的な理由を示せば足りるものと考えられます。

　また，法令において定められた許認可の要件又は公にされた審査基準が数量的指標その他の客観的指標により明確に定められている場合であって，申請がこれらに適合しないことが申請書の記載又は添付書類から明らかであるときは，申請者の求めがあったときにこれを示せば足りるとされています。

　将来，審査請求や訴訟が提起された場合には，この理由に基づいて審査されることになるので，訴訟等で確実に主張できるだけの理由を示さなければなりません。ただし，行政処分の段階で示した理由に関して訴訟段階において差替えや追加を行うことができるかという点については，最高裁は「理由を付記した以上，実施機関が当該理由以外の理由を」「取消訴訟において主張することを許さないものとする趣旨をも含むと解すべき根拠はないとみるのが

相当である」として，理由の差替え・追加を認めています（最判平成11年11月19日民集53巻8号1862頁）。

⑤情報の提供

　申請者の請求があった場合，申請に係る審査の進行状況，処分の時期の見通しを示すように努めなければなりません。また，申請をしようとする人等からの求めがあれば，申請書の添付書類等申請に必要な**情報の提供**を行うように努めなければなりません（手続法9条）。

⑥公聴会の開催

　申請者以外の人の利害を考慮することがその法令で許認可等の要件とされている処分を行う場合は，**公聴会**その他適当な方法で当事者以外の人の意見を聞くように努めなければなりません（手続法10条）。

　自転車競技法4条3項では，自転車競技場の設置許可に関して都道府県知事が経済産業大臣に意見を述べる際には，利害関係人の意見を聴くための公聴会の開催が義務付けられていますが，このように個別法で公聴会の開催が義務付けられているものもあります。

03-03　不利益処分

● **不利益処分の例**
施設の改善命令，許認可の取消し，営業停止処分など多岐にわたります。
なお，過料も不利益処分には当たりますが，行政手続法（条例）において金銭納付に関する不利益処分は適用除外とされており，地方自治法255条の3の規定等により弁明の機会が付与されることになります。

　不利益処分とは，行政庁の処分のうち，相手方に義務を課し，又はその権利を制限するものなど，住民にとって不利益な効果を有するものをいいます。前に説明した「処分」は，住民に何らかの利益を与える処分のことで，不利益処分とは反対の意味で**利益処分**ということができます。

①処分の基準

　不利益処分をするかどうか，またどのような不利益処分をするかについて，判断するために必要とされる具体的な**処分の基準**を定め，公表するように努めなければなりません（手続法12条1項）。

　何回違反をしたらとか，どの程度違反したら不利益処分が行われるといった基準を公表すると，その回数やその程度に至らないならば，違反しても不利益処分を課されないと分かり，かえって違反行為を助長することとなる場合もあるため，努力義務となっているのです。

②不利益処分をしようとする場合の手続

　事前の行政調査などにより不利益処分の原因となる一定の事実を把握した場合には何らかの不利益処分を行うことになりますが，その場合に処分の公正の確保と処分に至る行政手続の透明性の向上を図り，処分を受ける者の権利を擁護する観点から，自ら防禦する機会を付与する必要があります。

　この手続として，**聴聞手続**と**弁明の機会**の付与が規定されています（手続法13条1項）。

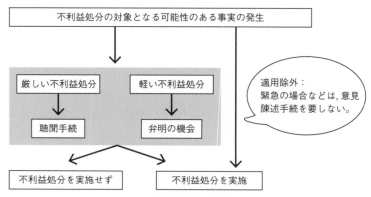

図 3-1　不利益処分の手続の流れ

(1) 聴聞手続（手続法15条～28条）

　身分や地位の剥奪等のように厳しい不利益処分を行う場合には，**聴聞手続**として口頭で審理を行います。裁判における裁判官に類似した立場の**聴聞の主宰者**が双方の陳述を聞き，審理の経過と双方の陳述の要旨とを記録した聴聞調書を作成し，陳述に対する意見を付した報告書とともにその処分を行おうとする行政庁に提出します。行政庁と相手方双方の主張を踏まえて主宰者が報告書を作成します。行政庁は，聴聞調書と報告書の主宰者の意見を十分に考慮して処分を決定しなければなりません。

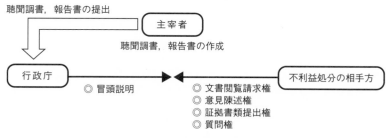

図 3-2　聴聞手続の流れ

　ただし，聴聞手続は，聴聞の主宰者もその地方公共団体の職員を充てるなど，あくまでも行政機関内部の手続であるため，中立性という点では課題は残ります。

◎聴聞手続を採らなければならないとき（手続法 13 条 1 項）

ア　許認可等を取り消す不利益処分をしようとするとき

イ　名あて人の資格又は地位を直接剥奪する不利益処分をしようとするとき（例えば，国籍喪失の宣告処分，法人等の解散命令等）

ウ　名あて人が法人である場合におけるその役員の解任を命ずる不利益処分，名あて人の業務に従事する者の解任を命ずる不利益処分又は名あて人の会員である者の除名を命ずる不利益処分をしようとするとき

(2) 弁明手続（手続法 29 条〜 31 条）

弁明手続は，聴聞手続が求められる以外の不利益処分を行う場合に義務付けられています。聴聞よりも略式の手続で，原則として書面審理のみを行うことになります。つまり，不利益処分の相手方から弁明書の提出を求め，その弁明書を踏まえて，不利益処分の実施について判断することになります。

(3) 聴聞・弁明手続の省略（手続法 13 条 2 項）

不利益処分をする場合に常に聴聞あるいは弁明手続を採らなければならないわけではありません。公益上緊急に処分をする必要がある場合等，事前に意見を聴くことができないケースではその機会を付与する必要はありません。

例えば，食中毒を起こしたレストランに対する営業停止処分の場合，それ以上食中毒を蔓延させないため公益上緊急に処分を行う必要があるため，手続法 13 条 2 項の規定に基づいて，弁明の機会を付与することなく不利益処分を行うことができると考えられます。

(4) 聴聞，弁明の機会の付与に関する判例等

聴聞に関する事案として，東京地判平成 25 年 2 月 26 日（判タ 1414 号 313 頁）は，一般と畜場設置許可の取消しに当たって行政手続法上の聴聞が行われなかったことに関して，「聴聞手続が全く行われないままで不利益処分がされたような場合には，その瑕疵は手続全体の公正を害するものといえるから，当該不利益処分も違法となる」としています。

弁明の機会に関する瑕疵については，長野地判平成 17 年 2 月 4 日（判タ 1229 号 221 頁）では，薬事法に基づく製品の回収命令について緊急に不利益処分をする必要があったとの処分庁の主張に対して，「弁明手続の省略が許される「公益上，緊急に不利益処分をする必要があるため，意見陳述のための手続を執ることができないとき」とは，行政庁が行政処分をするまでに弁明手続を経る時間的いとまがなく，そのために処分を遅らせていては，処分根拠法令が実現しようとしている公益の確保に重大な支障が生じると認められる場合をいう」とした上で，本件処分はこの要件に該当しないとしました。また，福岡地判平成 21 年 3 月 17 日（判タ 1299 号 147 頁）は，生活保護停止処分について「弁明の機会の保障がなかった点（略）の

手続違背は保護停止の処分に重大な影響を及ぼすものといえるから，本件停止処分は違法であり取り消されるべきである」としています。

個別法で公聴会，聴聞手続が規定されている場合に，その手続に瑕疵があった場合の処分自体の効力に関する判断を示したものとして以下のものがあります。

群馬中央バス事件上告審判決（最判昭和50年5月29日民集29巻5号662頁）は，運輸大臣が自動車運送事業の免許の許否に際して尊重すべきとされている運輸審議会が開催した公聴会において，申請者に十分な主張立証の機会を与えなかったことを理由として免許申請却下処分の取り消しを求めた事案です。判決では，「仮に運輸審議会が，公聴会審理において（略）意見及び資料の提出を促したとしても，上告人において，運輸審議会の認定判断を左右するに足る意見及び資料を追加提出しうる可能性があつたとは認め難いのである。」とした上で「免許申請についての運輸審議会の審理手続における上記のごとき不備は，結局において，前記公聴会審理を要求する法の趣旨に違背する重大な違法とするには足りず，右審理の結果に基づく運輸審議会の決定（答申）自体に瑕疵があるということはできないから，右諮問を経てなされた運輸大臣の本件処分を違法として取り消す理由とはならない」と判断しました。ただし，この事案では，違法とされた点が，一種の釈明義務違反であり，しかも違法の程度が「主張立証の機会を与えるにつき必ずしも十分でないところがあつた」程度のものであった点に注意が必要です。

また，ニコニコタクシー事件判決（大阪地判昭和55年3月19日判時969号24頁）は，道路運送法122条の2所定の聴聞手続において事前に被処分者に対し処分原因となるべき具体的違反事実を告知しなかった点の違法性が争われましたが，「免許取消し等の処分のための聴聞をするに当つては，運送事業免許を受けている被処分予定者に対しては，事案の公示後，聴聞前に免許取消し等の処分原因となるべき具体的違反事実を告知しなければならない」とした上で，具体的違反事実の告知なしに聴聞が行われたことについて「取消原因となるべき具体的事実を告知しなかつた本件聴聞の瑕疵は，聴聞制度の目的に反する重大な瑕疵であるから，この瑕疵は，本件処分に実体的根拠があるかどうかに拘らず，本件処分を取り消すべき事由になる」としました。

③不利益処分の理由の提示

不利益処分をする場合には，その名あて人（処分を受ける相手方）に対して，同時にその**理由の提示**が必要です（手続法14条1項）。また，不利益処分を書面で行う場合には，理由も書面で示す必要があります。この点について重要な判例があります。ただし，理由を示さないで処分をする差し迫った必要がある場合は，この限りではありません。この場合には，処分後相当な期間内に理由を示さなければなりません。

判　例：一級建築士として建築士事務所の管理建築士を務めていた者が一級建築士免許又は建築士事務所登録を取り消すとの行政処分を受けましたが，その処分について裁量権の逸脱・濫用，理由不備の違法があるとして各処分の取消を求めたものです。判決において最高裁は「理由提示の要件を欠いた違法な処分であるというべきであって，取消しを免れないものというべきである」と理由提示を欠いたことを理由に処分が違法であるとの判断をしました（最判平成23年6月7日民集65巻4号2081頁）。

03-04 行政指導

● 行政手続法こぼれ話❶
行政手続法の施行直前，日本航空がリストラの一環としてアルバイトスチュワーデス（キャビンアテンダント）を採用する方針を打ち出したことがありました。これに対して当時の亀井運輸大臣がアルバイトでは緊急時の対応に不安があり望ましくないとして，行政指導を行う旨を表明し，これに従わない場合には新規路線増便許可を行わないという趣旨の発言をしました。当時は，鶴のマークの日航と亀井氏とに引っ掛けて「鶴亀戦争」と一部では言われました。このような行政指導は，行政手続法が施行された今では許されません。

行政手続法では，世界で初めて手続法の中において行政指導に関する規律が行われました。**行政指導**とは，「行政機関が相手方の任意の協力を前提に特定の行為等を行うこと，あるいは行わないことを求めること」です。行政指導のキーワードは「任意の協力」です。あくまでも強制ではないということを忘れてはなりません。

①一般原則

行政指導を行う場合には，所掌事務の範囲を越えず，相手の任意の協力を前提とするものであることに留意しなければなりません。行政指導に従わないことを理由とした不利益な取扱をしてはなりません（手続法32条）。

②申請に関連する行政指導

申請の取下げ，内容の変更を求める行政指導を行う場合には，申請者が行政指導に従う意思がない旨を表明した場合には，行政指導を継続して申請者の権利行使を妨げるようなことをしてはなりません（手続法33条）。

この点に関して次のような判例があります。

判　例：品川区でマンションの建築確認申請がなされたところ，日照，通風等の被害を理由に周辺住民が反対運動を起こしたため，周辺住民との紛争を回避するための行政指導が行われ，その間，建築確認は留保されました。結局，周辺住民と業者との話し合いがつき，建築確認もなされましたが，建築確認が遅れたことに対する損害賠償請求を業者が品川区に対して行いました。判決では，「行政指導に相手が任意で従っている場合には，社会通念上合理的と認められる期間，建築確認を留保しても，直ちに違法とは言えないが，相手が行政指導に従わな

いという意思を真摯かつ明確に表明した場合には，特段の事情のない限り，当該行政指導を
理由に建築確認を留保することは違法となる」と判示しています（最判昭和60年7月16日
民集39巻5号989頁）。

③許認可に関連する行政指導

許認可等の権限を背景とした行政指導を行う場合には，許認可の権限を行使することができ
ない，又は行使する意思がないにもかかわらず，その権限を行使できることをことさらに
示して，従わなければ許認可を行わない等という形で指導に従わせるようなことは禁止され
ています（手続法34条）。

④明確化原則

行政指導を行う場合には，その趣旨，内容，責任者を明確にしなければなりません。また，
行政指導の相手方から求めがあればその内容を書面で交付する必要があります（手続法35条）。
行政指導を行う際に行政機関が許認可等をする権限又は許認可等に基づく処分をする権限
を行使し得る旨を示すときは，相手方に対して，「当該権限を行使し得る根拠となる法令の条
項」，「当該条項に規定する要件」，「当該権限の行使がその要件に該当する理由」を明示しな
ければなりません（同条2項）。

⑤複数の者を対象とする行政指導

複数の者を対象とする行政指導をしようとするときは，その行政指導に共通してその内容
となる事項を定め，支障がないかぎり公表しなければなりません（手続法36条）。例えば，開
発指導要綱として大規模開発事業を行おうとする者すべてに対して地元協議や一定の施設の
設置を求める旨を規定している場合がありますが，これが「共通する事項を定め公表」する
に当たるものと考えられます。

⑥行政指導の中止等の求め

法令に違反する行為の是正を求める行政指導の相手方が，当該行政指導が法律の規定する
要件に適合しないと考える場合には，行政指導をした行政機関に対して，その行政指導の中
止等の措置をとることを求めることができます（手続法36条の2）。申出は，法律で定められ
た事項を記載した申出書の提出により行います（同条2項）。申出があったとき，行政機関は，
必要な調査を行い，当該行政指導が法律の定める要件に適合しないと認めるときは，当該行
政指導の中止その他必要な措置をとらなければなりません（同条3項）。

03-05　処分等の求め

　法令に違反する行為が行われているにもかかわらず，規制権限が適正に行使されず，その違法行為を是正するための処分や行政指導を行政機関が行わない場合があります。そのように法令に違反する事実があるにもかかわらず，是正のためになされるべき処分や行政指導がされていないと考えたときは，何人もその処分をする権限を有する行政庁又は行政指導をする権限を有する行政機関に対し，処分又は行政指導をすることを求めることができます（手続法36条の3第1項）。

　処分等の求めの申出は，法律で定められた事項を記載した申出書の提出により行います（同条2項）。また，申出を受けた行政庁又は行政機関は，必要な調査を行い，その結果に基づき必要があると認めるときは，当該処分又は行政指導をしなければなりません（同条3項）。

03-06　届　　出

　届出とは，「行政庁に対し一定の事項の通知をする行為であって，法令によってその通知が義務付けられているもの」をいいます。届出が届出書の記載事項に不備がないこと，届出書に必要な書類が添付されていること，その他法令に定められた届出の形式上の要件に適合している場合には，その届出が法令により届出の提出先とされている機関の事務所に到達したときに，当該届出をすべき手続上の義務が履行されたものとするとされています（手続法37条）。

● 行政手続法こぼれ話❷
大規模店舗の出店については，当初，百貨店法に基づき，許可制がとられていました。これを規制緩和とするということで，いわゆる大店法を制定し，届出制に改めました。しかし，「トイザらス」の出店に際しては，国が届出を受理せず，出店を拒み，実質，許可制と同様の処理をしていました。これが日米構造協議で批判を受け，これを踏まえて，手続法では届出についても法規制が行われました。

　この規定は一見当たり前のことを規定したもののように見えますが，非常に重要な規定です。

　許可制であれば許可，不許可の裁量が認められる場合がありますが，**届出制**については受理するか，受理しないかの裁量権は通例ありません。しかし，届出制であっても行政庁として望ましくないものについては，届出を受け取らないことによって，実質的に許可制と同様の効果をもつような運用がなされたことがありました。このような運用を防ぐため，手続法によって**届出の不受理**は認められていません。

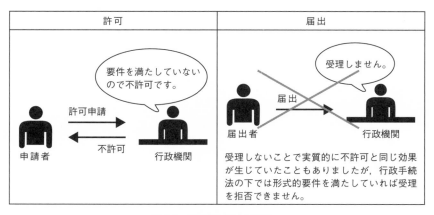

図 3-3　許可制と届出制の違い

03-07　意見公募手続

　国民主権の原理から，行政機関の行う命令等の策定に関しても，できる限り国民の意思が反映される必要があります。このため，**意見公募手続**に関する規定が 2005 年 6 月の手続法の改正により新設されました。

①制度の対象

　行政手続法では，内閣等が定める以下のものを「**命令**等」と規定し，その制定手続に関して規律しています。

①法律に基づく命令（処分の要件を定める告示を含む。）又は規則
②申請により求められた許認可等をするかどうかをその法令の定めに従って判断するために必要とされる基準（審査基準）
③不利益処分をするかどうか又はどのような不利益処分とするかについてその法令の定めに従って判断するために必要とされる基準（処分基準）
④同一の行政目的を実現するため一定の条件に該当する複数の者に対し行政指導をしようとするときにこれらの行政指導に共通してその内容となるべき事項（行政指導指針）

②一般原則

　命令等を定める場合には，その根拠となる法令の趣旨に適合させなければなりません。また，命令等を定めた後においても必要に応じて当該命令等の内容について検討を加え，その適正を確保するよう努めなければなりません（手続法 38 条）。

③意見公募手続

　命令等を定めようとする場合には，その案等をあらかじめ公示し，**意見提出期間**を定めて広く**一般の意見**を求めなければなりません（手続法 39 条）。その際に，公示する命令等の案は具体的かつ明確な内容であって，当該命令等の題名や命令等を定める根拠を示さなければなりません。また，意見提出期間は，命令等の案の公示の日から 30 日以上としなければなりません。

④提出意見の考慮

　命令等を制定する際には，意見提出期間内に提出された意見を十分に考慮しなければなりません（手続法 42 条）。

⑤結果等の公示

　意見公募手続を実施して命令等を定めた場合には，当該命令等の公布と同時期に，①命令等の題名，②命令等の案の公示日，③提出意見，④提出意見を考慮した結果及びその理由，を公示しなければなりません（手続法 43 条）。

03-08　行政手続法，都道府県条例及び市町村条例の適用関係

　地方公共団体の条例，規則に基づく処分・届出，地方公共団体が行う行政指導，意見公募手続については，手続法の規定は適用されません（手続法 3 条 3 項）。しかし，手続法 46 条では，地方公共団体は手続法の規定の趣旨にのっとり，行政運営における公正の確保と透明性の向上を図るため必要な措置を講ずるよう努めなければならないと規定されています。このため，各地方公共団体においては，**行政手続条例**として手続法とほぼ同様の内容を定めています。

　手続法，都道府県行政手続条例，市町村行政手続条例は適用の対象が異なります。次の表のとおり「申請に対する処分」，「不利益処分」及び「届出」については，法律に基づく処分等の場合は**手続法**が，都道府県条例に基づく処分等の場合はその**都道府県行政手続条例**が，市町村条例に基づく処分等の場合はその**市町村行政手続条例**が適用されます。行政指導については，都道府県の機関が行う場合にはその都道府県行政手続条例が適用され，市町村の機関が行う場合には市町村行政手続条例が適用されることになります。

【行政手続法，都道府県行政手続条例及び市町村行政手続条例の適用関係】

行為 行政処分 等の根拠法規	申請に対する処分	不利益処分	行政指導	届　　出	意見公募手続
(1)法律及び法律に基づく命令	手続法の適用	手続法の適用	各地方公共団体の行政手続条例の適用	手続法の適用	各地方公共団体の行政手続条例等の適用
(2)都道府県の条例及び都道府県の規則	都道府県行政手続条例の適用	都道府県行政手続条例の適用		都道府県行政手続条例の適用	
(3)市町村の条例及び市町村の規則	市町村行政手続条例の適用	市町村行政手続条例の適用		市町村行政手続条例の適用	

※行政指導及び意見公募手続は，行政処分のようにそれ自体の根拠となる法令等がないのが一般的です。そのため，行政処分等のような根拠法令等による適用区別はなく，すべてについて各地方公共団体の行政手続条例が適用されます。

04 違法，不当状態の 防止・解消に向けて

　この章では，**違法**あるいは**不当な状態**を防止，解消するための制度について学びます。行政活動の大きな役割として申請に対する処分がありますが，そのほかにも行政機関として積極的に違法，不当な状態の防止，解消を図る場合があります。

　住民の人たちが日々の生活の中で違法な，あるいは，適正でない行為を行い，社会生活に支障が生じる場合があります。そのような場合には，公務員としてはさまざまな方法を駆使してその違法な行為や不適正な行為を防がなければなりません。その手法として法律は，**行政代執行**や**罰則**等多様な制度を規定しています。

　まず考えられるのが**行政処分**を行い違法状態を是正する方法です。例えば，命令，許認可の取消し等の行政処分があります。さらにこれらの行政処分の実効性を担保するため，その違反に対しては罰則を科すことによって強制することもあります。

　しかし，こうした権限を行使しても相手方が是正しない場合には，行政機関が本人に代わって是正行為を行い，その後に本人に対してその要した経費を請求する場合もあります。**行政代執行**という制度です。経費を本人から回収できないことも多いため，代執行の実施については一般的に慎重な姿勢がとられています。しかし，地方公共団体としては，住民の安全や健康を守るためには有効な方法なので，理解しておくことが必要です。

　さらに，住民が税金等の金銭を納入しない場合のように金銭債権の実現のための対応としては，**強制徴収**という方法があります。住民の資産を差し押さえ，売却したりして，その収益を地方公共団体の収入とするもので，金銭徴収のために非常に有効な方法です。税金の滞納整理等で数多く実施されてます。

　このほかにも，よりソフトな手段として，**行政指導**や**補助金によるインセンティブ**で，住民に協力を求め社会生活の支障を防いだり，除去したりすることもあります。**環境保護**のように，社会生活の維持改善に向けて住民の協力を求めるために，補助金が活用される場合も数多くあります。

　地方公務員としては，このようなさまざまな方法を理解して，最も適切な手段によって市民の社会生活の維持，向上を図ることが求められています。

44

04-01　監督権限の行使（命令，許可の取消し等）

違法・不当状態の解消のためにどのような**是正措置**を講じるかは，違法状態により異なります。例えば，建築基準法に違反する建物については，状況に応じて建築物の除却，移転，改築，増築，修繕，模様替，使用禁止，使用制限等の措置をとることを命ずることができます（建築基準法9条1項）。また，風俗営業に関して法令に違反した場合，風俗営業の許可の取消し，あるいは6月を超えない範囲内での営業停止を命ずることができます（風俗営業等の規制及び業務の適正化等に関する法律26条）。

是正を求める命令は，一般的には行政手続法上の不利益処分に当たることになりますので，聴聞等の事前手続を経て，事前に定められた処分基準に従って行うことになります。ただし，建築基準法に基づくこれらの命令等は，建築基準法において弁明手続に類似した制度を規定していることから行政手続法の適用はありません。

04-02　行政処分の取消しと行政処分の撤回

違法，不当状態の解消のためには，**行政処分の取消し**と，**行政処分の撤回**という制度があります。どちらも行政処分の効力を失わせるものですが，取消しと撤回には大きな違いがあります。当該処分の瑕疵が成立当初からあるのが**取消し**で，成立後に生じた事由に基づくのが**撤回**です。

先ほどの風俗営業の許可の場面で，許可の「取消し」とあったことに，ここで気づいた方もいるかと思います。行政法学上の定義によれば，取消しは処分の当初から瑕疵があった場合といいながら，この風俗営業の例では許可の後に営業主が違法行為を行ったのだから「取消し」ではなく「撤回」ではないかという疑問が生じます。この風俗営業の許可の取消しは，

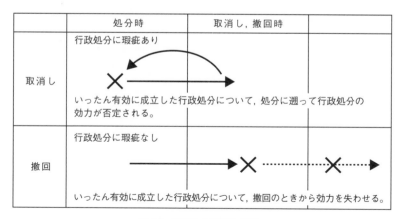

図 4-1　取消しと撤回との違い

行政法学上の定義では「撤回」に当たるものを法文上「取消し」と表現しています。このように「取消し」と「撤回」の違いは，それぞれの場面ごとに判断する必要がありますが，「撤回」の多くは法文上「取消し」と表現されています。

　取消し又は撤回に法律の根拠が必要かどうかについては，取消しについては違法状態の是正という観点から法律の根拠がなくても取り消すことができるとされています。さらに下記の判例のように，撤回についても法律の根拠は不要であると解される場合があります。

> 判　例：最高裁は，赤ちゃんあっせんをしたことを理由に優生保護法（現在の「母体保護法」）14条1項による指定医師の指定を撤回した事例に関して，法令上その撤回について直接明文の規定がなくとも，指定医師の指定の権限を賦与されている医師会は，その権限において指定を撤回することができると判断しました（最判昭和63年6月17日判時1289号39頁）。

　なお，この判例でも示されているのですが，いったん相手方に付与された権利を奪う撤回については，撤回によって相手方が被る不利益を考慮しても，なおそれを撤回すべき公益上の必要性が高いと認められる場合に限って行うことができると考えられます。

04-03　行政代執行

　建築物の除却等のようにだれが行っても実現できる義務（代替的作為義務）については，本来の義務者に代わって行政庁が行うことができます。これが行政代執行です。

　先ほどの違法建築物の例では，建築物の除却等の命令に従わない場合は，特定行政庁は建築基準法9条12項の規定により，行政代執行法の定めるところに従い，法律や条例により命令を受けた者が行うべき行為をすることができます。

　行政代執行制度の概要について，行政代執行法（以下「代執行法」といいます）に従って説明しましょう。

> 【行政代執行法】
> 第2条　法律（法律の委任に基く命令，規則及び条例を含む）により直接に命ぜられ，又は法律に基き行政庁により命ぜられた行為（他人が代わってなすことができる行為に限る）について義務者がこれを履行しない場合，他の手段によってその履行を確保することが困難であり，且つその不履行を放置することが著しく公益に反すると認められるときは，当該行政庁は自ら義務者のなすべき行為をなし，又は第三者をしてこれをなさしめ，その費用を義務者から徴収することができる。
> 第3条　前条の規定による処分（代執行）をなすには，相当の履行期限を定め，その期限までに履行がなされないときは，代執行をなすべき旨を，予め文書で戒告しなけれ

ばならない。

2 義務者が，前項の戒告を受けて，指定の期限までにその義務を履行しないときは，当該行政庁は，代執行令書をもつて，代執行をなすべき時期，代執行のために派遣する執行責任者の氏名及び代執行に要する費用の概算による見積額を義務者に通知する。

3 非常の場合又は危険切迫の場合において，当該行為の急速な実施について緊急の必要があり，前2項に規定する手続をとる暇がないときは，その手続を経ないで代執行をすることができる。

①行政代執行の要件

行政代執行を行うための要件としては，第1に，法律により直接成立する義務又は行政庁により命じられた行為の義務が存在しなければなりません。この法律には「法律の委任に基づく命令，規則及び条例を含む」ものと規定されていますが，条例は住民の代表である議会で制定されるということを踏まえて，法律の委任を受けた条例だけでなく，地方公共団体が独自に制定する条例も行政代執行の根拠となると解されています。

第2に，代執行の対象となる行為は代替的作為義務でなければなりません。行政代執行は，行政庁が本人に代わって義務の内容を実現し，本来の義務者から費用を徴収する手段です。このため，作為義務（特定の行為を行う義務）であっても，他人が本人に代わってなすことのできない義務（不代替的作為義務）は行政代執行を行うことはできません。

第3に，他の手段によってその履行を確保することが困難な場合でなければなりません。法令上，行政罰の規定がある場合でも，行政罰は直接的に義務の履行を確保する手段ではないため，「他の手段」には当たりません。

第4に，その不履行を放置することが著しく公益に反すると認められなければなりません。従って，義務を履行しないからといって直ちに行政代執行の要件を充たすわけではありません。

②行政代執行の手続

次に，**行政代執行の手続**を概観しておきましょう。

行政代執行を行おうとする場合には，まず「戒告」を文書で行わなければなりません（代執行法3条1項）。**戒告**とは，義務の履行期限を定めた上で，その期限までに履行がなされない場合に行政代執行を行う旨の予告です。この戒告によって義務が履行されなければ，次に「代執行令書による通知」を行います（同2項）。**代執行令書**には，行政代執行の時期，執行責任者，費用の概算が示されなければなりません。なお，非常の場合や危険が切迫している場合等で，戒告や通知の手続をとることができない場合は，それらの手続を経ないで行政代執行をすることができます。

これらの手続きを経て，行政代執行として行政庁が本人に代わって義務の内容を実現し，

本人から費用を徴収することになります。費用納付がなされない場合は，国税滞納処分の例によって強制徴収を行います。

③行政代執行に対する救済方法

戒告及び行政代執行令書による通知に対しては，**行政不服申立て**を行うことができます。さらに，取消訴訟を起こすことができるかどうかは法解釈に争いがありますが，一般的には取消訴訟は可能であると考えられています。さらに，行政代執行が終了した場合は，戒告や行政代執行令書による

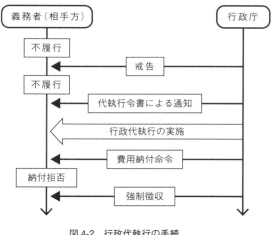

図4-2　行政代執行の手続

通知についての取消訴訟の訴えの利益は消滅してしまうので，取消訴訟を提起することはできず，国家賠償法に基づいて損害賠償請求を行うことになります。

04-04　直接強制

　直接強制とは，義務を課された者が義務を履行しない場合に，直接，その者の身体又は財産に実力を加え，義務の履行があったのと同じ状態を実現するものです。作為義務，不作為義務を問わず，直接強制の対象となります。また，代替的作為義務だけでなく，不代替的作為義務も対象となります。ただし，直接強制を規定する法律は，限られています。

　その一つである成田国際空港の安全確保に関する緊急措置法３条８項では，「国土交通大臣は，第１項の禁止命令に係る工作物が当該命令に違反して同項各号に掲げる用に供されている場合においては，当該工作物の現在又は既往の使用状況，周辺の状況その他諸般の状況から判断して，暴力主義的破壊活動等にかかわるおそれが著しいと認められ，かつ，他の手段によつては同項の禁止命令の履行を確保することができないと認められるときであつて，第１条の目的を達成するため特に必要があると認められるときに限り，当該工作物を除去することができる。」と直接強制を規定しています。

04-05　強制徴収

①強制徴収の手続の流れ

図4-3　強制徴収の手続

● 債権管理条例

近年，多くの地方公共団体が，債権管理条例を制定しています。この条例は，地方公共団体が保有するすべての債権の取扱いについて統一的な処理基準を定め，公正かつ公平な市民負担の確保と債権管理のさらなる適正化を図り，健全な行財政運営を行うことを目的とするものです。景気後退に伴う税収の低下等により地方公共団体は財政的に厳しい環境におかれ，よりいっそう効率的で責任ある運営が求められています。地方公共団体が有する各種債権についても適切な管理と回収が不可欠です。債権管理条例は，このような視点から，地方公共団体の債権管理の方向性を包括的に規定したものです。

地方公共団体が有する金銭債権の実現方法として**強制徴収**があります。しかし，強制徴収はすべての金銭債権について認められるわけではなく，租税債権など強制徴収が行える旨の規定が法律にある場合に限って行うことができます。おおよその基準は，大量に発生し，迅速かつ効率的に徴収する必要がある債権です。このような債権については，より強力な執行を行うための効力が認められています。これが**自力執行権**で，その手続は国税徴収法第5章に定められています。この**国税徴収法**は，文字どおり国税徴収に関する手続を定めていますが，地方税法をはじめ地方公共団体の債権でもこの手続を準用しています。

強制徴収の流れとしては，まず納付を促すために督促を行い，一定期間を経過してもなお納付がなされないときに，滞納者の財産を差し押さえ，公売により換価し，その収入を地方公共団体とその他の債権者とに配当し，終了します。

分担金，使用料，加入金，手数料及び過料その他の普通地方公共団体の歳入についての督促，滞納処分等についての納入義務者からの不服申立ては，その地方公共団体の長に対して行います（地方自治法229条1項）。長は，この審査請求がされた場合，審査請求が不適法で却下するときを除き，議会に諮問した上で，裁決をしなければなりません（同条2項）。また，長は，議会に諮問をせずに審査請求を却下したときはその旨を議会に報告しなければなりません（同条4項）。なお，分担金等の徴収に関する処分については，審査請求に対する裁決を経た後でなければ，裁判所に出訴することができません（同条5項）。

②強制徴収の対象

地方公共団体における分担金，加入金，過料又は，法律で定める使用料その他の地方公共団体の歳入については，地方税の滞納処分の例により処分することができると規定され（231条の3第3項），分担金，加入金，過料，使用料等は**強制徴収の対象**となります。

一方，強制徴収の根拠規定がないものは強制徴収を行うことはできずに，民事訴訟によっ

て債務名義（強制執行を行う際に，その前提として必要となる公的文書（確定判決，和解調書等）をいいます。）を得て強制執行を行うことになります。公営住宅の家賃，水道料金，病院の使用料等はこの例です。下水道使用料については，地方自治法（231条の3第3項及び附則6条第3号）の規定によって強制徴収することが可能です。

　そのほかに強制徴収の対象となるものとして，港湾の入港料その他の料金等（港湾法44条の3等），土地改良事業の施行に伴う清算金等（土地改良法89条の3），公共下水道の損傷負担金等（下水道法18条～20条），漁港の利用の対価等（漁港漁場整備法35条，39条の2，39条の5），国民健康保険料（国民健康保険法79条の2），道路占用料（道路法73条），有料道路の料金等（道路整備特別措置法45条），河川使用料（河川法74条），海岸占用料・土砂採取料等（海岸法35条）などがあります。

04-06　民事上の強制執行との関係

　民事執行法に基づく民事上の強制執行によって行政法上の義務の履行を求めることが可能でしょうか。この点について，一般的に**民事上の強制執行**は，私法上の権利利益を確保する場合にのみ用いることができると考えられています。法律上，自力執行力が認められているなら，その権限を行使することが行政目的の早期実現を図る法の趣旨に合致します。また，民事訴訟で義務履行確保を求めることについては以下のような判例があります。

判　例：民事訴訟で行政上の義務の履行を求めることについて「自己の権利利益の保護を目的とするものでなく法律上の争訟に当たらない」として，こうした訴訟を不適法だとしました（宝塚市パチンコ条例事件。最判平成14年7月9日民集56巻6号1134頁）。

04-07　即時強制

①意　義

　即時強制とは，義務の履行を強制するためにではなく，急迫の違法状況や生命身体の危険を排除する必要上，義務を命ずる余裕のない場合又は性質上義務を命じることによっては目的を達成することができない場合に，直接に私人の身体又は財産に実力を加え，これによって行政上の目的を実現する制度をいいます。通常は何らかの違法状態がある場合は，行政処分によって違法状態を

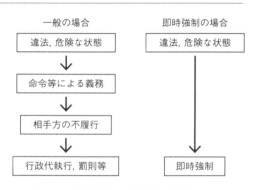

図4-4　即時強制と一般の強制手続との違い

解消するために何らかの義務を課します。その義務の履行がない場合には，行政代執行等を行うことになります。

　これに対して，即時強制は，命令等で義務を課す時間的余裕がない場合に行うことが可能です。即時強制の例としては，感染症患者の強制入院（感染症の予防及び感染症の患者に対する医療に関する法律19条3項），延焼のおそれがある対象物の破壊（消防法29条2項）等があります。

②法律等の根拠

　即時強制については，住民の権利を制限するものですから法律等の根拠を必要とします。また，即時強制の根拠としては条例によることも可能です。

③救済方法

　即時強制に対する救済方法は，実力行使が継続していれば，行政不服申立てや取消訴訟によることになります。消防法の対象物の破壊等のように即座に終了してしまう行為については，不服申立て等は意味がなく，損害賠償や損失補償による救済を求めることになります。

04-08　罰則の適用

①行政刑罰

　行政刑罰とは，行政法上の義務違反に対して科されるもので，懲役，禁固，罰金，拘留，科料という刑法に規定されている刑罰をいいます（刑法9条）。普通地方公共団体は，法令に特別の定めがあるものを除くほか，その条例中に，条例に違反した者に対し，2年以下の懲役・禁錮，100万円以下の罰金，拘留又は科料を科する旨の規定を設けることができます（地方自治法14条3項）。

　実体法的には刑法総則の適用があります。また刑罰を科す手続としては原則として刑事訴訟法に従って裁判所の判決によって科されます。従って，科刑に対し不服がある場合には，取消訴訟ではなく刑事裁判手続において無罪等を主張することになります。

②行政上の秩序罰（過料）

　行政上の秩序罰とは，行政上の秩序に障害を与える危険がある義務違反に対し科される過料をいいます。刑罰に比べて社会的非難の程度が軽い行為に対して科されます。法律において過料が規定される場合もありますが，普通地方公共団体は条例又は規則に違反した者に対し5万円以下の過料を科する旨の規定を設けることができます（地方自治法14条3項，15条2項）。

　法令に基づく過料は，非訟事件手続法の定めるところに従って裁判所において科されます。

これに対して，条例・規則に基づく過料は，知事・市町村長が行政処分としてこれを科し，納付されない場合は地方税の滞納処分の例に従って強制徴収を行うことになります。

04-09　行政指導

　行政指導は，あくまで任意なので，それほど強力な効果があるわけではありません。しかし，特別に法律の根拠が必要ないために，迅速で柔軟な対応を行うことができ，違法・不当状態の解消のために有効な行政手法です。行政指導を行う際には，各地方公共団体の行政手続条例の規定を遵守する必要があります（☞ 37，38 頁）。

04-10　公　表

①情報提供として行う公表

　公表には 2 つの種類のものが考えられます。1 つは住民に対する「情報提供」として行うものです。例えば大阪府消費者保護条例では，利用者に危害を及ぼすおそれのある製品の情報や詐欺的商法等の事業情報を公表することによって，消費者の保護を図ろうとしています（同条例 29 条）。

　情報提供を目的とする公表であっても特定の人に不利益を与える可能性があるのであれば，事前に相手方の意見を聞くことが必要だと考えられます。裁判例においても相手方に反論の機会を一切与えなかったことは手続保障の観点から正当性に問題が残ると指摘しています（大阪地判平成 14 年 3 月 15 日 判時 1783 号 97 頁）。

②制裁として行う公表

　もう 1 つの公表は違反者に対する「制裁」として行う公表で，氏名等の公表制度によって違反者に心理的，間接的な圧力を加え，違反行為の是正を促すものです。制裁としての公表は相手方に事実上の不利益をもたらすことを意図した行為であるために，法律又は条例の根拠が必要と考えられます（曽和行政法総論 397 頁）。

　制裁的公表について，公表前にその違法性を争う方法としては，名誉侵害等を理由とする民事上の差止め訴訟が考えられます（曽和行政法総論 398 頁）。事後的に争う方法については，公表自体非権力的な事実行為であるため，その公表の前提となる義務賦課的な行政処分を取消訴訟で争う方法が想定されます。そのほかにも，違法な公表によって損害を被ったとして，国家賠償法 1 条に基づき損害賠償請求を行う方法が考えられます。

　小田原市市税の滞納に対する特別措置に関する条例（平成12年7月1日施行）では，市税滞納者について，市長が必要と認める行政サービスの停止，許認可の拒否等の措置あるいは行政サービスの停止等の措置とあわせて滞納者の氏名，住所等を公表することができるとしています。ただし，その措置を行おうとする際には，市税滞納審査会の意見を聴くとともに，相手方に弁明の機会を付与しなければならないとされています（同条例10条）。

04-11　行政サービスの給付拒否

　行政サービスの**給付拒否**とは，私人が違法・不当な行為を行った場合や義務を履行しない場合に，生活に必要とされる行政サービス（例，上水道）の供給を拒否し，それによって対応の是正を図ろうとするものです。この給付拒否は，義務履行確保のための法制度として明確に位置づけられているわけありませんが，実質的にはその役割を果たしています。

　行政サービスの給付拒否の可否はサービスごとに判断されるべきで，サービスと関係のない義務の不履行を理由に拒否できるかどうかは問題です。例えば水道法15条3項では「料金を支払わないとき，（略）その他正当な理由があるときは，（略）給水を停止できる」としていますが，この「正当な理由」に水道に関するもの以外の義務の不履行を理由とすることは難しいと思われます。義務履行を求めるために行政サービスの給付拒否を行うに当たっては，履行を求める義務の内容と拒否する行政サービスとの関連性を十分に検討する必要があります。

　小田原市市税の滞納に対する特別措置に関する条例では，市税滞納者について行政サービスの停止，許認可の拒否等の措置をすることができるとしています。この措置に対する救済方法としては，給付を求める民事上の訴えや，給付拒否等による損害賠償請求を求めることになります。ただし，税の滞納についてはそもそも強制徴収（☞48頁）を行うことが可能であり，行政サービスや許認可と直接には関係のない税の滞納を理由に拒否することは，目的違反あるいは他事考慮として裁量権の濫用（☞20頁）となる可能性があります。このような条例の制定，適用については慎重に行われる必要があると考えます。

05 補助金の支出について

　この章では，地方公共団体が交付する補助金について学びます。前の章でも説明したように地方公共団体では補助金をインセンティブとして住民等の公益的な活動を促進しています。

　補助金とは，地方公共団体が特定の事務事業に対し公益性を認めて，その事務事業の奨励・促進を図るため，**反対給付**（＝一方の給付に対して対価の意味をもつ他方の給付）を求めることなく交付される金銭的給付です。地方公共団体は，特定の団体や事業の公益性に着目し，この団体等に補助金を支出することにより，地方公共団体が目的とする政策を間接的に推進しています。住民との協働が進展する中にあって，補助制度は地方公共団体における政策目的達成のための手段としていっそう重要な機能を果たすようになっています。

　例えば，地方公共団体の区域に新規に立地した工場に対して補助金を支出する。住宅用の太陽光発電設備を設置した場合に設置費の一部を補助する。こうした補助制度は多くの地方公共団体で実施されています。地方公共団体は，こうした補助金をインセンティブとして，企業の誘致を図ったり，住民に対して行政施策に協力を求めたりしているのです。地方公共団体において，補助金は非常に有効，かつ重要な施策となっています。

　補助金施策は，かつての好調な地方公共団体の財政状況を背景に大幅に拡大してきました。しかし，現在の地方公共団体の厳しい財政状況の中にあって補助金に係る財政負担は大きな問題となっています。各地方公共団体においては，補助金の有効性を踏まえながらも，見直しを行う必要もあります。

　また，ともすれば補助金は安易に支出されがちだという面も否定できません。そのため，補助金の支出が違法であるとして争われた**住民訴訟**も数多く提起されています。

　地方公共団体の職員は，補助金の法的根拠，法的性格を理解したうえで，補助金を有効に活用することが大切です。特に補助金の支出については，公益上の必要性など法律上の制約もあり，その点を十分に理解しなければなりません。

05-01 補助金の制度の概要

①補助金とは

　地方公共団体の活動のさまざまな分野において補助金が活用されています。住民等に協力してもらい、地方公共団体の施策を推進するための1つのインセンティブとして補助金を活用しているのです。この**補助金**という言葉は、さまざまな意味で使われていますが、最も広義では、「国から地方公共団体又は民間に対して」、又は「地方公共団体から他の地方公共団体又は民間に対して」、各種の行政上の目的をもって交付される現金給付のことになります。しかし、一般的には、より狭い意味で使われ、補助金等は、特定の事務、事業に対し、公共的見地から公益性があると認められ、その事務、事業の実施に資するため反対給付を求めることなく交付される金銭的給付とされています。

　地方公共団体が相当の反対給付を受けないで交付する給付金であることが補助金の大きな要素です。100万円の金を受け取り、これに対して100万円に相当するものを地方公共団体に譲渡することとなれば、これは通常の物の売買といえます。ところが、補助金が交付される場合は、その交付の対象となっている一定の事務、事業の遂行あるいは完成という義務付けがあるとはいえ、当該事務、事業の直接の利益なり効果なりは、すべて補助金の交付を受けるものに帰属し、当該事務又は事業の公益に関係ある一面を通じてのみ、国、あるいは地方自治体の利害関係に影響があるにすぎません。すなわち、相当の反対給付を受けないで交付されるもののみが補助金といえます。

②補助金の法律上の根拠

　地方公共団体が交付する補助金は、地方自治法232条の2に「普通地方公共団体は、その公益上必要がある場合においては、寄附又は補助をすることができる」と規定されていることに基づくものです。その手続について、国においては『**補助金等に係る予算の執行の適正化に関する法律**』（以下「補助金適正化法」といいます）で、国の補助金の交付手続や返還命令を規定しています。同法では、補助金は申請に基づき交付決定により与えられ、補助事業者は補助事業を善良な管理者の注意をもって遂行しなければならず、他目的使用は禁止され、これに違反したときなどは交付決定が取り消されて、補助金を返還しなければならないとされています。**補助金適正化法の適用のある補助金**等として、①補助金、②負担金（国際条約に基づく分担金を除く）、③利子補給金、④その他相当の反対給付を受けない給付金であって政令で定めるものが挙げられます。しかし、同法では補助金、負担金等の正確な定義を与えず、その実態に即して、補助金の共通的な性格に着目してこれらの給付金を差別することなく補助金等として、一様にその運用に当たることとしています。

　補助金適正化法は、国が交付する補助金等のみを対象としているため（補助金適正化法2条

1項），各地方公共団体は補助金等の交付手続を定める条例や規則を制定し，補助金交付の手続を定めています。その手続の内容は，一般的に補助金適正化法とほぼ同様の内容になっています。

③補助金の法的性格

補助金の法的な性格といっても，なかなか分かりにくいと思いますが，言い換えれば，補助金交付決定が行政処分なのかどうかということです。例えば裁判例として，釧路市雪印乳業事件といわれるものがありますので参照してみましょう。

> 判　例：この判例は，釧路市工場誘致条例の改正（工場増設部分に対する奨励金制度の廃止）を契機として紛争が生じ，原告会社は条例公布取消のほか，奨励金交付申請却下処分の取消を求めたものです。
> この判決において，補助金とは「行政主体が他の事業を助成ないし，奨励するために金銭を給付することは行政主体が非権力的作用として行うものであつて，本来恩恵的，奨励的なものであり，私法上の贈与的性質のものとみるべきである。（略）奨励金ないし補助金交付の法形式をどのように定めるかは立法政策の問題であり，立法者において選択の自由がありその交付の形式を行政庁が一方的に行う行政処分として定立することも可能であると考える。（略）各規定からみると旧条例は工場の新設又は増設に対する奨励金交付の基準を定めかつその目的達成のためある種の権力的規定を置くとともに，その交付の方法は，交付を受けようとする者から行政庁である市長に対し申請をなさしめこれに対して市長が交付決定をするという行政処分としての法形式を採用したものとみるべきであ」るとしています（札幌高判昭和44年4月17日行集20巻4号459頁）。

補助金の法的な性格についてはこの他にもいくつかの判例がありますが，その多くはこの釧路市雪印乳業事件判決のように，原則として「私法上の贈与」であると判断し，例外的に条例等により交付決定が行政処分と位置づけられた場合に限って，行政処分性をもつものと解されています。

05-02 補助金の交付の留意点

　補助金の交付については多くの注意すべき点があります。特に，交付の公益上の必要性等について十分に考えた上で支出に当たらなければなりません。

①公益上の必要性

　先ほども説明したように，地方自治法では，地方公共団体は，「その公益上必要がある場合」に限って，補助金を交付することができると規定されています。この公益上の必要性については，**行政実例**[1] によれば「公益上必要があるか否かは当該地方公共団体の長及び議会は個々の事例に即して認定することになるが，まったくの自由裁量行為ではなく，客観的にも公益上必要であると認められなければならない」（行政実例昭和28年6月29日自行行発186号）とされています。実際に公益上必要であるかについては，それぞれのケースごとに考える必要がありますが，主な判例は次のとおりです。

> 判　例：①給与条例及び賃金規程において競艇臨時従事員に対して離職せん別金又は退職手当を支給する旨の規定はないにもかかわらず，市が，競艇従事員共済会を経由して臨時従事員に対し退職手当を支給するために同共済会に対し補助金を交付することは，給与条例主義を潜脱するものであり，地方自治法232条の2の定める裁量権の範囲を逸脱し，又はこれを濫用したものとして，同条に違反し違法である（最判平成28年7月15日集民253号93頁）。
> ②元県議会議員会に対する県の補助金支出は，裁量権の範囲を逸脱した違法なものである（最判平成18年1月19日判時1925号79頁）。
> ③市と外国都市との間の高速船運航事業を目的として設立された第3セクターに対する市の補助金の交付が地方自治法232条の2所定の「公益上必要がある場合」に当たると判断したことは，補助金の支出について市議会に説明し，市議会において支出の当否が審議された上で可決されたものであること，補助金の支出は不正な利益をもたらすものとはうかがわれないことに照らすと裁量権の逸脱，濫用はない（最判平成17年11月10日判時1921号36頁）。
> ④町が自然活用施設の運営を委託している団体に対する補助金の交付は，町から委託を受けて公の施設の管理運営を行っていたこと，公の施設の設置目的からすると運営収支が赤字になったとしてもその存在意義が失われるものではないこと等に照らせば，地方自治法232条の2所定の「公益上必要がある場合」に当たらないとはいえない（最判平成17年10月28日判時1919号98頁）。

②宗教，慈善，教育，博愛の事業に対する補助への制限

　憲法89条は，宗教活動や「公の支配に属さない」慈善，教育，博愛の事業に対して公金を支出してはならないと定めています。前段の宗教活動への支出禁止は政教分離を財政面から

---

1) 行政実例とは，行政機関が法令の適用等に関して疑義がある場合に，関係所轄行政機関（地方公共団体の場合は総務省）に対して疑問点を示して意見を求め，これに対して所轄行政機関が回答した事案を公にしたものをいう。

規定したものだとされていますが，後段の慈善事業等への支出制限の趣旨については争いがあります。大別して，①私的な事業への不当な公権力の支配が及ぶことを防止するための規定と解する立場（自主性確保説）と，②財産の濫費を防止し，慈善事業等の営利的傾向ないし公権力に対する依存性を排除するための規定と解する立場（公費濫用防止説）とがあります。

(1) 自主性確保説

自主性確保説の立場では，一般に「公の支配に属する」を，「その事業の予算を定め，その執行を監督し，さらにその人事に関与するなど，その事業の根本的方向に影響を及ぼすことのできる権力を有すること」というように，狭義に解釈するので，監督官庁が事業の自主性が失われる程度に達しない権限を有するだけでは「公の支配に属する」といえず，その事業に対する助成は違憲の疑いが強いことになります。

(2) 公費濫用防止説

これに対して**公費濫用防止説**の立場では，「公の支配に属する」を，「国又は地方公共団体の一定の監督が及んでいることをもって足りる」というように，広く解するので，業務や会計の状況に関し報告を徴したり，予算について必要な変更をすべき旨を勧告する程度の監督権をもっていれば，助成は合憲とされることになります。この点について明確に判断を示した最高裁判例はありませんが，下級審では公費濫用防止説の立場に立ったものがあります（東京高判平成2年1月29日判時1351号47頁等）。

また，2003年の内閣法制局の私学助成における公の支配の解釈では，「その会計，人事等について国あるいは地方公共団体の特別の監督関係のもとに置かれているということを意味する」とされ，公費濫用防止説の立場に立つものと考えられます。

憲法のこの趣旨は個別法にも反映されており，例えば社会福祉法では，国又は地方公共団体が社会福祉法人に補助金を支出するには，条例で定める手続による必要がある旨を規定しています（社会福祉法58条）が，これも「公の支配」の観点も含めて規定されたものと考えられます。

③地方財政法上の制限

地方財政法28条の2では「地方公共団体は，法令の規定に基づき経費の負担区分が定められている事務について，他の地方公共団体に対し，当該事務の処理に要する経費の負担を転嫁し，その他地方公共団体相互の間における経費の負担区分をみだすようなことをしてはならない」と規定しています。この条項は，都道府県や市町村等の間において，法律と異なる財政負担を行うことはできないという趣旨です。つまり，都道府県が負担すべき経費を市町村が負担することは許されないというものです。

この条項に関して，次のような判例があります。

判　例：この事例は，ある町が県警に対してミニパトカー2台を寄附したことに対して，同町の行為
　　　　は地方財政法違反であるとして，町長に対し，同町にミニパトカーの購入代金及び諸手続の
　　　　費用相当額の損害金を支払うことを求めたものです。
　　　　警察の管理及び運営は都道府県の所掌事務とされ，警察法及び同法施行令では警察車両にか
　　　　かる経費は国庫で支弁するものとされています。そのため，町がパトカーを県警に寄付す
　　　　ることは地方財政法28条の2に違反するものとされました（最判平成8年4月26日判時
　　　　1566号33頁）。

06 行政調査と行政計画

　ここでは，**行政調査**と**行政計画**を取り上げることにします。

　行政活動においては，政策決定や行政処分の基礎とするためにさまざまな情報を収集する必要があります。情報収集活動は，立入や報告徴収等のように積極的・能動的に行われるものと，届出・申請等のように消極的・受動的に行われるものとがあります。広義では，このような情報収集活動全体を**行政調査**といいます。また，狭義の行政調査は，一般的に前者の積極的・能動的に行われる情報収集活動を意味します。

　行政調査は，強制的に行われるものもありますが，任意に行われる行政調査も数多くあり，行政活動において重要な役割を果たしています。

　情報化社会が進展する中で，さまざまな方法による行政調査が行われるようになってきており，行政調査によって幅広い情報が収集されるようになってきています。このため，数多くの個人情報や法人情報等多様な情報が収集されることから，従来以上に行政調査に関する統制が必要になってきています。そのため，行政調査の法的根拠が求められる場合もあるほか，調査方法等の手続面に関する統制も重要になっています。

　また一方では，行政活動を計画的に進めるために**行政計画**が重要に意味を持つようになっており，行政のさまざまな分野において数多くの行政計画が策定されています。行政計画は行政機関が計画的に活動を行うために策定され行政機関のみがその計画に従わなければならず，住民に対して直接拘束力を有しないものが数多くあります。一方では，行政計画であっても都市計画のように行政機関ののみならず住民に対して拘束力を有するものもあります。それぞれの性質により法的根拠の必要性あるいは訴訟提起の可否等も異なることがあります。

　さらに行政計画の策定に当たって，行政機関がどのような裁量権を有しているかという点も非常に重要です。

06-01　行政調査とその分類

　ここでは，情報収集活動うち，立入や報告徴収等のように積極的・能動的に行われる，狭義の行政調査を中心に取り上げることにします。

　行政調査は非常に多様ですが，例えば次のような形で行われます。

- ・報告の聴取
- ・調査書類への記入
- ・試験用サンプルの収去
- ・立入検査
- ・質問
- ・資料提出の求め
- ・監視
- ・出頭命令（要求）

　行政調査については，いくつかの分類をすることができますが，ここでは最も重要な法的強制力の有無による分類を踏まえて説明することにします。行政調査は，強制力の有無によって「任意調査」と「強制調査」とに分類することができます。

①任意調査

　任意調査は，相手方の同意の下に情報収集を行うものです。任意調査の最も代表的なものとして国政調査やパブリックコメント等が挙げられます。この他にも例えば水道法17条では，水道事業者の職員が給水装置を検査するために立入調査をすることを規定していますが，この調査は同意を要するもので強制的に行うことができないため任意調査の一つだといえます。

　任意調査は，相手方の同意の下に情報収集を行うものであるため，その限界が問題となります。

　判例では，警察官の職務質問に付随して所持品検査が許されるかが争われた事案において「警職法は，（略）所持品の検査については明文の規定を設けていないが，所持品の検査は，口頭による質問と密接に関連し，かつ，職務質問の効果をあげるうえで必要性，有効性の認められる行為であるため，同条項による職務質問に附随してこれを行うことができる場合があると解するのが，相当である。（略）所持人の承諾のない限り所持品検査は一切許容されないと解するのは相当でなく，捜索に至らない程度の行為は，強制にわたらない限り，所持品検査においても許容される場合があると解すべきである。」としています（最判昭和53年6月20日刑集32巻4号670頁）。

　また，自動車の一斉検問において外観情況等から不審な点が客観的に認められない車両に停止を求める行為の適法性が争われた事案において「警察法2条1項が「交通の取締」を警察の責務として定めていることに照らすと，交通の安全及び交通秩序の維持などに必要な警

察の諸活動は，強制力を伴わない任意手段による限り，一般的に許容されるべきものであるが，それが国民の権利，自由の干渉にわたるおそれのある事項にかかわる場合には，任意手段によるからといつて無制限に許されるべきものでないことも同条 2 項及び警察官職務執行法 1 条などの趣旨にかんがみ明らかである。（略）それが相手方の任意の協力を求める形で行われ，自動車の利用者の自由を不当に制約することにならない方法，態様で行われる限り，適法なものと解すべきである」としています（最判昭和 55 年 9 月 22 日刑集 34 巻 5 号 272 頁）。

②強制調査

　強制調査は，相手方に対して強制力をもって情報収集を行うものです。強制調査は，国民に対して一定の義務を課すため，法律の根拠が必要です。強制調査には，間接強制調査と実力強制調査とがあります。

　間接強制調査は，正当な理由なく調査を拒否した場合の罰則等が規定されているものをいいます。具体的には，届出義務等として規定されている例が多くあります。例えば，食品衛生法 27 条では「販売の用に供し，又は営業上使用する食品，添加物，器具又は容器包装を輸入しようとする者は，厚生労働省令で定めるところにより，その都度厚生労働大臣に届け出なければならない。」と規定され，この届出義務を怠った場合には 50 万円以下の罰金に処することとされています（75 条）。これが間接強制調査の例です。間接調査は，あくまでも間接的に調査の受諾を強制するものであり，相手方が調査に応じない場合（質問への無回答，資料の提示・提出の拒否など）には，罰則を科し実効性を担保するにとどまります。

　一方，実力強制調査は，調査を拒否した場合に行政機関が実力で調査を実現できるものをいいます。例えば，国税通則法 135 条 1 項では，職員は犯則を行った者がある場合，その証拠となると認められるものを集取するため必要であって，かつ，急速を要し，許可状の交付を受けることができないときは，その犯則の現場においての臨検，捜索又は差押えをすることができるとされています。これが実力強制調査の例ということができます。なお，強制調査のほとんどが間接強制調査で，実力強制調査は，国税通則法の例のほか，出入国管理及び難民認定法 27 条〜 38 条に基づく違反調査，私的独占の禁止及び公正取引の確保に関する法律 101 条〜 116 条に基づく犯則調査等限られたものとなっています。

06-02　行政調査の統制

①実体的統制

　行政調査の実体面においては，調査の必要性と範囲が問題となります。この点は，個別法に規定がある場合はその規定に基づくことになりますが，その他については権利濫用禁止の原則，比例原則，平等原則，透明性・必要性・有効性・効率性等の一般原則による制限を受

けることになります。

　なお行政調査に関する裁量権については「質問検査の範囲，程度，時期，場所等実定法上特段の定めのない実施の細目については，右にいう質問検査の必要があり，かつ，これと相手方の私的利益との衡量において社会通念上相当な限度にとどまるかぎり，権限ある税務職員の合理的な選択に委ねられている」として，広く裁量権が認められています（荒川民商事件判決。最決昭和 48 年 7 月 10 日刑集 27 巻 7 号 1205 頁）。

②手続的統制

(1) 行政調査と令状主義

　憲法 35 条では「何人も，その住居，書類及び所持品について，侵入，捜索及び押収を受けることのない権利は，（略），正当な理由に基いて発せられ，且つ捜索する場所及び押収する物を明示する令状がなければ，侵されない。」と**令状主義**を規定しています。そのため，行政調査にも，この規定が適用，準用されるかが問題となってきました。

　この点について争われた川崎民商事件判決（最判昭和 47 年 11 月 22 日刑集 26 巻 9 号 554 頁）では，「憲法 35 条 1 項の規定は，本来，主として刑事責任追及の手続における強制について，それが司法権による事前の抑制の下におかれるべきことを保障した趣旨であるが，当該手続が刑事責任追及を目的とするものでないとの理由のみで，その手続における一切の強制が当然に右規定による保障の枠外にあると判断することは相当ではない。」としています。ただし，この判決の結論としては，次の 4 点の理由によって令状は不要と判断しています。まず，1 点目は，この「収税官吏の検査は，もつぱら，所得税の公平確実な賦課徴収のために必要な資料を収集することを目的とする手続であつて，その性質上，刑事責任の追及を目的とする手続ではない」こと，2 点目，この「検査が，実質上，刑事責任追及のための資料の取得収集に直接結びつく作用を一般的に有するものと認めるべきことにはならない」こと，3 点目が，「この場合の強制の態様は，（略）間接的心理的に右検査の受忍を強制しようとするものであり，かつ，右の刑罰が行政上の義務違反に対する制裁として必ずしも軽微なものとはいえないにしても，その作用する強制の度合いは，それが検査の相手方の自由な意思をいちじるしく拘束して，実質上，直接的物理的な強制と同視すべき程度にまで達しているものとは，いまだ認めがたい」こと，そして最後が，「国家財政の基本となる徴税権の適正な運用を確保し，所得税の公平確実な賦課徴収を図るという公益上の目的を実現するために収税官吏による実効性のある検査制度が欠くべからざるものであることは，何人も否定しがたいものであるところ，その目的，必要性にかんがみれば，右の程度の強制は，実効性確保の手段として，あながち不均衡，不合理なものとはいえない」としています。

(2) 行政調査の事前手続

　行政調査については，その手続的な適正さが求められることから，相手方の権利を確保す

るために告知等の一定の**事前手続**が求められると考えられます。ただし，税務調査を拒んだことが所得税法に違反するとされた事件の判決において，住民側は調査の事前通知や調査理由の事前開示がなかったことを理由に憲法 31 条，35 条等に違反すると主張しましたが，判決では「質問検査の範囲，程度，時期，場所等実定法上特段の定めのない実施の細目については，右にいう質問検査の必要があり，かつ，これと相手方の私的利益との衡量において社会通念上相当な限度にとどまるかぎり，権限ある税務職員の合理的な選択に委ねられているものと解すべく，また，暦年終了前または確定申告期間経過前といえども質問検査が法律上許されないものではなく，実施の日時場所の事前通知，調査の理由および必要性の個別的，具体的な告知のごときも，質問検査を行なううえの法律上一律の要件とされているものではない。」としています（荒川民商事件（最決昭和 48 年 7 月 10 日）刑集 27 巻 7 号 1205 頁）。

06-03　行政計画の意義

　行政計画とは，行政機関が目的の実現のために目標を設定し，その目標を達成するための手段とあわせて示すものをいいます。行政機関は，効率的，効果的に行政活動を進めるために，さまざまな行政計画を定めています。すべての行政活動が行政計画に基づいているといっても過言でないほど多様な行政計画が存在します。

図 6-1　行政計画とさまざまな行政活動及び法律との関係

　例えば名古屋市では，市政全般について名古屋市基本構想，名古屋市総合計画，名古屋市中期戦略ビジョン等を定めています。ほかにも数多くの計画があり，福祉と健康の部門だけでも，高齢者保健福祉計画・介護保険事業計画，障害者基本計画，障害福祉計画・障害児福祉計画，域福祉計画，ホームレスの自立の支援等に関する実施計画，国民健康保険保健事業実施計画，食育推進計画，食の安全・安心の確保のための行動計画等数多くの計画が策定されています。

06-04　行政計画の分類と法律の根拠

①行政計画の分類

　行政計画についてはさまざまな分類をすることができますが，ここでは法的拘束力を有するものと有さないものとの分類について説明することにします。

（1）法的拘束力を有するもの

　行政計画の中には，単に行政の目標，手段を示すだけでなく，住民に対して法的拘束力を有するものがあります。例えば，都市計画において土地区画整理事業が決定，公告されると，施行地区内において事業施行の障害となるおそれがある土地の形質の変更，建築物の新築・改築等を行おうとする者は，国土交通大臣の許可を受けなければならないとされています（土地区画整理法76条1項）。また，都市計画法8条に基づき用途地域が定められると，用途地域の区分ごとに建築物の用途制限がなされることになります（建築基準法48条）。このように法的拘束力を有し，国民の権利行使に関して一定の制約を課す計画があります。

（2）法的拘束力を有さないもの

　行政計画の多くは，行政の目的，手段等国や地方公共団体の活動指針を示すにとどまり，住民に対して法的拘束力を有しません。この例として国土総合開発法の全国総合開発計画，環境基本法の環境基本計画等が挙げられます。なお，高齢者保健福祉計画・介護保険事業計画は各市町村が取り組むべき施策を明らかにすることを目的として策定するものですが，その計画において介護保険料を定めており，その点については実質的に住民を拘束するものとなっています。

　直接的に住民に対する法的拘束力を有さない計画であっても，実質的に住民の法的地位に影響を与える計画もあります。例えば，廃棄物の処理及び清掃に関する法律に基づく一般廃棄物収集・運搬業の許可について計画適合性が重要な要素とした事例（最判平成16年1月15日判時1849号30頁）では，「一般廃棄物処理計画が作成されているような場合には，市町村長は，これとは別にされた一般廃棄物収集運搬業の許可申請について審査するに当たり，（略）当該申請の内容は一般廃棄物処理計画に適合するものであるとは認められないという判断をすることもできる」として許可に関して行政計画への適合性を判断要素とすることを認めています。一般廃棄物処理計画は原則として住民に対して法的拘束力を有しませんが，実質的な意味においてはこの裁判例のように住民の法的地位に影響を与える場合もあります。

②行政計画と法律の根拠の必要性

　行政計画の策定について法律上の根拠が必要かという点については，その計画が住民に対

する法的拘束力を有するか否かによって異なります。

（1）住民に対する法的拘束力を有するもの

住民の権利を制限するなど住民に対する法的拘束力を有する計画については，侵害留保の原則に基づき，法律の根拠が必要だと考えられます。

（2）住民に対して法的拘束力を有さないもの

侵害留保の原則からは法律の根拠が必ずしも必要ではないと考えられます。ただし，「国土総合開発計画の核をなす，公共事業関連計画・土地利用計画・総合計画……となると……たとえそれぞれ指針的計画であるとしても，将来の国土のあり方が全体として方向づけられ，規定されるということになると，わが国の民主的統治構造からして，法律の根拠を要すると考えるべき」とする見解もあります（塩野行政法Ⅰ 237頁）。

06-05　行政計画における行政裁量と策定手続

①行政計画策定における行政裁量

行政計画の策定については，一般的に広範な裁量権が行政機関にゆだねられていると解されています。例えば，小田急線連続立体交差事業事件最高裁判決（最判平成18年11月2日判タ1227号103頁）では，都市施設に関する都市計画を定めるに当たっては「当該都市施設に関する諸般の事情を総合的に考慮した上で，政策的，技術的な見地から判断することが不可欠であるといわざるを得ない。そうすると，このような判断は，これを決定する行政庁の広範な裁量にゆだねられている」としています。ただし，同判決では，「その基礎とされた重要な事実に誤認があること等により重要な事実の基礎を欠くこととなる場合，又は，事実に対する評価が明らかに合理性を欠くこと，判断の過程において考慮すべき事情を考慮しないこと等によりその内容が社会通念に照らし著しく妥当性を欠くものと認められる場合に限り，裁量権の範囲を逸脱し又はこれを濫用したものとして違法となる」としていることも注意が必要です。

②行政計画の策定手続

計画策定には行政機関の裁量が幅広く認められているため，行政計画については実体的な統制でなく手続的な統制がより重要になります。そのため，法的拘束力を有する計画については，公聴会や縦覧と意見書提出や審議会（都市計画：都市計画審議会，国土総合計画：国土審議会など）の審議を要求するものが少なくありません。

しかし，行政計画の策定手続についての一般的な法律はないため，個別法を有さない行政

計画の策定手続については，住民参加などの手続を積極的に取り入れる必要があります。

　そのため，行政計画に当たって**パブリックコメント**などが行われる場合が増えています。さらに計画策定段階に**パブリック・インボルブメント**を実施している場合もあります。パブリック・コメントが，住民に意見を求める制度であるのに対して，パブリック・インボルブメントは，住民に計画の策定への参画を求めるものです。住民がより主体的に計画策定に携わることになります。

06-06　行政計画と争訟

　行政計画のうち法的拘束力を有さないものについては，一般的に処分性は認められず，行訴法に基づく取消訴訟で争うことはできません。一方，法的拘束力を有するものについては争訟の可能性を考える必要があります。

　浜松市土地区画整理事業計画事件判決（最判平成 20 年 9 月 10 日民集 62 巻 8 号 2029 頁）において，土地区画整理事業の施行地区内の宅地所有者等はこの都市計画決定によって土地の形質の変更が制限されるなど具体的に権利が制限されたり，事業計画の決定がされることによって規制を伴う土地区画整理事業の手続きに従って換地処分を受けるべき地位に立たされるものということができ，その意味で，その法的地位に直接的な影響が生ずるものとして，事業計画の決定に伴う法的効果が一般的，抽象的なものにすぎないということはできないとして，都市計画決定が取消訴訟の対象となると判断しました。

　一方，最判昭和 57 年 4 月 22 日（民集 36 巻 4 号 705 頁）は，都市計画における用途地域の指定について争われたものですが，判決では用途地域の指定によって「地域内の土地所有者等に建築基準法上新たな制約を課し，その限度で一定の法状態の変動を生ぜしめるものであることは否定できないが，かかる効果は，あたかも新たに右のような制約を課する法令が制定された場合におけると同様の当該地域内の不特定多数の者に対する一般的抽象的なそれにすぎず，このような効果を生ずるということだけから直ちに右地域内の個人に対する具体的な権利侵害を伴う処分があつたものと」として取消訴訟の対象とならないとしました。

第 2 部
地方自治制度

07 地方自治と地方公共団体

　第1章から第6章までは地方公共団体の活動を中心にみてきましたが，この章では，**地方自治制度**に関する基本的な知識を学びます。

　まず地方自治制度の最も基本である**地方自治**と**地方公共団体**です。「地方自治」と「地方公共団体」，どちらもよく耳にする言葉ですが，その意味をじっくりと考えたことがある人は少ないのではないでしょうか。しかし，この2つの言葉は，地方公共団体の法務を学ぶ上で，とても重要なキーワードになるのです。

　憲法では，地方自治について1つの章を設けています。憲法における地方自治のキーワードは**「地方自治の本旨」**です。あまり耳にすることのない言葉ですが，その意味としては**団体自治**と**住民自治**であるとされています。地方自治制度は，団体自治と住民自治との2つの柱に基づいてさまざまな制度が作られているのです。

　この地方自治を担うのが地方公共団体です。地方公共団体の意義，そして，その権能を憲法あるいは地方自治法の規定を踏まえて考えてみましょう。地方公共団体にはさまざまな種類があり，それぞれが重要な役割を果たしています。

　例えば，最も身近な地方公共団体である**市町村**についても，政令指定都市のような大都市から人口千人に満たないような村までさまざまな規模の地方公共団体がそれぞれ重要な役割を果たしています。地方公務員としてこのような都市制度を学ぶことによって，自らの地方公共団体の位置づけ，あるいは処理すべき事務の概要などを理解することができます。特に地方公務員にとっては自らが働く地方公共団体の位置づけを認識して，行政施策を考えることはとても大切なことです。

　また，地方行政では，さまざまな形で地方公共団体同士が連携することもあります。複数の地方公共団体が共同して処理することによって，効率的な事務処理が期待できるものがあります。あるいは広域的な対応を行う必要のある事務もあります。そのため広域的な事務処理について地方自治法においてさまざまな制度が設けられています。

　このような知識をもつことによって，新たな課題に直面したときに，広域的な対応を含めて検討することができます。

07-01　地方自治の本旨

　まず，**地方自治**の意味を考えてみましょう。**地方自治の根拠**が，法律上どこにあるかというと，憲法92条です。憲法は，地方自治に関して1章4カ条の規定を設けていて，その最初の規定が92条です。それでは，実際に92条を見てみましょう。

> 【日本国憲法】
> 第92条　地方公共団体の組織及び運営に関する事項は，地方自治の本旨に基いて，法律でこれを定める。

　憲法は，地方公共団体の組織及び運営は「地方自治の本旨」に基づいて，法律で定めるとしていますが，地方自治の本旨とはいったい何なのでしょうか。この**地方自治の本旨**は，2つの要素から成り立っているものと考えられています。

　まず1つは**団体自治**といわれるもので，国内の一定の地域を基礎とした地域団体（地方公共団体）が，その地域内の公共事務を中央政府の統制を受けずに，自らの意思と責任で処理することを内容とするものです。もう1つは，**住民自治**といわれるもので，一定の地域内の行政がその地域内の住民によって行われることを内容とするものです。

　地方自治の本旨とはこのような意味をもつものであるため，地方公共団体そのものを廃止したり，あるいは地方議会を決定権をもたない単なる諮問機関とすることは「地方自治の本旨」に反するため違憲となります（芦部憲法, 379頁）。

①団体自治とは

　団体自治は，中央政府に権力が集中することによって生ずる弊害を防止するための**権力の**

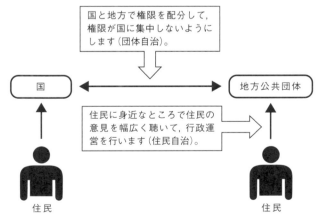

図7-1　住民自治と団体自治のイメージ

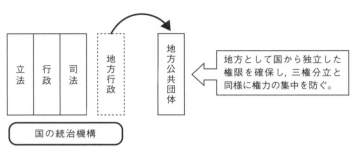

図7-2　権力分立のイメージ

分散を目的としています。それは，権力の集中を防ぎ国民の人権を守るという**自由主義**的な要請によるものです。国においては，行政，立法，司法がそれぞれ独立するという三権分立制がとられ，権力の集中が防止されていますが，さらに地方公共団体についても一定の権限を確保し，国への権力の集中を防ぐことを目的としているのです。

　これは，地方行政に対する国の介入を排除し，国と対等に行政を行うことを目的とするもので，ドイツで発達した考え方です。また，地方において独自の権限を行使するために，**条例制定権**も認められています。

②住民自治とは

　これに対し，**住民自治**とは，地方の行政運営はその地方の住民が決定するという考え方です。国家的レベルの問題は広く国民の意思によって決定し，一方，地域の問題はその地域の住民の意思によって処理されることを求めるという，**民主主義**的な考え方に立脚したものです。

　かつてイギリスの政治学者**J・ブライス**が「地方自治は民主主義の学校である」と述べましたが，この原則は，国政における民主主義を補完して，住民自らが地方自治に参加することによって，住民の意思を政治に反映させようとするものです。この考え方はイギリスで発達したもので，わが国の現行法上，知事・市町村長，議員の選挙，リコール，特別法の住民投票等の制度において具体化されています。

　団体自治と住民自治のいずれが欠けても地方自治は成り立ちませんが，民主主義の見地からすれば住民自治が地方自治の本質的要素であり，団体自治は住民自治を実現するための手段だといえます。

●**自由主義，権力分立と民主主義**
自由主義とは，個人の人格や尊厳を重んじ，個人の自由な思想や活動を可能な限り保障しようという思想であり，憲法の基本理念の1つに位置づけられています。
また，権力分立は，国家権力が1つの機関に集中すると，権力が濫用され，国民の権利・自由が侵害されるおそれがあるので，国家の作用を立法・行政・司法に区別し，それぞれを異なる機関に担当させて，相互に抑制させ権力の均衡を保たせるという制度で，自由主義のために重要な役割を果たします。
さらに，民主主義とは，主権が国民にあり，国民全体の利益をもととし，国民の意思をもとにして政治を行う考え方をいいます。
このような考え方が相互に関係して，わが国の統治制度は形成されています。

07-02　地方公共団体

　次に，地方自治を担う主体となる**地方公共団体**の意味について学ぶことにしましょう。「地方公共団体」という用語は，憲法と地方自治法のさまざまな条項で使用されていますが，それぞれの条項によって異なる意味で使用されている場合もあるため十分に注意して理解する必要があります。

> ●地方自治体と地方公共団体との違い
> 「地方自治体」と「地方公共団体」という言葉は，どちらもよく耳にするけれど，違いははっきりしないのではないでしょうか。
> 地方公共団体は，一般的には普通地方公共団体を指すものとして使われています。これに対して「地方自治体」は法令上の用語ではなく，地方公共団体の通称として日常用語で使われるものです。
> 地方の自治を担うという意味では，地方自治体と表現する方が望ましいのかもしれませんが，本書では法令に従って「地方公共団体」と表現することにします。

①憲法上の地方公共団体

(1) 独自の統治意思

　まず**憲法上の地方公共団体**について考えてみたいと思います。69頁の憲法92条をもう一度確認してみましょう。条文中に「地方公共団体」という言葉がありますが，これは「一定の区域を基礎に，その区域内の住民を構成要素として，その独自の統治意思の下に行財政運営を行う統治団体にして法人格を有するものをいう」とされています（佐藤憲法, 599頁）。

(2) 二段階保障説

　また，地方公共団体として憲法が保障しているのは，基礎的団体である市町村のみか，あるいは広域的な事務を所管する都道府県も含めた二階層を保障したものかについても見解が分かれていました。しかし，今日では，都道府県も地方自治を担う存在であることは一般的に認められています。つまり，現在の「市町村」と「都道府県」のような二段階の地方公共団体の存在を保障することが憲法上の要請と考えられています（二段階保障説　佐藤憲法, 600頁）。

　少々，難解で分かりにくいかもしれませんが，要するに，中央政府からの干渉，あるいは抑制に対して，地方の意思，行動を二重にガードして守ろうという考え方が，この「二段階保障説」です。現在の通説であるこの説によれば，都道府県制度を廃止して地方公共団体を「市町村」のみの一段階にすることは許されないことになります。

　ただし広域の地方公共団体について都道府県を維持するか，**道州制**のような地方行政の広域化に対応した地方公共団体を設けるかは，「地方自治の本旨」に反しない限り立法政策の問題である考えられています（芦部憲法, 380頁）。つまり道州制の導入も二段階の地方公共団体を保障する限り可能であると考えます。

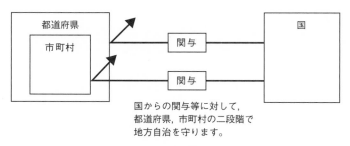

国からの関与等に対して，
都道府県，市町村の二段階で
地方自治を守ります。

図 7-3　二段階保障説

②地方自治法上の地方公共団体

(1) 地方公共団体と国との役割分担

　地方公共団体は，住民の福祉の増進を図ることを基本として，地域における行政を自主的かつ総合的に実施する役割を広く担うとされています（1条の2第1項）。

　この**住民の福祉の増進**とは，一般に現代社会に生存する地域住民の権利利益の実現又は確保を意味するとされています（コンメンタール，16頁）。また，同条2項では，第1項に規定する地方公共団体の存立目的と役割を達成するため**国と地方公共団体の役割分担**のあり方と地方公共団体の「自主性及び自律性」に対する国の尊重義務を規定しています（コンメンタール，16頁）。

　国においては，①国際社会における国家としての存立にかかわる事務，②全国的に統一して定めることが望ましい国民の諸活動又は地方自治に関する基本的な準則に関する事務，③全国的な規模で，全国的な視点に立って行わなければならない施策及び事業の実施その他の，国が本来果たすべき役割を重点的に担います。一方，住民に身近な行政はできる限り地方公共団体にゆだねることを基本としています。

(2) 地方公共団体の種類

　地方自治法では，地方公共団体として普通地方公共団体と特別地方公共団体が規定されています（1条の3第1項）。

❶**普通地方公共団体**　**普通地方公共団体**は，一般的・総合的な任務・組織・構成・権能をもち，全国にあまねく普遍的に存在する地方公共団体をいい（コンメンタール，18頁），市町村と都道府県が位置づけられます（1条2項）。

　ⓐ**都道府県**　**都道府県**は，市町村を包括する広域の地方公共団体です。所掌する事務として，①広域にわたるもの，②市町村に関する連絡調整に関するもの，③その規模又は性質において一般の市町村が処理することが適当でないと認められるものが規定されています（2条5項）。

　ⓑ**市　町　村**　**市町村**は，基礎的な地方公共団体として，都道府県が処理するものとされているものを除き一般的に地域の事務を処理するものです。ただし，その市町村の規模及び能力に応じて，都道府県の事務についても処理することができるとされています（2条4項）。

この規定を受けて，後に説明する大都市制度が規定され，政令指定都市等が都道府県の所掌事務の一部を処理することとなる制度が置かれています。

　市となる要件は，①人口5万以上を有すること，②当該普通地方公共団体の中心の市街地を形成している区域内にある戸数が，全戸数の6割以上であること，③商工業その他の都市的業態に従事する者及びその者と同一世帯に属する者の数が，全人口の6割以上であること，④前各号に定めるものの外，当該都道府県の条例で定める都市的施設その他の都市としての要件を具えていること，と規定されています（8条1項）。また，**町となる要件**については，「当該都道府県の条例で定める町としての要件を具えていなければならない」とされています（同条2項）。これらの規定を受けて，各都道府県は市となる要件及び町となる要件に関する条例を制定しています。

❷**特別地方公共団体**　　**特別地方公共団体**は，立法政策により特別の目的のために設置された，組織・権能等において特別の性格をもち全国に普遍的に存在しないものをいい，これには特別区，地方公共団体の組合及び財産区が位置づけられています（1条の3第3項）。

　ⓐ**特　別　区**　　地方自治法で，「都の区」つまり**東京都23区**が特別区に位置づけられています（281条1項）。**特別区**は，地方自治法252条の20に基づいて政令指定都市に設置される行政区とは異なり，独立した法人格を有しています。特別区は，基本的には基礎的自治体である「市町村」に準ずるものとされ（283条），地域における事務その他の事務で法律又はこれに基づく政令により市が処理することとされるもの及び法律又はこれに基づく政令により特別区が処理することとされるものを処理します（281条2項）。

　ただし，市町村が処理するものとされている事務のうち，人口が高度に集中する大都市地域における行政の一体性及び統一性の確保の観点から当該区域を通じて都が一体的に処理することが必要であると認められる事務を処理することはできません（281条の2第2項）。

　特別区は，従来は東京23区のみを意味していましたが，2012年8月29日に国会において「大都市地域における特別区の設置に関する法律」が可決・成立し，東京都以外の都道府県にも特別区を設けることが可能になりました（3条）。この法律では，特別区設置のためには，「①人口200万人以上の政令市又は②政令市と同一道府県内の隣接市町村の人口の合計が200万人以上」であることが要件とされています（2条1項）。

　特別区と似たものとして行政区がありますが，特別区は法人格を有する地方公共団体であるのに対して，**行政区**は市長の権限を分掌させるための市内部の制度です。例えば，東京都港区と名古屋市港区を比較すると分かりやすいのではないでしょうか。市町村レベルで比較すると「東京都港区」と「愛知県名古屋市」とが対応することになり，名古屋市港区はそれより小さい単位であることが分かります。

　ⓑ**地方公共団体の組合**　　**地方公共団体の組合**とは，複数

都道府県	特別区	
東京都	港区	
愛知県	名古屋市	港区
都道府県	市町村	行政区

の普通地方公共団体，特別区がその事務の一部を共同して処理するために設けられる機関です。地方自治法では，地方公共団体の組合として一部事務組合及び広域連合を規定しています（284条1項）。

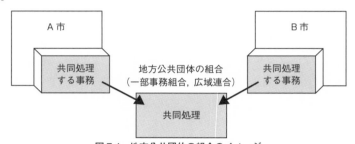

図7-4　地方公共団体の組合のイメージ
※共同処理する事務については，組合の事務となり，それぞれの市は事務処理権限を有しません。

【一部事務組合】　　**一部事務組合**は，複数の普通地方公共団体や特別区が行う事務の一部を共同処理するために設けられる法人です（284条2項）。例えば，消防，上下水道，ゴミ処理，福祉，学校，公営競技の運営などが行われています。組合には，執行機関である管理者のほか，議会，監査委員等が置かれます。

一部事務組合を設立すると，設立した地方公共団体の事務処理権限は一部事務組合に移ることになるため，設立した地方公共団体はその事務の処理権限を有しません。

【広域連合】　　**広域連合**とは，一部事務組合と同様に複数の普通地方公共団体や特別区が行う事務の一部を共同処理するために設けられる法人です（284条3項）。従来の一部事務組合に比較し住民自治の強化の一環として1995年6月に創設された制度です。

広域連合の特徴として以下のような項目が挙げられます。

- ●広域連合の長・議員は区域内の有権者による直接選挙又は構成地方公共団体の長・議員による間接選挙により選任する（291条の5）。
- ●住民による直接請求が常に可能（同条の6）
- ●広域計画の作成が必要で，これに基づく構成団体への勧告が可能（同条の7）
- ●国や県の事務を直接受けることができ，また，その要請も可能（同条の2）
- ●処理する事務は，広域にわたり処理することが適当と認めるものであれば，例えば県と市（町村）で共通の事務でなくても処理できる

ⓒ財　産　区　　**財産区**は，市町村及び特別区の一部において，財産又は公の施設の管理，処分を行う権能を有することとされた特別地方公共団体です。財産区には，①市町村及び特別区の一部で財産を有し，又は公の施設を設けているもの，②市町村及び特別区の廃置分合・境界変更の場合における財産処分に関する協議に基づき市町村及び特別区の一部が財産を有し又は公の施設を設けるものの，2種類があります（294条1項）。この財産区のもともとの経緯は，

明治時代の市町村制の導入の際の町村合併に当たって，旧村の入会権[1]など財産権の保有を確保するため，旧村を財産区として財産や公の施設の保有を認める措置をとったものです。

　財産区の管理は，市区町村長が行い，原則として議決機関としては市区町村議会が位置づけられています。ただし，財産区の収入及び支出については，他の会計と分別しなければなりません（同条3項）。

07-03　地方公共団体の権能

　ここまでは地方公共団体の種類を説明してきました。ここからは地方公共団体の権能について学ぶこととしましょう。**地方公共団体の権能**については，憲法94条で次のとおり規定されています。

> **【日本国憲法】**
> 第94条　地方公共団体は，その財産を管理し，事務を処理し，及び行政を執行する権能を有し，法律の範囲内で条例を制定することができる。

　憲法94条は，地方公共団体の権能として，財産の管理・事務の処理・行政の執行・条例の制定を挙げていますが，これは例を示しているのであって，これらに限られるものではありません。

①財産管理，事務の処理等

　財産の管理とは，地方公共団体の動産・不動産等の財産の保管・運用・処分を意味します。「事務の処理」と「行政の執行」との区別は必ずしも明確ではありませんが，**事務の処理**とは主に公権力の行使の性格をもたない事務の処理であり，**行政の執行**とは公権力の行使（いわゆる「行政処分」☞3頁）の性格をもつものとされています。

（1）自治事務

　自治事務とは，地方公共団体が処理する事務のうち，法定受託事務以外のものをいいます（2条8項）。自治事務の中には法律で義務付けられているもの（法定自治事務），あるいはその地方公共団体が自らの判断で独自に行うものもありますが，いずれも地方公共団体が地方自治の本旨に基づいて自らの判断と責任で行う事務です。

1）村落の共同体等が山林原野において土地を共同で所有し，伐木・採草などのために共同で利用する慣習的な物権のこと。

(2) 法定受託事務

法定受託事務とは，法令によって地方公共団体が処理することとされる事務のうち，国や都道府県が本来果たすべき役割に関するもので，国や都道府県において適正な処理を特に確保する必要があるものです（2条9項）。

❶第1号法定受託事務　**第1号法定受託事務**とは，都道府県あるいは市町村が行う事務のうち，国が本来果たすべき役割にかかわるものであって，国においてその適正な処理を特に確保する必要があるものとして法律又はこれに基づく政令に特に定めるものです。

簡単にいえば国の所管すべき事務ですが，地方公共団体が行った方が効率的であるなどの理由により地方公共団体が行うこととされている事務です。ただし，本来は国の事務であるため，国において適正な処理を確保する必要があります。「第1号」と呼ぶ由来は，地方自治法2条9項第1号で規定されているためです。

> 例：国政選挙，旅券交付，生活保護

❷第2号法定受託事務　**第2号法定受託事務**とは，市町村が行う事務のうち，都道府県が本来果たすべき役割にかかわるものであって，都道府県においてその適正な処理を特に確保する必要があるものとして法律又はこれに基づく政令に特に定めるものです。「第2号」と呼ぶ由来は，「第1号」と同様に，地方自治法2条9項第2号で規定されているためです。

> 例：都道府県の議会の議員又は長の選挙

表7-1　自治事務と法定受託事務との比較

	自治事務	法定受託事務
条例の制定（14条）	法令に違反しない限りできる。	法令に違反しない限りできる。
議会の権限（96条，98条，99条，100条）	原則として及ぶ。ただし，労働委員会及び収用委員会の権限に属する事務で政令で定めるものには及ばない。	原則として及ぶ。ただし，国の安全を害するおそれがあることその他の事由により議会の検査の対象とすることが適当でないものとして政令で定めるものには及ばない。
監査委員の権限（199条）	原則として及ぶ。ただし，労働委員会及び収用委員会の権限に属する事務で政令で定めるものには権限は及ばない。	原則として及ぶ。ただし，国の安全を害するおそれがあることその他の事由により監査委員の監査の対象とすることが適当でないものとして政令で定めるものには及ばない。

②条例の制定権

憲法94条では，憲法が保障する自治立法権に基づき，「法律の範囲内で条例を制定することができる」と規定していますが，**条例**は地方公共団体議会の議決によって自治立法として制定されるものです。

　条例の制定は地方公共団体の基本的な権能ですが，憲法や法律に反するようなものは制定できません。地方自治法 14 条 1 項にも「普通地方公共団体は，法令に違反しない限りにおいて地方自治法 2 条 2 項の事務に関し，条例を制定することができる」と規定されています（くわしくは，「第 10 章　地方公共団体の立法について」で説明します）。

07-04　大都市制度

　一言で市町村といってもその**人口規模**には大きな開きがあります。人口の最も少ない村は，東京都青ヶ島村の 178 人，最も少ない市は北海道歌志内市の 3,587 人，最も多い市は神奈川県横浜市の 3,726,167 人です（平成 27 年国勢調査）。これほど人口規模の違う地方公共団体を同様のものとして扱うのは合理的ではありません。そこで，大規模の都市について人口等に応じて政令指定都市，中核市，特例市の区分を設けています。

①政令指定都市

(1)　政令指定都市とは

　政令指定都市とは，地方自治法 252 条の 19 の規定に基づいて，政令で指定する人口 50 万以上の市のことです。2021 年 4 月 1 日現在，全国に 20 市あります。法律上は人口 50 万人以上が要件として規定されていますが，実務上は異なる扱いがされていて，かつては人口 100 万人が要件とされていました。その後，人口 80 万以上で，かつ他の政令指定都市に準じた行財政能力や都市機能等が要件とされていました。最近ではさらに人口要件が緩和され静岡市や岡山市は人口 70 万人前後で指定されています。

(2)　政令指定都市の所掌する事務

　政令指定都市の所掌する事務としては①児童福祉に関する事務，②民生委員に関する事務，③身体障害者の福祉に関する事務，④生活保護に関する事務，⑤行旅病人及び行旅死亡人の取扱に関する事務，⑥社会福祉事業に関する事務，⑦知的障害者の福祉に関する事務，⑧母子家庭及び寡婦の福祉に関する事務，⑨老人福祉に関する事務，⑩母子保健に関する事務，⑪障害者の自立支援に関する事務，⑫食品衛生に関する事務，⑬墓地，埋葬等の規制に関する事務，⑭興行場，旅館及び公衆浴場の営業の規制に関する事務，⑮精神保健及び精神障害者の福祉に関する事務，⑯結核の予防に関する事務，⑰都市計画に関する事務，⑱土地区画整理事業に関する事務，⑲屋外広告物の規制に関する事務，があります（252 条の 19 第 1 項）。

(3)　関与の特例

　また，政令指定都市においては，大都市としての自主的，一元的な行政執行を図るため，一

般の市とは異なり承認，許可，認可等の関与について，知事ではなく各省大臣が行うこととされています。これは「関与の特例」といわれています（252条の19第2項）。これによって，政令指定都市については国において都道府県と同様の取り扱いがされることになります。

(4) 政令指定都市への移行手続

　なお，後で説明するように中核市，特例市への移行手続は地方自治法で規定されていますが，政令指定都市への移行手続は法律上，規定されていません。実務上，おおむね次のような手続がとられています。

①市議会で政令指定都市に関する意見書を議決
②知事，都道府県議会に政令指定都市の実現を要望（要望書を提出）
③都道府県議会で政令指定都市に関する意見書を議決
④総務大臣に政令指定都市の実現を要望（市，都道府県から要望書を提出）
⑤都道府県と市による関係省庁への説明
⑥政令指定都市移行の閣議決定
⑦政令の公布（政令指定都市移行の正式決定）
⑧政令指定都市移行

②中 核 市

(1) 中核市とは

表7-2　中核市要件の変遷

制度創設時から1999年改正（地方分権一括法）まで
①人口30万人以上を有すること
②面積100平方キロメートル以上を有すること
③人口50万未満の市にあっては昼夜間人口比率が100を超えること
1999年改正（地方分権一括法）
①人口30万人以上を有すること
②面積100平方キロメートル以上を有すること
2002年改正
①人口30万人以上を有すること
②人口50万未満の市にあっては面積100平方キロメートル以上を有すること
2006年改正
①人口30万人以上を有すること

　中核市は，地域の中核的都市に都道府県の事務を移管し地方分権の受け皿とするために，1994年の地方自治法の改正によって創設された制度です。2021年4月1日現在，62市が指定されています。

(2) 中核市指定の要件

　中核市指定の要件については，左の表のような変遷がありますが，2015年4月1日からは人口要件が20万人以上に変更されました。これに併せて，従来は人口20万人以上が要件とされていた特例市制度は廃止されました。ただし，特例市制度が廃止された時点で既に特例市に指定されていた市は，「施行時特例市」として特例市としての事務を引き続き処理すること

とされています（2021年4月1日現在23市）。

（3）中核市指定の手続・所掌事務・関与の特例

　中核市指定の手続としては，市からの申し出に基づき，政令により指定されることになります。市は，あらかじめ，市議会の議決を経て，都道府県議会の議決に基づく都道府県知事の同意を得なければなりません。

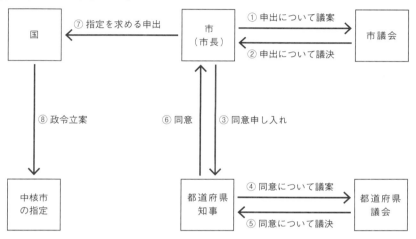

図7-5　中核市の指定手続

　中核市の所掌事務としては，政令指定都市が処理することができる事務のうち，都道府県が区域にわたり一体的に処理する方が，中核市が処理するよりも効率的な事務を除き，中核市に対して移譲するものとされています（252条の22第1項）。具体的には主だった事務として以下の項目が挙げられます。

　また，中核市についても政令指定都市と同様に社会福祉の事務等に関して**関与の特例**が認められています（同条第2項）。

表7-3　中核市が処理する主な事務

1 民生行政に関する事務	3 環境行政に関する事務
・身体障害者手帳の交付	・ばい煙・粉じん発生施設の設置・変更の届出受理
・養護老人ホームの設置認可・監督	・産業廃棄物収集運搬業者や処分業者に対する措置命令
・母子・寡婦福祉資金の貸付　など	など
2 保健衛生行政に関する事務	**4 都市計画等に関する事務**
・地域住民の健康保持，増進のための事業の実施	・屋外広告物の条例による設置制限
・浄化槽設置などの届出受理	など
・温泉の利用許可	**5 文教行政に関する事務**
・飲食店等の営業許可	・県費負担教員の研修
	など

07-05 地方公共団体相互間の協力

交通・情報通信手段の発達や経済活動の活発化に伴い，住民の日常社会生活圏は，現在の市町村の区域を越えてますます拡大し，1つひとつ市町村の行政区画を越えるさまざまな住民ニーズが生じています。また，個々の市町村が単独で対応，処理していては，効率性や総合性の観点から無駄が多い行政分野も多くなっています。このため，従前から複数の市町村が連携した上でこれらの課題に対応する例が数多くみられます。その制度としては先ほど説明した地方公共団体の組合もありますが，そのほかに協議会等の制度も活用されています。

● 人口の定義

地方自治法では，この大都市制度をはじめ，さまざまな制度において人口による区分を行っています。そこで，この人口の意味が問題となりますが，地方自治法254条では「この法律における人口は，官報で公示された最近の国勢調査又はこれに準ずる全国的な人口調査の結果による人口による」と規定され，原則として国勢調査によるものとしています。なお，国勢調査の人口は確定人口が官報に告示されるまでの間は，要計表によって積算された人口で官報告示された人口が本条にいう人口であるとの運用が実務上されています（行政実例昭和55年9月3日）。

① 協 議 会

（1）協議会とは

地方公共団体は，事務の一部を共同して管理，執行するなどのために協議会を設置することができます（252条の2第1項）。**協議会**は，一部事務組合のように法人格を有するものではなく，いわば関係地方公共団体の共同の執務組織というべきものです。

（2）協議会の種類・設置

協議会の種類としては，①地方公共団体の事務の一部を共同して管理及び執行する協議会（**管理執行協議会**），②地方公共団体の事務の管理及び執行について連絡調整を行う協議会（**連絡調整協議会**），そして③広域にわたる総合的な計画を共同して作成する協議会（**計画作成協議会**）の3種類があります。さらに，複数の性格を併せ持つものもあります。

なお，協議会の設置に当たっては，②の連絡調整協議会を除いて，議会の議決が必要です（252条の2第3項）。

（3）管理執行協議会の法的効果の帰属

このうち管理執行協議会については，地方公共団体の事務の一部を共同して管理及び執行するためその法的効果の帰属が問題となりますが，関係地方公共団体の代理機関として位置づけられるものであるため，協議会がその事務を管理・執行した場合には，それは関係地方公共団

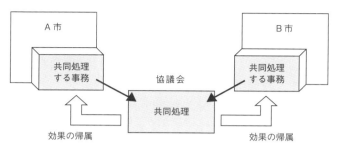

図7-6　管理執行協議会のイメージ

体が管理・執行したものとして効果が生じることになります（252条の5）。

②機関等の共同設置

　複数の地方公共団体が共同で事務を処理するため，**機関**等を共同で設置することができます（252条の7第1項）。共同で設置する機関等が管理，執行した効果は，関係地方公共団体の機関等が行った場合と同様に，それぞれの地方公共団体に帰属します。実際に共同設置されている機関としては，介護認定審査会や公平委員会などがあります。

【共同設置することができる機関等】
- 議会事務局又はその内部組織
- 執行機関としての委員会又は委員（いわゆる行政委員会）
- 執行機関の附属機関
- 行政機関
- 知事・市町村長の内部組織
- 行政委員会の事務局又はその内部組織
- 執行機関又は議会の事務を補助する職員，書記その他の職員
- 専門委員又は監査専門委員

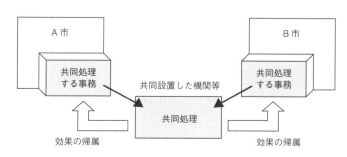

図7-7　機関等の共同設置のイメージ

③連携協約

　地方公共団体は，他の地方公共団体と連携して事務を処理するに当たっての基本的な方針及び役割分担を定める**連携協約**を締結することができます（252条の2第1項）。この制度は，従来の協議会，一部事務組合のように別の共同組織を作るのではなく，より効率的な相互協力の仕組みです。協議会，一部事務組合のような共同処理制度による規約と異なり，連携協約はその記載事項について詳細な規定が置かれておらず，地方公共団体間の協議に基づき「柔軟な連携」が可能です。

　連携協約締結に際しては，議会による議決を経なければなりません（同条3項）。協約を締結した時は，その旨と協約を告示するとともに，都道府県が締結したものは総務大臣に，その他のものは都道府県知事に，届け出なければなりません。また，「公益上必要がある場合」は，都道府県が締結するものについては総務大臣，それ以外のものについては都道府県知事が連携協約を締結すべきことを勧告することができます（同条5項）。

　なお，連携協約に係る紛争があるときは，自治紛争処理委員による処理方策の提示を申請することができます（251条の3の2，252条の2第7項）。

④事務の委託

　地方公共団体の事務の一部を他の地方公共団体に**委託**することができます（252条の14第1項）。受託した地方公共団体は，受託事務の範囲において自己の事務として処理する権限を有することとなります。委託をした地方公共団体にとっては，自らが当該事務を管理執行したのと同様の効果が生じますが，当該事務についての法令上の管理執行責任は受託団体等に移ることになるので，委託した地方公共団体はその委託の範囲内において事務を管理執行する権限を失うことになります。

　なお，地方公共団体が行う土木工事等の事実行為を他の地方公共団体に委任する場合にも，**地方自治法上の委託**を行うことが可能ですが，**私法上の委託契約**として議会の議決を経ることなく，委託を行うことも可能だと考えられます。

　もちろん許認可等の権限を伴う事務の委託については，私法上の契約に基づく委託を行うことはできず，地方自治法上の委託によらなければなりません。

※A市は委託した事務について事務処理権限を持たずに，B市のみが有することになります。

図7-8　事務委託のイメージ

⑤事務の代替執行

事務の代替執行制度は，地方公共団体の事務の一部を当該地方公共団体の名において，他の地方公共団体の長等に管理・執行させるものです（252条の15の2第1項）。この制度の特徴は，④の事務委託制度とは異なり，その事務の処理権限は元の地方公共団体に残り，他の地方公共団体は代わりに事務を執行するのみである点です。

事務の代替執行を行うとする場合には，事務の代替をする，あるいは代替をさせる双方の地方公共団体の協議を行い，議会の議決を経て規約を定めます（同条2項）。

事務の代替執行を行う際には，その旨と規約を告示するとともに，都道府県については総務大臣に，その他のものは都道府県知事に，届け出なければなりません。規約には，①事務の代替執行をする地方公共団体及びその相手方となる地方公共団体，②代替執行事務の範囲並びに代替執行事務の管理及び執行の方法，③代替執行事務に要する経費の支弁の方法などを定めます。

⑥基礎的団体と広域的組織・制度

地方自治法においては，地方公共団体について，普通地方公共団体と特別地方公共団体という区分がなされています。しかし，基礎的団体と広域的組織・制度という分類の方が実態に則していると考えられます。そのような視点から分類すると次のようになります。

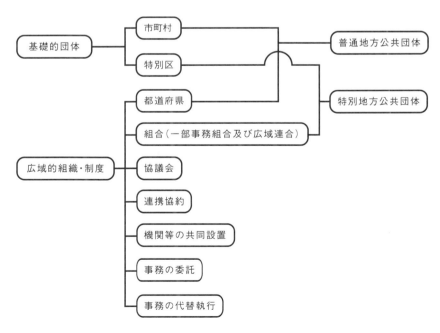

図7-9　地方自治における基礎的団体，広域的組織・制度のイメージ

08 普通地方公共団体の組織

　この章では，**普通地方公共団体の組織**について学びます。

　普通地方公共団体では議会と長の**二元代表制**が採用されており，議会と知事・市町村長とが，いわゆるチェック & バランスの下で，地方公共団体の行政運営を進めています。地方自治法においては，この二元代表制の理念に基づいて議会及び知事・市町村長それぞれの権能を規定しています。

　まず，議会のもっとも重要な権能として**議決権**があります。地方公共団体の行政運営において非常に重要な役割を果たしている条例や予算の議決をはじめさまざまな事項について議決を行います。一方，知事等は，**執行機関**の中心として地方公共団体の行政運営を担います。また，知事・市町村長以外にも教育委員会などの執行機関が行政運営を担うこととし，知事等に権力が集中することがないようにとの配慮もなされています。

　このように議会と知事等の執行機関とは分担して行政運営をになっていますが，議会と知事等の執行機関との間におけるチェック & バランスのための制度として，**再議制度**や長の**不信任議決**等の制度も設けられています。こうして議会と知事等の執行機関がそれぞれ権限を分かち合って，相互にチェックし合って，住民の福祉の向上を図るというシステムになっているのです。

　地方公務員にとって，このような議会と知事等の執行機関がどのような権限を有し，どのような関係にあるかは，不可欠な知識といえます。また，条例や予算以外にも契約締結などの**行政事務**についても議会の議決が必要となる場合もあるため，その点に関する知識も非常に重要なのです。

08-01 二元代表制

　本章では，**普通地方公共団体の組織**について学びます。普通地方公共団体において，どのような機関がどのような権限をもって行政運営を行うかについて理解するために，まず憲法の条文から確認しましょう。

> **【日本国憲法】**
> 第 93 条　地方公共団体には，法律の定めるところにより，その議事機関として議会を設置する。
> 2　地方公共団体の長，その議会の議員及び法律の定めるその他の吏員は，その地方公共団体の住民が，直接これを選挙する。

　地方公共団体に議事機関としての**議会**を設置すること，そして議会及び執行機関としての**知事・市町村長**の公選を定めています。議会と知事・市町村長とが相互に権限を分かち合って**抑制と均衡**（チェック & バランス）の中で民主的かつ公正な行政運営を実現しようとするのです。この制度は，議会と知事・市町村長とがともに住民を代表するという意味で，**二元代表制**といわれています。

　憲法のこの規定を受けて地方自治法では，二元代表制を組織原理とし，議事機関としての議会と執行機関としての知事・市町村長について，それぞれの権限や相互の関係を定めています。地方公共団体において二元代表制が採用された理由は，ともに住民を代表する議会と知事や市町村長を制度上対等な地位におき，相互に権限を分かち，両者間の抑制と均衡を図るなかで，地方自治行政の民主的かつ公正な運営を実現しようとしているためです。

08-02 議　　会

①議会の権限

　議会の主な権限としては，96 条等に定める事項について議決を行う**議決権**，地方公共団体の行政執行の適正さなどを確保するための**監視・統制権**，議会の自律的な活動の基本となる**自律権**があります。

②議　決　権

　憲法は，地方公共団体の議事機関として議会を規定しています。**議決権**は住民の代表としてその地方公共団体の意思決定を行う重要な権限で，議会の権限の中心ともいうべきもの

です。二元代表制においては，議会は住民の代表としてこの議決権を行使することによって，知事・市町村長等の執行機関に対して牽制を行うことになります。

(1) 必要的議決事件

　必要的議決事件とは，地方公共団体の行政運営のうちで，議会の議決が必要とされている事項のことで，地方自治法で次のとおり定められています（96条1項）。「事件」というと問題が発生したように感じられますが，地方自治法では，議会が審議する事項等のことを「事件」という言葉で規定しています。

① 条例を設け又は改廃すること。

② 予算を定めること。

③ 決算を認定すること。

④ 法律又はこれに基づく政令に規定するものを除くほか，地方税の賦課徴収又は分担金，使用料，加入金若しくは手数料の徴収に関すること。

⑤ その種類及び金額について政令で定める基準に従い条例で定める契約を締結すること。

⑥ 条例で定める場合を除くほか，財産を交換し，出資の目的とし，若しくは支払手段として使用し，又は適正な対価なくしてこれを譲渡し，若しくは貸し付けること。

⑦ 不動産を信託すること。

⑧ 前2号に定めるものを除くほか，その種類及び金額について政令で定める基準に従い条例で定める財産の取得又は処分をすること。

⑨ 負担付きの寄附又は贈与を受けること。

⑩ 法律若しくはこれに基づく政令又は条例に特別の定めがある場合を除くほか，権利を放棄すること。

⑪ 条例で定める重要な公の施設につき条例で定める長期かつ独占的な利用をさせること。

⑫ 普通地方公共団体がその当事者である審査請求その他の不服申立て，訴えの提起，和解，あっせん，調停及び仲裁に関すること。

⑬ 法律上その義務に属する損害賠償の額を定めること。

⑭ 普通地方公共団体の区域内の公共的団体等の活動の総合調整に関すること。

⑮ その他法律又はこれに基づく政令（これらに基づく条例を含む。）により議会の権限に属する事項。

以下，各号を説明していきましょう。

❶**条例を設け又は改廃すること**　　**条例制定権**は議会の権能の中心となるものですが，条例の議会への提案権は原則として知事・市町村長，及び議会の議員の双方にあります。ただし，次のような条例は，議会と知事・市町村長，それぞれの自律権にかかわるものであるため，それぞれに専属するものと解されています。

　ⓐ**知事・市町村長に専属するもの**　　都道府県の支庁，市町村の支所又は出張所の設置（155条1項），行政機関の設置（156条1項，2項），部の設置等（158条など）など

　ⓑ**議会の議員に専属するもの**　　常任委員会，議会運営委員会及び特別委員会の設置（109条1項）など

❷**予算を定めること**　　**予算の議会への提案権**については，知事・市町村長に専属しています（112条1項，211条，218条1項，2項）。これに対して議会が修正することは可能ですが，知事・市町村長の提案権を侵すような修正は許されません。この**議会による予算修正の範囲**については明確な基準がなく非常に困難な問題ですが，国会による予算修正に関する政府の見解が次のとおり示されています。この見解は，地方公共団体に実務においても参考になるのではないでしょうか。

【第80回国会1977年2月8日衆議院予算委員会における内閣法制局長官による政府見解】
①予算については，憲法上内閣にのみ提案権が与えられており，一方，国会はこれを審議し，議決する権限を有する。
②国会の予算修正については，増額修正を含めて可能と考えるが，それがどの範囲で行い得るかは，内閣の予算提出権と国会の審議権との調整の問題であって，前記のような憲法の規定から見て，国会の予算修正は，内閣の予算提案権を侵害しない範囲内において可能と考えられる。
③ご指摘の「項」の新設の問題については，「項」が予算の議決科目の単位であり，政府の施策がこれによって表現されるものであることを考えると，一般的にいって，むずかしかろうと考える。
　また，仮に「項」の新設でなくても，既存の「項」の内容が全く変わってしまうような修正であれば，同様の趣旨から問題がある。
　しかし，具体的にどのような修正が予算提案権を侵害することになるかは，個々のケースに即して判断すべき問題であると考える。

❸**決算を認定すること**　　会計管理者は，毎会計年度，**決算**を調整し，出納の閉鎖後3か月以内に，証書類その他の書類とあわせて，知事・市町村長に提出しなければなりません。また，提出を受けた知事・市町村長は，決算の証書類に監査委員の意見を付けて，次の通常予

算案を議する会議までに議会の認定に付さなければなりません（233条）。

❹**法律，これに基づく政令に規定するものを除くほか，地方税の賦課徴収又は分担金，使用料，加入金若しくは手数料の徴収に関すること**　地方税の賦課等は，住民に義務を課すものであるため，議会の議決を必要としています。ただし「法律又はこれに基づく政令に規定するものを除くほか」とされており，**地方税**に関しては地方税法がこの「法律」にあたるため，本号による議決の必要はありません。また，分担金，使用料，加入金及び手数料に関する事項については，地方自治法228条で「条例でこれを定めなければならない」とされているため，条例で定める必要はありますが，本号による議決の必要はありません。したがって，本号による議決の対象となるものは非常に限られています。

❺**その種類及び金額について政令で定める基準に従い条例で定める契約を締結すること**
これを受けて地方自治法施行令121条の2第1項及び別表第3で基準が定められており，その基準に基づいて各地方公共団体が条例で**議決を要する契約の金額**を定めています（表8-1）。

表8-1　議決を要する契約の政令上の基準

	工事又は製造の請負
都道府県	5億円
政令指定都市	3億円
市（政令指定都市を除く）	1億5,000万円
町村	5,000万円

この額を下回らない範囲で各地方公共団体の条例で，議決を要する契約の範囲を定めることとされています。

❻**条例で定める場合を除くほか，財産を交換し，出資の目的とし，若しくは支払手段として使用し，又は適正な対価なくしてこれを譲渡あるいは貸し付けること**　この規定を受けて，各地方公共団体では，**財産の無償譲渡等に関する条例**を制定しているのが一般的です。したがって，その条例に基づかずに財産を無償譲渡等する場合に本号による議決が必要になります。

❼**不動産を信託すること**　地方公共団体が不動産を**信託**することは原則として禁止されています（237条3項）が，議会の議決がある場合には信託することができます。

❽**前2号に定めるものを除くほか，その種類及び金額について政令で定める基準に従い条例で定める財産の取得又は処分をすること**　これを受けて地方自治法施行令121条の2第2項及び別表第4で基準が定められており，その基準に基づいて各地方公共団体が条例で議決を要する契約の金額を定めています（表8-2）。

❾**負担付きの寄附又は贈与を受けること**　**負担付きの寄付又は贈与**とは，寄附又は贈与の

表8-2　議決を要する財産の取得・処分の政令上の基準

不動産・動産の買入れ・売払い（土地については，その面積が都道府県にあっては1件2万㎡以上，政令指定都市にあっては1件1万㎡以上，市町村にあっては1件5,000㎡以上のものに係るものに限る），不動産の信託の受益権の買入れ・売払い	都道府県	7,000万円
	政令指定都市	4,000万円
	市	2,000万円
	町村	700万円

この額を下回らない範囲で各地方公共団体の条例で，議決を要する財産の取得又は処分の範囲を定めることとされています。

契約に付された条件そのものに基づいて，地方公共団体が法的な義務を負い，その義務を履行しない場合には，その寄附，贈与が解除される等，その寄附，贈与の効果に影響を与えるものをいいます。そのため，「教育目的に使ってほしい」などといった単に用途を指定したようなものは，負担付き寄附に当たらないものと考えられます。

　また，地方公営企業の業務に関して負担付き寄付や贈与を受ける場合は，この規定の適用はなく議会の議決は必要とされていません（地方公営企業法40条2項）。

❿法律・これに基づく政令又は条例に特別の定めがある場合を除くほか，権利を放棄すること　地方公共団体の有する権利を自らの意思で対価なく消滅させることによって，その地方公共団体の財産を減らすこととなるため，適正な財産管理という視点から議会のチェックを求めるものです。

⓫条例で定める重要な公の施設につき条例で定める長期かつ独占的な利用をさせること
公の施設は，住民の福祉を増進するために住民の利用に供され，利用については不当な差別的取扱いが禁止されています。そのため，条例で定める重要な公の施設を特定の者に長期かつ独占的に利用させることについては議会の議決を要します。

⓬普通地方公共団体がその当事者である審査請求その他の不服申立て，訴えの提起，和解，あつせん，調停及び仲裁に関すること　地方公共団体が民事訴訟・行政訴訟上の争訟等の当事者となる場合，結果によっては地方公共団体に財政負担等の重大な影響が及ぶ可能性があるため，議会の議決を要します。住民等から訴えを提起されて応訴する場合は含まれず議会の議決は必要ありませんが，地方公共団体の側から上訴する場合は議決が必要です。

⓭法律上その義務に属する損害賠償の額を定めること　**損害賠償**はその額によっては，地方公共団体にとって過大な財政負担となることから議会の議決が必要とされています。

⓮普通地方公共団体の区域内の公共的団体等の活動の総合調整に関すること　公共的な活動を行うものはすべて**公共的団体**に含まれます。具体的には農業協同組合，生活協同組合，商工会議所，社会福祉協議会，青年団，婦人会，スポーツ団体などです。知事・市町村長は，これらの公共的団体の活動と地方公共団体の行政との間に適切な調整と協力を保たせるため

に，総合調整あるいは指揮監督できます（157条1項）。ここで議決が必要とされているのは，**総合調整の基準**となるべき方針等についてであると考えられます（逐条自治法，376頁）。

❺**その他法律又はこれに基づく政令（これらに基づく条例を含む。）により議会の権限に属する事項**　　1号から14号までに列挙された事項以外に，法律又はこれに基づく政令により**議会の権限に属する事項**は議決を要します。地方自治法では，廃置分合，境界変更の申請・協議（6条4項，6条の2第2項，7条1項，6項）など非常に多くのものについて議決を求めています。

（2）任意的議決事件

　地方自治法96条2項では，条例において普通地方公共団体に関する事件につき議会の議決すべきものを定めることができるとして，議決すべきものを条例で追加できるとしています。このような事件を本書では**任意的議決事件**とよびます。

　ただし，法定受託事務のうち，「国の安全に関することその他の事由により議会の議決すべきものとすることが適当でないものとして，政令で定めるもの」については，議決事件とすることはできません。この政令で定めるものとしては，災害救助法施行令の規定により都道府県が処理することとされている事務に係る事件などが挙げられており，それらについては議決事件とすることはできません。

③議決権以外の権限

（1）検査権

　検査権とは，議会が，地方公共団体の執行機関の事務の執行の適正さを確保するため，事務の管理，議決事項の執行及び出納について検査を行う権限です（98条1項）。

（2）監査請求権

　監査請求権とは，検査権と同様に執行機関の事務の執行の適正さを確保するために認められる権限で，議会が監査委員に対して，地方公共団体の事務に関する監査を求め，その結果の報告を請求する権限のことです（98条2項）。また，条例で定めれば監査委員が行う監査に代えて，個別外部監査を求めることもできます（252条の40）。

（3）調査権

　地方公共団体の議会の**調査権**として，議会の調査権と常任委員会の調査権とがあります。

❶**議会の調査権**　　まず，地方自治法100条1項において**議会の調査権**が規定されています。いわゆる100条調査権といわれるもので，本来は議会の権限ですが委員会に権限をゆだねることもできます。議会においてこの調査権をゆだねた特別委員会を100条委員会といいます。

この調査を行うため特に必要があると認めるときは，関係人の出頭及び証言，記録の提出を請求することができます（同条1項）。出頭又は記録の提出の請求を受けた関係人が，正当な理由がないにもかかわらず，議会への出頭，記録提出を拒んだ場合又は証言を拒んだ場合は，6か月以下の禁錮又は10万円以下の罰金に処することとされています（100条3項）。このように，100条調査権は強制力を伴う強力な調査権なのです。

　この100条調査権は，国会における議院の国政調査権（憲法62条）に相当するものです。国政調査権が衆・参両議院の権能であるのと同様に，100条調査権は「議会」の権限であり個々の「議員」の権能ではないため，行使には議決等の議会としての意思決定が必要です。

　次に議会は，議案審理や事務調査等のため議員を派遣できます。また，専門的事項に関する調査を学識経験者等に行わせることができます（100条の2）。

❷常任委員会の調査権　　さらに**常任委員会の調査権**として，常任委員会はその部門に属する当該普通地方公共団体の事務に関する調査を行うことができます（109条5項）。この調査権は，委員会固有の権限として調査を行うことができるというもので，議会から付議された事件に限らずその他委員会の所掌事項の範囲内で調査を行うことができます。

　ただし，この調査権において，関係人の出頭や記録の提出を求めることは通常の要請という意味で行うことができますが，100条調査のような罰則を伴う強制力をもつものではありません。

(4) 同意・監視権

　議会は，知事・市町村長その他の執行機関の執行行為の前提手続として，同意という形で関与するとともに，その執行行為を監視する権限を与えられています。これを**同意権・監視権**とよびます。

　同意の対象となる事項には，次のようなものがあります。

> ①副知事・副市町村長，監査委員，教育委員会の委員等主要な公務員の選任又は任命（162条，196条1項，地方教育行政の組織及び運営に関する法律4条1項）
> ②知事・市町村長の法定期日前の退職（145条）
> ③会計管理者その他の職員の責任による現金，有価証券又は物品等の亡失又は損傷について，やむをえないものとして損害賠償責任を免除すること（243条の2第8項）
> ④監査委員の罷免：監査委員の心身の故障，職務上の義務違反等を認めるときは議決により罷免することができる（197条の2第1項）

(5) 選 挙 権

　自主的，民主的に議会活動を行うために認められる権限として選挙権があります。**選挙権**

とは，議会全体の意思として，特定の地位に就くべき者を選び，決定する権限のことで，以下の者の選挙を行うことが定められています。

> ①議長及び副議長の選挙（103条1項）
> ②仮議長の選挙（106条2項）
> ③選挙管理委員及び補充員の選挙（182条1項）
> ④一部事務組合の規約の中で，議員選出に選挙が規定されている場合の議員の選挙

なお，選挙の方法は，通常は単記無記名投票（選挙をする際に，記入者名のない用紙に候補を1人だけ記入する方法）の方法によりますが，全員に異議がない場合は指名推薦（特定の候補者をあらかじめ指定して会議に諮り，全員の同意によってその者を当選人とする方法）を用いることも可能です（118条2項）。

(6) 意見表明権

意見表明権とは，地方公共団体の公益に関する事項について，住民の代表である議事機関としての議会の意思を決定し，国・都道府県等に表明する権限です。具体的には，意見書を国会や関係行政機関に提出することが最も一般的な意見表明です（99条）。

(7) 自律権

自律権とは，議会が組織・運営に関して，国，都道府県，市町村の他の機関から関与を受けずに，自ら決定する権限です。

> ①規則の制定　　議会の合理的，能率的運営のために会議規則を制定することができます（120条，134条2項）。
> ②議会の開閉及び会期を決定することができます（102条7項）。
> ③規律の維持　　議会の規律に関する問題は，議長が定めることができます（104条）。
> ④懲　　罰　　議場の秩序を乱す等，法，規則，条例に違反した場合は懲罰を科することができます（134条1項）。
> ⑤議員の資格決定　　議員の資格について疑いが生じた場合は，議会が3分の2以上の特別多数議決により資格の有無を決定することができます（127条1項）。

(8) 承認権

承認権とは，権限を有する執行機関が処理した事項について，事後に承諾を与える権限です。知事・市町村長が専決処分した事項の承認（179条）などがあります。

④議　　員

(1) 議員の定数

　地方公共団体の議会の**議員の定数**は，地方自治法で人口規模ごとに上限が定められ，その範囲内で条例で定めることとされていましたが，平成22年の地方自治法の改正でこの規定が廃止されました。現在は，各地方公共団体が任意に条例で定数を定めることとされています（91条1項）。

(2) 議員の地位・身分

　議員の地位・身分については，地方公務員法において特別職とされています（地公法3条3項）。その任期は，4年です（93条1項）なお，議員は，その職務を十分に果たすことができない可能性があるため，次のような職との兼職・兼業が禁止されています。

①知事・市町村長（141条）
②衆議院議員・参議院議員（92条1項）
③他の地方公共団体の議会の議員（同条2項）
④地方公共団体の常勤の職員・短時間勤務職員（同条2項）
⑤裁判官（裁判所法52条）
⑥教育委員会の委員（地方教育行政法6条）
⑦人事委員会・公平委員会の委員（地方公務員法9条の2第9項）
⑧海区漁業調整委員（都道府県議会議員のみ，漁業法95条）
⑨海務局の委員会の委員（港湾法17条1項）
⑩都道府県公安委員会の委員（警察法42条2項）

　さらに，議員は，住民の代表として職務を公正に行う必要があるため，一定の営利的業務への従事が制限されています。議員がその地方公共団体と請負の関係となったり，地方公共団体から請負を行う会社の役員等に就任することによって，市民の不信や疑惑を招くことにならないように課された制限です（92条の2）。この**兼業禁止の対象**となるのは，次のとおりです。

①その地方公共団体に対し請負をする者及びその支配人であること。
②主として地方公共団体に請負をする法人の役員であること。

　この**請負**とは，民法で規定する請負[1]のみでなく，営業として地方公共団体に物件，労務などを供給することを目的とする契約をすべて含むものと解されています（逐条自治法, 359頁）。

　また「主として」の意味が問題となりますが，本条と同様の規定である地方公共団体の長の兼業に関する以下のような判例があります。

　なお，議員がこの兼業禁止の規定に違反する場合には，議会の議決により，その職を失うことになります（127条1項）。

> 判　例：当該普通地方公共団体等に対する請負量が当該法人の全体の業務量の半分を超える場合は，そのこと自体において，当該法人は「主として同一の行為をする法人」に当たるものというべきであるが，右請負量が当該法人の全体の業務量の半分を超えない場合であっても，当該請負が当該法人の業務の主要部分を占め，その重要度が長の職務執行の公正，適正を損なうおそれが類型的に高いと認められる程度にまで至っているような事情があるときは，当該法人は「主として同一の行為をする法人」に当たる（最判昭和62年10月20日判時1260号3頁）。

⑤議会運営

（1）議会の招集

　議会の招集とは，議会としての活動を開始するため，知事・市町村長が時間と場所を定めて議員に対して参集を求めることです。

> ①都道府県及び市は開会の日前の7日前，町村は3日前までに知事・市町村長が告示して招集します（101条7項）。
> ②議長は，議会運営委員会の議決を経て，知事・市町村長に対し，会議に付議すべき事件を示して臨時会の招集を請求することができます（同条2項）。
> ③さらに議員の定数の4分の1以上の者は，知事・市町村長に対し，会議に付議すべき事件を示して臨時会の招集を請求することができます（同条3項）。
> ④これらの請求があった場合には，知事・市町村長は，請求のあった日から20日以内に臨時会を招集しなければなりません（同条4項）。
> ⑤なお，知事・市町村長が20日以内に臨時会を招集しないときは，議長は臨時会を招集することができます（同条5項）。

（2）議会の種類

　議会には，定例会及び臨時会の2種類があります（102条1項）。

❶**定 例 会**　　**定例会**は，毎年，条例で定める回数，招集しなければなりません（102条2項）。

1）民法632条「請負は，当事者の一方がある仕事を完成することを約し，相手方がその仕事の結果に対してその報酬を支払うことを約することによって，その効力を生ずる」。

❷臨時会　　臨時会は，必要がある場合において，その事件に限りこれを招集することができます（102条3項）。臨時会に付議すべき事件は，知事・市町村長があらかじめこれを告示します（同条4項）。ただし，臨時会の開会中に緊急を要する事件があるときは，直ちにこれを会議に付議することができます（同条6項）。

❸通年議会　　従来，**定例会**は年間4回程度開催されるのが一般的でしたが，近年は地方公共団体の議会において，**通年議会**（原則として年間を通して議会を開会）を行うなどさまざまな取り組みが行われていました。

　こうした取組を踏まえて2012年の地方自治法改正で，条例で定めることにより定例会，臨時会の区別を設けずに，通年の会期とすることができることになりました（102条の2第1項）。**通年の会期**とは，条例で定める日から翌年の当該日の前日までを会期とするものです。

図8-1　議会における会期のイメージ

(3) 本 会 議

　全議員が出席して開かれる会議を**本会議**といいます。議員定数の半数以上の議員の出席がなければ開くことができません（113条）。後で説明するように，議会の審議は主に委員会において行われますが，議会の最終的な意思決定は本会議で行われることになります。議会に提出された議案や，議会としての意見表明などの可否は，すべて本会議でなければ決めることができません。

　議会の議事は，出席議員の過半数で決するのが原則で，可否同数のときは議長が決することになります（116条）。ただし，次のように特別多数による議決を要するものもあります。

①通常の定足数（議員定数の過半以上）による出席議員の3分の2以上の多数決
● 地方公共団体の事務所の設定・変更条例の制定改廃（4条3項）
● 秘密会の議決（115条1項）

- ●議員の失職・資格に関する決定（127条1項）
- ●再議議決における同意（176条3項）
- ●重要な公の施設の廃止・利用に関する同意（244条の2第2項）
- ②議員の3分の2以上の者が出席しその過半数による多数決
- ●知事・市町村長に対する不信任議決（不信任議決後の再度の議決の場合。178条3項後段）
- ③議員の3分の2以上の者が出席しその4分の3以上の多数決
- ●知事・市町村長等の解職請求に関する同意（87条1項）
- ●議員の除名（135条3項）
- ●知事・市町村長に対する不信任議決（最初の場合。178条3項前段）
- ④議員数の4分の3以上の者が出席しその5分の4以上の多数決
- ●地方公共団体の議会の解散に関する特例法に基づく解散議決

（4）委 員 会

　議会が処理すべき分野や事項は広範囲にわたっており，これに伴って議会は数多くの議案を審議しなければなりません。限られた会期の中で多くの議案等を審議するには，本会議だけでは十分ではありません。そのため，本会議の議決に先立って，専門的かつ詳細に審査する**委員会**を設置し審議します。

　議会に提出された議案は委員会に付託され，そこで実質的な審議を行ったうえで，採決を経て本会議に戻されます。このように議会運営を議会に設置された委員会を中心に行うことを**委員会中心主義**といいます。この手続は，地方公共団体ごとに異なる部分もありますが，概ね次のような流れになります。

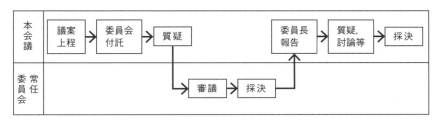

図8-2　議案審議の流れ

❶**常任委員会**　　**常任委員会**は各議会に常設されている委員会で，それぞれの所管に属する事項を審議します。どのような委員会を設置するかは各地方公共団体の条例で定めることになります（109条1項）。例えば，東京都議会委員会条例では，①総務委員会，②財政委員会，③文教委員会，④都市整備委員会，⑤厚生委員会，⑥経済・港湾委員会，⑦環境・建設委員会，⑧公営企業委員会，⑨警察・消防委員会の9常任委員会を設けることとされています。

❷ **議会運営委員会**　　**議会運営委員会**は一般的に各会派の代表者などで構成されており，議会の運営方法などについて協議を行います。所掌事務としては，以下のものが挙げられます（109 条 3 項）。

①議会の運営に関する事項
②議会の会議規則，委員会に関する条例等に関する事項
③議長の諮問に関する事項など

会期日程や実際の議事の進め方などは，この議会運営委員会で決定することになります。

❸ **特別委員会**　　議会の議決により付議された特定の事件を審査するために，条例で**特別委員会**を置くことができます（109 条 4 項）。委員会に付議された事件が議会で審議されている間に限り存在することになります。議会の議決により付議された特定の事件は，閉会中も審査することができます。これは後で説明する会期不継続の原則の例外として地方自治法に規定されているものです（同条 8 項）。

⑥議会運営における基本原則

議会運営の基本原則として，以下の原則が挙げられます。

（1）会議公開の原則（115 条）／（2）定足数の原則（113 条）／（3）多数決の原則（116 条 1 項）／（4）一事不再議の原則／（5）会期不継続の原則（119 条）／（6）議会の解散

(1) 会議公開の原則（115 条）

本会議は，原則として公開することになっていて，一定のルールの下，傍聴，報道の自由を認め，会議録を公表しています。例外として，議長又は議員 3 人以上の発議により，出席議員の 3 分の 2 以上の多数で議決したときは，秘密会として非公開にすることができます。

　なお，**委員会の公開**は法律で義務づけられているわけではありませんが，一般的に本会議と同じように公開されています。

(2) 定足数の原則（113 条）

　議員定数の半数以上の議員の出席がなければ，本会議を開けません。この**定足数**は，会議を開会するための要件であるだけでなく，会議を継続するための要件でもあります。さらに，議決の要件でもあるため，定足数を欠いた議決は違法なものとなります。

　なお，**委員会の定足数**は法律では規定されていませんが，各地方公共団体の条例で委員会

の定足数についても同様に過半数としているのが一般的です。

(3) 多数決の原則（116条1項）

議会の意思決定は議決という形で行われますが，議決は地方自治法に特別の規定があるほかは，出席議員の過半数で決することになります。これが**多数決の原則**です。このとき，議長は表決に加わることができませんが，可否同数のときは議長が決定します。

(4) 一事不再議の原則

議会で議決された事件は，原則として同一会期中に再び上程（提出）することができません。これが**一事不再議の原則**です。明文で規定されたものではありませんが，これも会議を能率的に運営していく上で重要な原則です。知事・市町村長の再議制度（176条，177条）はその例外です。

(5) 会期不継続の原則（119条）

議会は，各会期中に限って活動能力を有することとされており，前後の会期は継続しません。そのため，会期中に議決に至らなかった事件は，後の会期に継続しません。これが**会期不継続の原則**です。ただし，この例外として，議決により委員会で継続して審査を行うことが認められます。

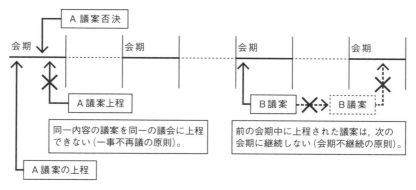

図8-3　一事不再議の原則と会期不継続の原則のイメージ

(6) 議会の解散

議会の解散とは，任期満了前に議員全員の資格を失わせることです。地方自治法及び特別法で，次の3種類の解散が規定されています。

❶知事・市町村長の不信任議決により知事・市町村長が行う解散（178条）
❷住民の直接請求に基づく解散（76条〜78条）
❸議会の議決による解散

❶知事・市町村長の不信任議決により知事・市町村長が行う解散（178条）　議会と知事・市町村長との間の抑制と均衡の観点から，住民の意思を問うような場合に解散権を知事・市町村長に認めたものです。

❷住民の直接請求に基づく解散（76条〜78条）　住民による直接請求の制度として設けられているものです。

❸議会の議決による解散　前の２つの解散が議会以外のものが主体的に行うのに対して，この解散は議会が自らの意思で自主的に解散するものです。地方公共団体の議会の解散に関する特例法では，目的として「地方公共団体の議会の解散の請求に関する世論の動向にかんがみ，当該議会が自らすすんでその解散による選挙によつてあらたに当該地方公共団体の住民の意思をきく方途を講ずるため，地方公共団体の議会の解散について，地方自治法の特例を定める」としています。具体的な手続については同法２条に規定されていて，議員数の４分の３以上の者が出席しその５分の４以上の者の同意をもって議会解散の議決を行うことができます。この議決があったときに，議会は解散することになります。

● 議会基本条例
議会基本条例とは，住民自治に基づく議会運営の基本原則を定めた条例です。北海道栗山町議会が，全国で初めて議会基本条例を制定したのは，2006年5月です。以来，議会改革，議会活性化の議論の活発化とともに，すでに全国で300を超える地方公共団体の議会基本条例が制定されています。
その内容は，地方公共団体ごとに異なりますが，総則的事項，議会活動の原則，議会機能を強化する事項，政務活動費，議員研修等の議員能力を強化する事項，住民参加を強化する事項等が規定されています。

● 政務活動費
政務活動費とは，議員の調査研究その他の活動に資するため必要な経費の一部として，その議会における会派又は議員に対し交付されるものです。政務活動費の交付の対象，額及び交付の方法は，条例で定めなければならないとされています。
従来は，地方自治法において「議員の調査研究に資するため」に交付される政務調査費と規定されていましたが，2012年の地方自治法改正により，交付の目的を「議員の調査研究その他の活動に資するため」に改められ，支出の対象が拡大されました。また，併せて名称が政務調査費から政務活動費に改められました。

08-03　執行機関

①執行機関とその多元性

　普通地方公共団体の**執行機関**は，当該普通地方公共団体の事務を自らの判断と責任において誠実に管理し及び執行する義務を負います（138条の2）。
　地方自治法では執行機関として，知事・市町村長及び委員会・委員を規定しています。委員

会や委員は政治的中立性等が求められる分野について，知事・市町村長から独立して職務執行を行うものです。権限が1つの機関に集中して行政運営の公正さが損なわれることを防ぐため，委員会等を設けることにより複数の機関が執行機関の役割を担うこととされています。これを執行機関の多元性といいます。

なお，行政法の学術的な意味の執行機関とは，行政上の義務を住民が履行しない場合に強制執行したり，違法な状況を排除する緊急の必要がある場合に即時強制を行ったりする機関です。警察官，消防職員，徴税職員等がその例です。地方自治法で規定する執行機関とは異なる意味で使われているため注意が必要です。

②知事・市町村長の権限

代表としての広範な権限

地方自治法147条では，「普通地方公共団体の長は，当該普通地方公共団体を統轄し，これを代表する」と，**知事・市町村長の統括代表権**を規定し，知事・市町村長を地方公共団体の統括機関，代表機関と位置づけています。この**統括**とは，委員会等関係機関との総合調整を行うという意味です。また，**代表**というのは，地方公共団体の行為を対外的に行う権限です。例えば，契約や行政処分を行う際の書面等には，代表者として知事・市町村長の氏名を記載することになります。ただし，公営企業に関しては公営企業管理者が代表者とされています（地方公営企業法8条）。

このように知事・市町村長以外の機関が代表権をもつ場合もありますが，その他の事務については知事・市町村長が広範な権限を有しています。地方自治法148条では，「普通地方公共団体の長は，当該普通地方公共団体の事務を管理し及びこれを執行する」と，**知事・市町村長の事務執行権**を規定しています。

また地方自治法149条では知事・市町村長が所管する事務の範囲について具体的に規定しています。議会の議決事件は原則として地方自治法96条に規定されている範囲に限られる（制限列挙）のに対して，この地方自治法149条に規定されている事務は例示であるとされており，実際に知事・市町村長が所管する事務の範囲はさらに広範なものとなっています。

知事・市町村長は，議決機関である議会の議決あるいは自らを選任した住民の意思を尊重しなければならないという一定の制約はあるものの，その地方公共団体の事務全般について非常に大きな権限をもっています。ただし，個別の法律で委員会等他の執行機関の事務とされているものについては，知事・市町村長は処理する権限を有しません。

③知事・市町村長の事務

地方自治法149条では**普通地方公共団体の長の担当事務**として，具体的に次の事務を掲げています。

①普通地方公共団体の議会の議決を経るべき事件につきその議案を提出すること

②予算を調製し，及びこれを執行すること

③地方税を賦課徴収し，分担金，使用料，加入金又は手数料を徴収し，及び過料を科すること

④決算を普通地方公共団体の議会の認定に付すること

⑤会計を監督すること

⑥財産を取得し，管理し，及び処分すること

⑦公の施設を設置し，管理し，及び廃止すること

⑧証書及び公文書類を保管すること

⑨前各号に定めるものを除く外，当該普通地方公共団体の事務を執行すること

　これらは例示に過ぎず，知事・市町村長の仕事はこれらに限られるわけではありません。社会生活の多様化に伴う住民ニーズの拡大によって，知事・市町村長に求められる役割は拡大しています。

　知事・市町村長の仕事の中で特に重要なのは，都道府県や市町村の仕事を実際に行うために必要となる予算を作成し，議会に提出する**予算編成**です。これは行政委員会等の他の執行機関には認められていない，知事・市町村長固有の権限です。

　予算編成以外にも知事・市町村長の重要な事務としてさまざまな施策を実施するために必要な条例案を議会に提案することも挙げられます。ただし，予算編成権については知事と市町村長のみに認められた権限であるのに対して，条例案については議員も議会に提出することができます。

　地方公共団体における事務処理上のリスクを回避することも知事，市町村長の重要な責務といえます。この点に関して，2020年4月に地方自治法が改正され，都道府県知事及び政令指定都市の市長は，内部統制に関する方針を定め，これに基づき必要な体制を整備するとともに，方針を策定した長は，毎会計年度，内部統制評価報告書を作成し，議会に提出することとされました。なお，政令指定都市以外の市については，努力義務とされています。

兼職・兼業の禁止

　知事・市町村長は，議会の議員と同様に一定の職の**兼職・兼業**が**禁止**されています。まず，衆議院議員・参議院議員，地方公共団体の議会の議員・常勤の職員・短時間勤務職員を兼ねることができません（141条）。さらに，職務の公正性を担保するため，次のものとの兼業が禁止されています（142条）。

①その地方公共団体に対し請負をする者及びその支配人であること

②主として地方公共団体に請負をする法人の役員であること

　この点に関しては議員と同様の制限があります（☞ 93頁）。なお，知事・市町村長がこの兼業禁止の規定に該当とする場合には，その地方公共団体の選挙管理委員会の決定で職を失うことになります（143条1項）。

④補助機関 ─────────────────────────────

　知事・市町村長は，非常に大きな権限をもち，広範囲の事務を処理します。しかし，実際には，知事・市町村長が1人ですべての事務を執行できるわけではありません。副知事・副市町村長をはじめとする多くの職員が知事・市町村長を補助して事務処理や意思決定を行っています。これらの職員を**知事・市町村長の補助機関**といいます。地方自治法上の補助機関として，副知事・副市町村長，会計管理者，職員が規定されています。

(1) 副知事・副市町村長

　副知事・副市町村長は，知事・市町村長の最高補助機関であり，知事・市町村長を補佐し，担任する事務を監督します（167条1項）。また**専決**（内部的委任）によって，知事・市町村長に代わって多くの事務についての意思決定も行っています。常勤の特別職とされ，その任期は4年です。定数は条例で定めることとされていますが，設置しない旨を条例で定めることもできます。また，その選任については，その職務の重要性から議会の同意を得ることが必要です（162条）。

　地方自治法上，**副知事・副市町村長の職務**として，次の事項が規定されています（167条1項）。

①知事・市町村長を補佐すること
②知事・市町村長の命を受け政策及び企画をつかさどること
③その補助機関たる職員の担任する事務を監督すること

　なお，「知事・市町村長に事故があるとき，又は知事・市町村長が欠けたときは，副知事又は副市町村長がその職務を代理する」ことになります（152条1項）。このほかにも，副知事及び副市町村長は，知事・市町村長の権限に属する事務の一部について，委任を受けその事務を執行することもできます（167条2項）。

(2) 会計管理者

　会計管理者は地方公共団体の会計事務をつかさどります（170条1項）。かつては特別職の出納長（都道府県），収入役（市町村）を置くよう定められていましたが，会計事務の電算化の進展によってその職責が軽減され特別職の出納長，収入役を置く必要性がなくなったため，地方自治法が改正され一般職の会計管理者を置くこととされました。

　地方公共団体の会計事務では命令機関と執行機関とが分離されていて，命令機関としての

職務は知事・市町村長が行い, 職務上独立した権限をもつ会計管理者が会計事務の執行機関としての職責を担います。

地方自治法において会計管理者が所掌する会計事務としては, 次のものが規定されています（同条2項）。

①現金（現金に代えて納付される証券及び基金に属する現金を含む）の出納及び保管を行うこと
②小切手を振り出すこと
③有価証券（公有財産又は基金に属するものを含む）の出納及び保管を行うこと
④物品（基金に属する動産を含む）の出納及び保管（使用中の物品に係る保管を除く）を行うこと
⑤現金及び財産の記録管理を行うこと
⑥支出負担行為に関する確認を行うこと（なお, この支出負担行為とは, 契約のように地方公共団体の支出の原因となる行為のことです）
⑦決算を調製し, 知事・市町村長に提出すること

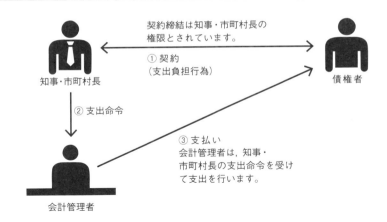

図8-4　地方公共団体における支出手続

会計管理者の事務を補助させるため, 出納員その他の会計職員を置くものとされています（171条1項）。**出納員**は, 会計管理者の命を受けて, 現金の出納・保管, 物品の出納・保管を担当します。また, **会計職員**は, 上司の命を受けてその地方公共団体の会計事務を担当します（同条3項）。

（3）職　員

補助機関として副知事・副市町村長, 会計管理者以外に**職員**を置くこととされています（172条）。臨時又は非常勤の職員以外の職員については, その定数を条例で定めなければなりません（172条3項）。職員の任用, 職階制, 給与, 勤務時間その他の勤務条件, 分限及び

懲戒，服務，研修その他身分取扱いに関しては，地方公務員法において規定されています。

⑤委員会及び委員（行政委員会）

　地方自治法では知事・市町村長以外に執行機関として**委員会**や**委員**が設けられています（180条の5）。この委員会及び委員は，一般的に**行政委員会**とよばれています。

　各地方公共団体が設置しなければならない委員会，委員については，地方自治法において都道府県のみ，市町村のみ，そして都道府県と市町村の両方が設置しなければならないものに区分して規定されています。都道府県，市町村ともに設置しなければならないものとして教育委員会，選挙管理委員会，人事委員会又は公平委員会，監査委員があります（同条1項）。都道府県のみ設置するものとして，公安委員会，労働委員会，収用委員会等があり（同条2項），市町村のみが設置するものとして農業委員会と固定資産評価審査委員会があります（同条3項）。

　これらの機関は，監査委員を除いて，いずれも合議制の機関であり，各委員会の意思決定は合議によりなされます。これに対して**監査委員**は，監査結果の決定等一部の事務を除いて，それぞれの委員が独立して権限を行使する独任制の機関です（199条）。

　次に行政委員会を性質別にみると，次の4つに分類することができます。

①政党や議会の会派などの政治的な影響をできるだけ避けるための役割を担っているもの
　⇒教育委員会や公安委員会，選挙管理委員会等
②公正中立な行政を確保するために設置されているもの
　⇒人事委員会・公平委員会，監査委員，選挙管理委員会
③さまざまな階層の利害関係を調整する役割を担うのもの
　⇒労働委員会，海区漁業調整委員会，内水面漁場管理委員会
④審判，裁定等の司法機関に準ずる機能を果たしているもの
　⇒人事委員会・公平委員会，労働委員会，収用委員会，固定資産評価審査委員会

表8-3　地方公共団体が設置しなければならない委員会，委員

都道府県，市町村ともに設置する委員会・委員（180条の5第1項）	・教育委員会 ・選挙管理委員会 ・人事委員会又は公平委員会 ・監査委員	都道府県のみが設置する委員会・委員（180条の5第2項）	・公安委員会 ・都道府県労働委員会 ・収用委員会 ・海区漁業調整委員会 ・内水面漁場管理委員会
		市町村のみが設置する委員会・委員（180条の5第3項）	・農業委員会 ・固定資産評価審査委員会

⑥附属機関（諮問機関）

　地方自治法 138 条の 4 では，「地方公共団体は，法律又は条例の定めるところにより，執行機関の附属機関を置くことができる」と規定しています。この**附属機関**とは，知事・市町村長の諮問に応じて意見を述べる機関で，各種の審議会や情報公開審査会等がその例です。

　合議体であること，あるいはある程度執行機関から独立性を有していることから行政委員会と類似していますが，その大きな違いは，行政委員会が行政上の執行権を有する執行機関であるのに対して，附属機関は執行機関の諮問機関にとどまり独立して執行権は有していない点です。つまり，執行機関は行政処分などを決定する権限を有していますが，附属機関は執行機関に対して意見を述べるにとどまります。

　附属機関は，執行機関の行政執行の前提として，調停，審査，審議，調査等を行い，執行機関はそれを受けて最終的な意思決定を行い，行政を執行します。その際に，執行機関は，諮問機関の意見を最大限尊重すべきですが，法的には拘束されないと解されています。

　附属機関の設置目的としては，一般に次のようなものが考えられます。

> ①公正中立の立場から審議等を行うもの
> ②専門的，技術的な立場から調査等を行うもの
> ③利害関係者や住民の意思等を反映させるためのもの
> ④利害関係の調整を行うもの

　地方自治法 202 条の 3 では，附属機関は法律，法律に基づく政令又は条例によって設置しなければなりません。しかし，多くの地方公共団体では，いわゆる私的諮問機関等として，要綱等の内部規程で附属機関を設置しています。この点について，条例によらない附属機関の設置は無効であり，要綱で設置した諮問機関の委員に対する報酬を支出することを違法としている裁判例もあるので，注意が必要です。

> **判　例①**：市の内部規程である設置要綱に基づいて市長が設置した情報公開懇話会に対する公金の支出は違法であるとして提起された住民訴訟です。
> 　判決では，「本件懇話会は，地方自治法 138 条の 4 第 3 項所定の「附属機関」に該当すると解すべきであるから，その委員に対する報酬等を条例に基づくことなく，これと異なる報償費として支出したことは，違法な公金支出に当たる。しかし，本件の事実関係に照らせば，附属機関としての審議会の設置に関する条例制定の提言があれば，市議会がこれに応じたであろうことは高度の蓋然性をもって推認することができ，更に，適法に設置された附属機関たる審議会委員に対して支出されたと推認される報酬等の額も，本件報償費と同額であったと推認することができるから，市に損害は生じていないものというべきである」としました（さいたま地判平成 14 年 1 月 30 日判自 255 号 111 頁）。

判　例②：法律又は条例の根拠をもたない「まちづくり委員会」の委員に対し，報酬，費用弁償及び特別旅費の名目で行われた公金支出は違法であるとして提起された住民訴訟です。
　　　　　判決では，「執行機関の附属機関を設置するには法律又は条例の定めによることを要し，附属機関が法律又は条例に基づいて設置されていない場合，附属機関の委員の任命行為は無効であって，委員に対する報酬等の支払いは違法である」とした上，前記「まちづくり委員会」は「地方自治法138条の4第3項が定める附属機関としての実体を有しているといわざるをえないが，法律又は条例に基づかない附属機関であって，前記公金支出は法令の根拠を求めることはできないから違法である」として，町長個人に対してされた損害賠償請求を認容しました（福岡地判平成14年9月24日裁判所ウェブサイト）。

⑦その他の機関の概念

　地方自治法上に規定されている執行機関や附属機関以外に，行政法学上は次のような機関の概念も重要な意味をもっています。

(1) 行政主体

　行政活動の担い手である法人を，**行政主体**といいます。国，地方公共団体，地方公共団体の組合などがこれに当たります。地方公営企業は，地方公共団体のひとつの機関であり，独立した法人格を有さないため，行政主体ではありません。

●自治基本条例

2000年のいわゆる地方分権一括法の施行を受けて，全国の地方公共団体は独自の行政運営を目指すようになっています。地方分権に向けた変革の中で，憲法の規定のみでは十分でないとして，地方公共団体独自のルールの必要性が叫ばれるようになり，2001年4月には，北海道ニセコ町で「まちづくり基本条例」が施行されました。その後，多くの地方公共団体において自治基本条例が制定されています。

この自治基本条例制定の動きは，各地方公共団体の長（知事・市町村長）を中心に進められてきており，その内容は，地方公共団体の運営理念・原則，住民の権利・義務，執行機関と住民との関係等を規定したものです。そのため，議会に関する規定が含まれていないことも多く，北海道行政基本条例のように行政基本条例という名称で制定する地方公共団体もあります。

(2) 行 政 庁

　行政庁とは，地方公共団体等の行政主体の意思を決定し，外部に表示する権限をもつ機関です。いわゆる行政処分を行う権限をもつ機関といってもよいでしょう。地方公共団体における行政庁の中心となるのが知事と市町村長です。この他にも建築主事や保健所長のように個別法で何らかの行政処分の権限が与えられている者も行政庁として位置づけられます。行政庁は，1人がその地位に就く「**独任制**」が原則ですが，複数の人によって構成される「**合議制**」の場合もあります。教育委員会は合議制の行政庁の例です。

(3) 行政機関

　行政事務を担当する機関全体を**行政機関**といいます。行政庁や諮問機関なども行政機関の1つに位置づけられます。

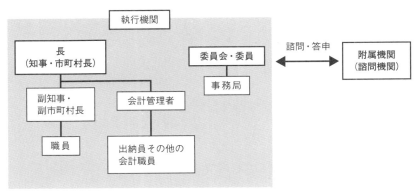

図8-5　執行機関の全体イメージ

08-04　執行機関等の職員と権限

　地方公共団体の執行機関や附属機関を構成するのは**公務員**です。そして，公務員には次のように特別職と一般職とがあります。地方公共団体においてそれらの職員が権限を保有したり，あるいは補助的な立場で行政運営を行っています。

①特別職と一般職

　地方公共団体の職員は，一般職と特別職に分けられます。地方公務員法3条3項において，**特別職**として次のものを列挙し，その他の者を**一般職**としています。

【特別職の職員】
①就任について公選又は地方公共団体の議会の選挙，議決若しくは同意によることを必要とする職
②地方公営企業の管理者及び企業団の企業長の職
③法令又は条例，地方公共団体の規則若しくは地方公共団体の機関の定める規程により設けられた委員及び委員会（審議会その他これに準ずるものを含む）の構成員の職で臨時又は非常勤のもの
④都道府県労働委員会の委員の職で常勤のもの
⑤臨時又は非常勤の顧問，参与，調査員，嘱託員及びこれらの者に準ずる者の職（専門的な知識経験又は識見を有する者が就く職であって，当該知識経験又は識見に基づき，助言，調査，診断その他総務省令で定める事務を行うものに限る。）
⑥投票管理者，開票管理者，選挙長，選挙分会長，審査分会長，国民投票分会長，投票立会人，開票立会人，選挙立会人，審査分会立会人，国民投票分会立会人その他総務省令で定める者の職

⑦地方公共団体の長，議会の議長その他地方公共団体の機関の長の秘書の職で条例で指定するもの

⑧非常勤の消防団員及び水防団員の職

⑨特定地方独立行政法人の役員

(1) 特別職

特別職には，政治職，自由任用職，非専務職の三種類があります。

❶政治職　**政治職**には公選の職（知事・市町村長，議会議員）又は就任について地方公共団体の議会の選挙，議決あるいは同意によることを要する職（副知事・副市町村長，監査委員，教育委員会委員等）があります。

❷自由任用職　**自由任用職**は，任用について成績主義によることなく，任命権者の政治的信任等に基づいて任用することができる職で，「地方公営企業の管理者」，「知事・市町村長，議会の議長等の秘書の職で条例で指定するもの」が当たります。

❸非専務職　**非専務職**とは，生活給を得るために職に就くのではなく一定の学識，経験，技能等によって，随時，職に就くものをいいます。審議会や審査会などの委員，臨時又は非常勤の顧問などがこれに当たります。

(2) 一般職

一般職は「特別職に属する職以外の一切の職とする」（地方公務員法３条２項）とされるように，地方公務員のほとんどが一般職に属することになります。一般職の職員は，特別職と異なり，成績主義に基づいて試験の成績等で採用されます。その後の勤務成績や昇任試験の成績などそれぞれの能力に基づいて，昇進などの身分の取扱いを受けます。一度任用されると分限，懲戒によらない限り，本人の意思に反して降任，免職されることはありません。地方公務員法が適用され，法的にも身分が保障される一方で，厳格な服務規律を守らなければなりません。一方，特別職はその職務，任命方法，身分保障などの特殊性があり地方公務員法の規定になじまないため地方公務員法は適用されません。

(3) 一般職と特別職の違い

❶政治的中立性　一般職と特別職の最も大きな違いは，**政治的中立性**です。選挙を通じて選任されたり，あるいは選挙によって選ばれた知事・市町村長によって選任され，さらには選挙によって選ばれた議会の同意が要件とされている職については，必然的に政治的側面を

否定することができませんが，一般職については政治的中立性が求められています。

> **判　例**：一般職に対する政治的中立性の要請について，最高裁判例では「公務員が一党一派に偏した活動を行うことにより，これがその職務執行に影響し，公務の公正な運営が害され，ひいては事務事業の継続性，安定性及びその能率が害されるにいたるおそれ」があることを根拠としています（最判昭和 49 年 11 月 6 日民集 28 巻 9 号 393 頁）。

❷**守秘義務**　　一般職については守秘義務が課されたり，政治的行為の制限がなされる等が特別職とは異なる点です。もっとも**守秘義務**については，地方自治法施行規程 10 条及び 15 条の規定によって地方自治法施行前と同様に，地方公務員法と同様の規定[2]が適用され，副市長等の特別職に対しても守秘義務が課されています。

②権限の代行

地方公共団体では，多くの場合，意思決定を副知事・副市町村長，局長，部長，課長にゆだねていて，知事・市町村長は真に重要な事項のみ意思決定をするのが一般的です。行政の効率的な運営のために不可欠なこの方法を**権限の代行**といいます。

このように行政庁の権限を他の機関に代行させるための法的な構成としては，①権限の委任，②権限の代理，③専決・代決があります。

（1）権限の委任

行政庁が自己の権限の一部を他の行政機関にゆだねて行わせることを**権限の委任**といいます。受任機関はその権限を自己の名で行使するので，外形的には受任機関が自己固有の権限として行使するのと変わりません。例えば食品衛生法に基づく都道府県知事の営業許可に関する権限を保健所長に委任した場合，許可は保健所長名で行われることになります。

このように権限の委任は法令の定める権限の一部を移動させることになるので，法令の根拠なしに行うことはできません。実際には多くの法令が権限の委任に関する定めを設けています。その際には，委任先の機関についても具体的に規定するのが一般的です。例えば，航空法 137 条 3 項では，国土交通大臣の権限を防衛大臣に委任することが規定されています。なお，知事・市町村長の権限については，その地方公共団体の職員に委任することが一般的に認められているので（153 条 1 項，167 条 1 項），個別法の規定は不要です。

委任した事務について，委任した行政庁が受任した行政機関に対して一般的には指揮監督できません。ただし，委任した行政庁が受任した行政機関の上級である場合は，上級庁として指揮監督することができます。

2）例えば従前の市町村職員服務紀律（明治 44 年 9 月 22 日内務省令第 16 号）の規定など。

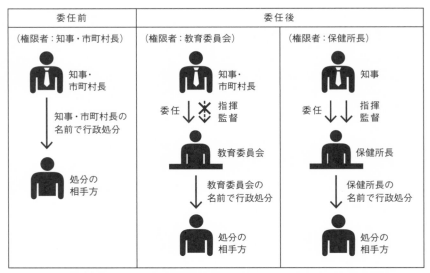

知事・市町村長は教育委員会に対して一般的な指揮監督権を有しないため，委任した事務について指揮監督を行うことはできません。一方，知事は保健所長に対しては上級庁としての指揮監督権を有するため，委任した事務について指揮監督を行うができます。

図 8-6　権限の委任の効果

(2) 権限の代理

❶行政法と民法の代理制度　　ここで説明するのは行政法上の**代理制度**ですが，民法においても代理制度があります。例えば未成年は単独で法律行為を行うことができないため，親権者が法定代理人として行為を行います（民法 5 条，824 条）。

　行政法上，行政庁の権限に関する代理についても民法上の代理と同様に，代理を行った機関の行為は，本来の行政庁の行為としての効力が生じることになります。例えば，知事の権限を副知事が代理した場合には，知事が行った場合と同様の効力が生じることになります。

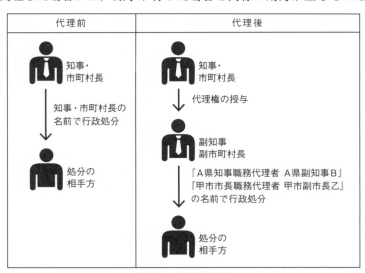

図 8-7　代理の効果

　また，民法では，代理人は本人のためにすることを示さなければなりません（民法99条）。これを**顕名**（けんめい）といいますが，行政法上の代理の場合にも，同様に本来の行政庁のための行為であることを示さなければなりません。

❷**法定代理と授権代理**　なお，代理には，法定代理と授権代理の二種類があります。
　ⓐ**法定代理**　**法定代理**には，「狭義の法定代理」と「指定代理」の二種類があります。
　狭義の法定代理とは，法律で定められた要件に該当したときに，当然に代理関係が発生するというものです。例えば，地方自治法152条1項では，「普通地方公共団体の長に事故があるとき，又は長が欠けたときは，副知事又は副市町村長がその職務を代理する」としていますが，これが狭義の法定代理に当たります。
　一方，**指定代理**は，狭義の法定代理とは異なり，法律で代理人となるべきものが規定されておらず，行政庁が指定したものが代理人となります。この例としては，知事又は市町村長だけでなくさらに副知事又は副市町村長にも事故があるとき等は「その補助機関である職員のうちから当該普通地方公共団体の長の指定する職員がその職務を代理する」というものがあります（152条2項）。この規定では，職務を代理する職員を知事・市町村長が指定することになるため，指定代理に当たります。
　ⓑ**授権代理**　**授権代理**とは，本来の行政庁が授権行為を行うことによって代理関係が生ずるものです。地方自治法153条1項では「普通地方公共団体の長は，その権限に属する事務の一部をその補助機関である職員に委任し，又はこれに臨時に代理させることができる」としていますが，これは知事・市町村長が必要に応じて補助機関である職員に代理させる授権代理に当たります。
　法定代理については，「法定」の言葉どおり当然に法律の根拠があります。一方，**授権代理**について法律の根拠が必要かどうかについて，学説では争いがあります。ただし，知事・市町村長の権限の代理については，地方自治法153条1項の規定があるため，議論の実益はありません。

(3) 専決・代決
❶**専　　決**　行政庁が事務処理の決定を補助機関にゆだねるものの，対外的には本来の行政庁の名で行うことを**専決**といいます。**内部的委任**とよばれることもあります。権限の委任や代理の場合と異なり，実際に意思決定を行った者がだれかは表示されません。対外的に権限は移動しないため，専決については法令の根拠は不要とされています。
　本来の行政庁は，その事務処理につき個々に関知していなくても自己の行為として対外的に責任を負うことになります。この専決は，事務処理の迅速化，行政運営の効率化のために，どの地方公共団体においても多くの事務について行われており，知事・市町村長が意思決定をするのは，非常に重要な事項に限られる場合が一般的です。

❷代　　決　　**代決**とは，本来の決裁権者が不在の場合に臨時に代わりの者が意思決定を行うものです。例えば，本来は課長の決裁が必要なものについて，課長が不在の場合に課長補佐が決裁を行うことをいいます。代決すべき者については，地方公共団体の規則等であらかじめ規定されています。

08-05　執行機関と地方議会との関係

　　ここからは，執行機関と地方議会との関係について説明します。まずは，議会と知事・市町村長との2つの機関それぞれが住民の代表機関として，固有の権限を有して，相互にチェックしあうという**二元代表制**の考え方が具体的に地方自治法の規定に現れていることを確認しましょう。

> ①知事・市町村長が条例の制定改廃や予算の議決について異議がある場合，原則として再議に付すことができます（176条）。
> ②議会が知事・市町村長に対して不信任決議ができ，不信任決議をされた知事・市町村長は，その議決に従って辞職するか，又は10日以内に議会を解散するかしなければなりません（178条1項）。

　　これらの規定は，議会と知事・市町村長との抑制と均衡を図るための規定です。

　　これに対し国政レベルでは，国会議員は国民により選ばれ，内閣総理大臣は国会で選出されるという**議院内閣制**が採用されています。そのため，国会は主権者である国民を代表することから国権の最高機関として位置づけられています（憲法41条）。

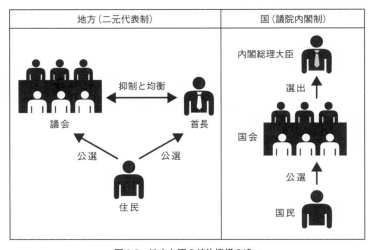

図8-8　地方と国の統治機構の違い

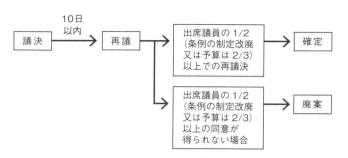

図 8-9　一般的再議請求権の手続

①知事・市町村長の再議請求権

（1）一般的再議請求権（176 条 1 項～ 3 項）

　知事・市町村長は，議会の議決について異議があるときは，その議決の日（条例の制定改廃又は予算に関する議決については，その送付を受けた日）から 10 日以内に理由を示してこれを再議に付すことができます（任意的）。これを**一般的再議請求権**とよびます。再議に付した後，再議に付された議決と同じ議決を議会が行った場合は，その議決は確定することになります。

　再議後の議決は原則どおり過半数の同意で可決されます。ただし，条例の制定改廃又は予算に関するものについては出席議員の 3 分の 2 以上の者の同意がなければなりません。出席議員の過半数又は 3 分の 2 以上の者の同意が得られない場合は，再議に付された当初の議決の対象となった原案は成立せず，廃案となります。

　なお，再議とは，再議に付されるべき議会の議決が執行上一定の効果を生ずるため，長が執行者の立場において，そのような効果を生ずることに執行上承服し難い故をもってこれを拒否する性質のものであるから，否決された議決については，執行上なんらの効果も生ぜず，かかる議決について再議に付すことはありえないとされています（行政実例昭和 26 年 10 月 12 日）。

（2）特別的再議請求権

　一般的再議請求権と異なる**特別的再議請求権**として，❶越権・違法な議決・選挙の場合，❷義務費削除減額議決，❸非常災害対策経費・感染症予防経費等削除減額議決が挙げられます。

❶越権・違法な議決・選挙（176 条 4 項～ 8 項）

知事・市町村長は，議会の議決又は選挙が議会の権限を越え，又は法令，会議規則に違反すると認める

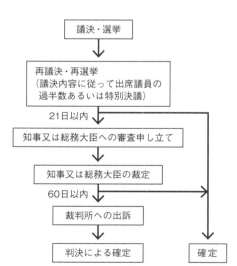

図 8-10　越権・違法な議決・選挙に関する再議の手続

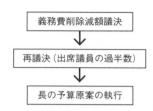

図 8-11　義務費削除減額議決に関する再議の手続

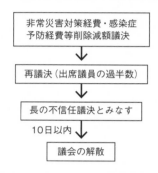

図 8-12　非常災害対策経費・感染症予防経費
等削除減額議決に関する再議の手続

ときは，理由を示してこれを再議に付し，又は再選挙を行わせなければなりません（義務的）。一般的再議請求権が知事・市町村長の任意の請求であるのに対して，この請求権は知事・市町村長の義務であるとされています。

この請求の後に行われた再議決・再選挙がなおその権限を越え，又は法令，会議規則に違反すると知事・市町村長が認めるときは，都道府県知事は総務大臣，市町村長は都道府県知事に対し，その議決又は選挙があった日から 21 日以内に，審査を申し立てることができます。なお，この再議決・再選挙は，再議前の議決（最初の議決）と同様に議決内容に従って出席議員の過半数あるいは特別決議で決することになります。この審査申立てについて，総務大臣又は都道府県知事は，審査の結果，議会の議決・選挙が権限を越え，又は法令，会議規則に違反すると認めるときは，その議決あるいはその選挙を取り消す旨の裁定をすることができます。

さらに，議会又は知事・市町村長が，総務大臣又は都道府県知事の裁定に不服があるときは，裁定のあった日から 60 日以内に，裁判所に出訴することができます。

❷義務費削除減額議決（177 条 1 項 1 号，2 項）　　①法令により負担する経費，②法律の規定に基づき当該行政庁の職権により命ずる経費，③その他の普通地方公共団体の義務に属する経費を議会が削除し又は減額する議決をしたときは，知事・市町村長はその経費及びこれに伴う収入について，理由を示して再議に付さなければなりません（義務的）。その再議を受けて，さらに議会が同様の議決を行った場合，知事・市町村長はその経費及びこれに伴う収入を予算に計上してその経費を支出することができます（いわゆる長の原案執行権）。

❸非常災害対策経費・感染症予防経費等削除減額議決（177 条 1 項 2 号，3 項）　　①非常の災害による応急・復旧の施設のために必要な経費，②感染症予防のために必要な経費を議会が削除し，又は減額する議決をしたときは，知事・市町村長はその経費及びこれに伴う収入について，理由を示して再議に付さなければなりません（義務的）。その再議を受けて，さらに議会が同様の議決を行った場合，知事・市町村長は，その議決を不信任の議決とみなすことができます。議会の再議決がなされた日から 10 日以内に議会を解散することができます。

②知事・市町村長の不信任議決

地方公共団体に採用されている二元代表制は，知事・市町村長と議会との均衡，抑制を想

定しています。**知事・市町村長の不信任議決**は，議会から知事・市町村長に対する抑制の手段であり，これに対して知事・市町村長は議会の解散により民意を問うことができます。議会において知事・市町村長の不信任の議決をしたときは，知事・市町村長はその通知を受けた日から10日以内に議会を解散することができます（178条1項）。

なお，この不信任の議決は，議員数の3分の2以上の者が出席し，出席議員の4分の3以上の者の同意が必要です（同条3項）。解散後初めて招集された議会において，議員数の3分の2以上の者が出席し，出席議員

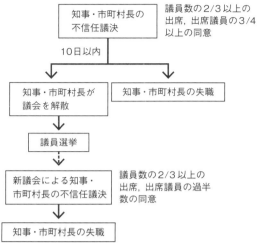

図 8-13　知事・市町村長に対する不信任議決に関する手続

の過半数の者の同意による不信任の議決があったとき，知事・市町村長は失職します（同条2項後段）。また，不信任議決の通知から10日以内に議会を解散しない場合にも同様に知事・市町村長は失職することになります（同条2項前段）。

③知事・市町村長の専決処分

知事・市町村長の行政活動に対して民主的な統制を行うために，行政運営に当たって議会の議決が必要な事務が地方自治法や条例で規定されています。しかし，これらの議会の議決が必要とされている事務であっても，議会が成立しない場合など一定の場合には知事・市町村長の判断により決定し行うことが認められています。これを**知事・市町村長の専決処分**といいます。専決処分には，地方自治法179条に基づくものと地方自治法180条に基づくものの2種類があります。

（1）地方自治法179条専決処分

①議会が成立しないとき，②地方自治法113条ただし書に基づく定足数の特例によっても定足数に足りず会議を開くことができないとき，③知事・市町村長において議会の議決すべき事件について特に緊急を要するため議会を招集する時間的余裕がないことが明らかであると認めるとき，④議会において議決すべき事項を議決しないときは，知事・市町村長は議決事件を専決処分することができます。ただし，副知事又は副市町村長の選任の同意については，専決処分を行うことはできません（179条1項）。

この専決処分を行った場合は，次の本会議に報告し，承認を求めなければなりません。条例の制定・改廃又は予算に関する専決処分について承認を求める議案が否決されたときは，知事・市町村長は，速やかに必要と認める措置を講ずるとともに，その内容を議会に報告し

なければなりません（同条 4 項）。その他の事項については承認されない場合であっても専決処分の効力に影響はなく，知事・市町村長の政治責任の問題になります。

(2) 地方自治法 180 条専決処分

議会の権限に属する軽易な事項で議会の議決により特に指定したものは，知事・市町村長において専決処分にすることができます。この専決処分を行った場合は，議会に報告する必要がありますが，地方自治法 179 条に基づく専決処分とは異なり議会の承認を求める必要はありません。

この専決処分の対象とする事項については，原則として各地方公共団体の議会の判断にゆだねられていますが，あまりにも広範に認めた場合には，議会の裁量権の逸脱として違法，無効となることもあります。裁判例においても，東京都が応訴した訴訟事件に関する和解のすべてを知事の専決処分とした議会の議決が，裁量権を逸脱しているとしたものもあります（東京高判平成 13 年 8 月 27 日 判時 1764 号 56 頁）。

08-06　監査制度

地方公共団体における監査としては，①監査委員による監査と②外部監査契約に基づく外部監査人による監査とがあります。

①監査委員による監査

監査委員が行う監査には，次のような種類があります。

(1) 一般監査

監査委員は，地方公共団体の財務に関する事務の執行及び地方公共団体の経営に係る事業の管理を監査します（199 条 1 項）。これを**財務監査**とよびます。ただし，下記のものについては監査の対象外とされています（同条 2 項）。

> ①自治事務にあっては労働委員会及び収用委員会の権限に属する事務で政令で定めるもの
> ②法定受託事務にあっては国の安全を害するおそれがあることその他の事由により監査委員の監査の対象とすることが適当でないものとして政令で定めるもの

この財務監査は，毎会計年度少なくとも一回以上期日を定めて行わなければなりません（定期監査。同条 4 項）。また，それ以外に必要があると認めるときは，いつでも財務監査を行うことができます（同条 5 項）。これを**随時監査**といいます。

　さらに，必要があると認めるときは，地方公共団体の行政事務一般の執行について監査を行うことができます（同条2項）。これを**行政監査**といいます。

（2）特別監査

　住民，議会，知事・市町村長からの請求により監査委員が，その事項について監査を行うことを**特別監査**とよびます。その請求のあった事項が監査の対象となります。特別監査としては次のものがあります。

❶直接請求に基づく監査　　**直接請求に基づく監査**とは，住民の直接請求に基づく監査で，その地方公共団体の事務全般が対象となります（75条；☞156頁）。

❷議会の請求による監査　　議会は，監査委員に対してその地方公共団体の事務に関する監査を求めることができます（98条2項）。この**議会の請求による監査**の内容は，直接請求に基づく場合と同様に地方公共団体の事務全般が対象となります。ただし，一般監査と同様に①自治事務にあっては労働委員会及び収用委員会の権限に属する事務で政令で定めるもの，及び②法定受託事務にあっては国の安全を害するおそれがあることその他の事由により監査委員の監査の対象とすることが適当でないものとして政令で定めるものについては監査の対象外とされています。

❸知事・市町村長の要求による監査　　知事・市町村長は，地方公共団体の事務の執行に関し監査の要求を求めることができます。この**知事・市町村長の要求**があったときは，監査委員が監査を行います（199条6項）。

❹住民監査請求による監査　　住民は，違法又は不当な公金の支出等があると認めるときは，これらを証する書面を添付して監査委員に対し，監査を求め，その行為の防止，是正，損害の補填等必要な措置を講ずべきことを請求することができます（242条；☞158頁）。

❺職員の賠償責任の監査　　会計管理者，会計管理者の事務を補助する職員，資金前渡を受けた職員，占有動産を保管している職員，物品を使用している職員が故意又は重大な過失（現金については，故意又は過失）により，現金，有価証券，物品，占有動産，物品を亡失又は損傷したときは，これによって生じた損害を賠償しなければなりません（243条の2第1項）。
　知事・市町村長は，職員が損害を与えたと認めるときは，監査委員に対し，その事実があるかどうかを監査し，賠償責任の有無及び賠償額を決定することを求め，その決定に基づき，期限を定めて賠償を命じなければなりません（同条3項）。これが**職員の賠償責任**の監査です。

(3) 監査委員のその他の事務

❶決算の審査　知事・市町村長は，決算を監査委員の審査に付し，その意見をつけて，議会の認定に付します（233条2項）。

❷現金出納検査　地方公共団体の現金の出納は，毎月，例日を定めて監査委員がこれを検査しなければなりません。一般的に**月例出納検査**といわれています（235条の2第1項）。

❸指定金融機関等の公金収納等の監査　監査委員は，必要があると認めるとき，又は知事・市町村長の要求があるときは，指定金融機関，収納代理金融機関等が取り扱う地方公共団体の公金の収納又は支払の事務について監査することができます（235条の2第2項）。

(4) 監査制度の充実強化

2017年の地方自治法の改正により，地方公共団体の内部統制の強化の一環として監査制度の見直しが図られています。

❶監査基準に従った監査等の実施等

監査委員は，監査基準を定め，この監査基準に従い，監査等をしなければなりません（198条の3第1項，198条の4第1項）。また，監査委員は，監査基準を定めたときは，直ちに地方公共団体の議会及び執行機関（長及び委員会・委員）に通知するとともに，公表しなければなりません（198条の4第3項）。なお，総務大臣は，地方公共団体に対し，監査基準の策定又は変更について，指針を示すとともに，必要な助言を行わなければなりません（同条5項）。

❷ 監査委員の権限の強化等

ⓐ**措置を講ずべき勧告**　監査委員は，監査の結果に関する報告のうち，地方公共団体の議会，長又は委員会・委員において特に措置を講ずる必要があると認める事項については，その者に対して理由を付して必要な措置を講ずべきことを勧告することができる。勧告を行った場合，監査委員は勧告の内容を公表しなければなりません（199条11項）。なお，この勧告の決定は，監査委員の合議による必要があります（同条12項）。

監査委員から勧告を受けた地方公共団体の議会，長又は委員会・委員は，勧告に基づき必要な措置を講ずるとともに，措置の内容を監査委員に通知しなければなりません。この通知を受けたときは，監査委員は，当該措置の内容を公表しなければなりません（同条15項）。

ⓑ**監査の結果に関する報告**　監査委員は，監査の結果に関する報告の決定については監査委員の合議により決する必要があります。しかし，各監査委員の意見が一致しないことにより，合議により決定することができない事項がある場合もあります。そのような場合には，

各監査委員の意見が一致しない旨及び当該事項についての各監査委員の意見を地方公共団体の議会，長及び関係のある委員会・委員に提出するとともに，これらを公表しなければなりません（同条13項）。

また，監査委員は，監査の結果に基づいて必要があると認めるときは地方公共団体の組織及び運営の合理化に資するため，監査の結果に関する報告に添えて意見を提出することができます。なお，監査委員は，意見を提出した場合，当該意見の内容を公表しなければなりません（同条10項）。

❸ 監査体制の見直し

ⓐ条例で定めることにより，議員のうちから監査委員を選任しないことができることとされています（196条1項）。

ⓑ 監査委員は，常設又は臨時の監査専門委員を置くことができます（200条の2第1項）。この監査専門委員は，専門の学識経験を有する者の中から，代表監査委員が各監査委員の意見を聴いて，これを選任します（同条2項）。監査専門委員は，監査委員の委託を受け，その権限に属する事務に関し必要な事項を調査することになります（同条3項）。

②外部監査人による監査

外部監査とは，地方公共団体における監査の充実を図るために，従来の監査委員による監査以外に，公認会計士や弁護士などが外部監査人として地方公共団体の監査を行う制度です。

かつて，地方公共団体の官官接待，カラ出張など公金の不正支出が各地で発覚，マスコミにも大きく取り上げられ監査の重要性が認識されるようになりました。これらを受けて第三者が地方公共団体の行財政をチェックする外部監査制度の導入を柱とする改正地方自治法が1998年10月1日施行されました。

外部監査の形式としては，地方公共団体が外部監査人と年間契約を結び全般的な監査をゆだねる**包括外部監査**と特定の案件ごとに契約を結ぶ**個別外部監査**とがあります。

包括外部監査については，外部監査の目的を達成するため，毎会計年度1回以上「外部監査人が必要と認める財務その他の事業を特定して」監査しなければならないとされています（252条の37第1項）。都道府県，指定都市，中核市は，地方自治法においてこの制度の導入が義務付けられており，その他の地方公共団体は条例により導入することが可能とされています（252条の36第1項）。

包括外部監査契約は，毎会計年度，速やかに，1人の者（外部監査人）と締結しなければなりません。ただし，連続して4回，同一の者と契約を締結してはなりません（252条の36第3項）。この**外部監査人**としては，公認会計士，弁護士，税理士等が想定されます。ただし，法律上「一人の者」と規定し，自然人との契約が前提とされていることから，監査法人，弁護士法人等の法人と契約することはできないと解されます（コンメンタール，489頁）。

　包括外部監査及び個別外部監査のいずれも，契約締結に当たってはあらかじめ監査委員の意見を聴くとともに，議会の議決を経なければなりません。監査の結果は，知事・市町村長，議会及び監査委員に報告し，監査委員が公表します。さらに議会は，外部監査人の監査に関し必要があると認めるときは，外部監査人の説明を求めることができます。

　有権者の50分の1以上の署名で請求する事務監査請求，議会が請求する監査，知事・市町村長が請求する監査及び住民監査請求については，監査委員の監査に代えて，個別外部監査人の監査によることを求めることができます。

08-07　地方公共団体の活動を支えるその他の組織

　地方公共団体の行政活動は知事・市町村長をトップとしてそれを支える職員によって行われていますが，そのほかにも地方公営企業や地方独立行政法人も地方公共団体の行政活動において重要な役割を果たしています。

①地方公営企業

(1) 概　　要

　地方公共団体が，直接，社会公共の利益を目的として，その地域住民の日常生活の利便のために経営しているのが，**地方公営企業**です。地方公営企業として設置されるのは，水道，工業用水道，バス，路面電車，地下鉄などの交通，病院，下水道などがあります（地方公営企業法2条1項）が，いずれも地域住民の生活に密接にかかわるものです。

　これらの事業以外にも，公共下水道事業のように主としてその経費を当該事業の経営に伴う収入をもって充てるものについては，地方公営企業として条例等で定めることにより地方公営企業法の全部又は財務規定等を適用することができます（同条3項）。

(2) 会　　計

　公営企業のうち次の13事業（水道，工業用水道，交通，電気，ガス，簡易水道，港湾整備，病院，市場，と畜場，観光施設，宅地造成，下水道）については，**特別会計**を設けてこれを行い，その経費は当該事業の経営に伴う収入をもってこれに充てなければなりません（地方財政法6条，地方財政法施行令46条）。つまり公営企業の経営においては，原則として，税金等の一般会計からの繰り入れではなく，その事業の収入で経営しなければならないとされているのです。

　ただし，地方公営企業法及び同法施行令の規定において，その事業の収入で賄う必要のない一定の経費（公共の消防のための消火栓の経費，公園等の水道施設の経費等）については，一般会計又は他の特別会計などが負担することとされています。

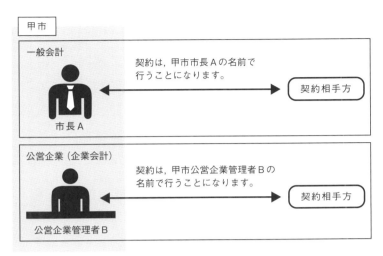

図 8-14　地方公共団体における一般会計と企業会計の代表者

(3) 法 人 格

　地方公営企業は，その地方公共団体から独立した法人ではなく，その地方公共団体の内部における1つの会計区分あるいは組織に過ぎません。地方公共団体では原則として知事・市町村長が代表権を有します（147条）が，公営企業を設置した場合には，公営企業管理者が公営企業の業務の執行に関し地方公共団体を代表します（地方公営企業法8条）。同一の地方公共団体であっても事務ごとに代表権を有する者が異なる場合があり，注意が必要です。

(4) 議会との関係

　地方公共団体の事務のうち一定のものについては，議会の議決を経なければなりません（96条1項等☞ 86頁）。このうち地方公営企業における次の事項については，地方公営企業法40条の規定によって，議会の議決を要さないものとされています。

- その種類及び金額について政令で定める基準に従い条例で定める契約を締結すること（96条1項5号）。
- 条例で定める場合を除くほか，財産を交換し，出資の目的とし，若しくは支払手段として使用し，又は適正な対価なくしてこれを譲渡し，若しくは貸し付けること（同項6号）。
- 不動産を信託すること（同項7号）。
- その種類及び金額について政令で定める基準に従い条例で定める財産の取得又は処分をすること（同項8号）。
- 普通地方公共団体の財産を交換し，出資の目的とし，若しくは支払手段として使用し，又は適正な対価なくしてこれを譲渡し，若しくは貸し付けること（238条の4第2項）。

- ●普通地方公共団体の財産を信託すること（同条の4第3項）。
- ●負担附きの寄附又は贈与の受領（96条1項9号）。
- ●審査請求その他の不服申立て，訴えの提起，和解，あつせん，調停・仲裁及び法律上地方公共団体の義務に属する損害賠償の額の決定（同項12号，13号）。

②地方独立行政法人

(1) 地方独立行政法人とは何か

　住民の生活，地域社会及び地域経済の安定等の公共上の見地からその地域において確実に実施されることが必要な事務及び事業であっても，地方公共団体が自ら主体となって直接に実施する必要のない事務，事業もあります。ただし，そのような事務でも民間の主体に任せたのでは必ずしも適正に実施されないおそれがあるものもあります。そのような事務を効率的かつ効果的に行わせることを目的として，地方公共団体が設立する法人が**地方独立行政法人**です（地方独立行政法人法［以下「地独法」といいます］2条1項）。いわば官と民の中間的な立場で，公共事務を担う存在です。

　地方独立行政法人が所管する事務としては，次のようなものがあります（地独法21条）。

①試験研究
②公立大学の設置，管理
③公営企業に相当する事業の経営（水道事業，工業用水道事業，軌道事業，自動車運送事業等）
④社会福祉事業の経営（特別養護老人ホーム，保育所，ホームヘルプサービス事業等）
⑤市町村の長等の執行機関に対する申請，届出等の受理，申請等に対する処分その他の申請等の処理に関する事務（戸籍に関する証明書の交付等）を当該市町村等の名において処理すること
⑥その他の公共的な施設で，政令で定めるもの（会議場施設等）の設置・管理など

　地方独立行政法人の設立は，設立団体が議会の議決を経て定款を定め，都道府県や政令指定都市が設立しようとする場合は総務大臣，市町村が設立しようとする場合は都道府県知事の認可を受けることになります（地独法7条，95条）。

　職員の身分については地独法2条2項で「その業務の停滞が住民の生活，地域社会・地域経済の安定に直接かつ著しい支障を及ぼすため，又はその業務運営における中立性及び公正性を特に確保する必要があるため，その役員及び職員に地方公務員の身分を与える必要があるもの」を特定地方独立行政法人とし，その役員及び職員に地方公務員の身分を与えるものとしています。一方，その他のものを一般地方独立行政法人として，その役員及び職員には地方公務員の身分を与えられません。

特定地方独立行政法人とするか否かについては，定款事項であり議会の議決及び総務大臣又は都道府県知事の認可が必要です（地独法8条1項5号）。なお，一般地方独立行政法人が定款の変更により「特定地方独立行政法人」になることはできません（同条3項）。

理事長及び監事は設立団体の知事・市町村長が任命し，その他の役員及び職員は理事長が任命します（地独法14条）。

(2) 地方独立行政法人の管理と評価の仕組み

地方独立行政法人の自主性を担保しつつ，公共性と透明性を確保するため，設立団体の関与を最小限にとどめ，以下のように，法人の自主運営を尊重する形で目標による管理と評価の仕組みが定められています。

❶**中期目標**（地独法25条，78条）　地方独立行政法人の設立団体である地方公共団体の知事・市町村長は，議会の議決を経て3年～5年間（公立大学法人は6年間）において法人が「達成すべき業務運営に関する目標」である**中期目標**を定めなければなりません。「中期目標」は，「中期目標の期間」のほか，「住民に対して提供するサービスその他の業務の質の向上に関する事項」，「業務運営の改善及び効率化に関する事項」，「財務内容の改善に関する事項」などで構成され，「中期目標」を当該地方独立行政法人に指示するとともに，住民に公表しなければなりません。

❷**中期計画**（地独法26条）　各法人は，中期目標に基づき，その目標達成のための計画である**中期計画**を作成し，設立団体の知事・市町村長の認可を受け，公表しなければなりません。「中期計画」では，「住民に対して提供するサービスその他の業務の質の向上に関する目標を達成するためとるべき措置」「業務運営の改善及び効率化に関する目標を達成するためとるべき措置」「予算（人件費の見積りを含む。），収支計画及び資金計画」「剰余金の使途」などについて定めます。

❸**年度計画**（地独法27条）　さらに各法人は，毎事業年度の開始前に，中期計画に基づいて，業務運営に関する計画である**年度計画**を定め，設立団体の知事・市町村長に届け出るとともに，公表しなければなりません。

❹**評価委員会**（地独法28条）　これらの計画にもとづく各法人の成果について，執行機関の附属機関として置かれる**地方独立行政法人評価委員会**が評価を行います（地独法11条）。法人は，法律の規定により，毎事業年度における業務の実績について評価委員会の評価を受けなければなりません。

❺会計（地独法 33 条）　　**地方独立行政法人**の会計は，原則として企業会計原則によるものとされます。また，法人は，毎事業年度，財務諸表等を作成，公表するとともに，設立団体の知事・市町村長の承認を受けなければなりません。さらに，資本の額などが一定の基準を超える法人は，監事の監査のほか，会計監査人の監査を受ける必要があります。

09 国と地方公共団体との関係

この章では，**国と地方公共団体との関係**について学びます。

第7章でも説明したように**地方自治の本旨**は，**団体自治**と**住民自治**の2つの要素から成り立っています。つまり国から独立した地方公共団体が，地域住民の意思に基づいて，地域の行政活動を行うことが求められています。そのため，地方公共団体はできる限り国からの干渉を受けずに行政活動を行うことが必要です。

しかし，一方では国家としての統一性も求められます。例えば**生活保護**は国家として国民に最低限の文化的な生活を保障するための制度です。このため，生活保護の事務に対しては，地方公共団体が行っている事務であっても，国家として一定の関与が必要となります。

2000年の**地方分権一括法**施行前は，地方公共団体に対して国が関与することが広く認められてきました。しかし，地方分権の進展に伴って，こうした関与の見直しが行われ，現在では国の地方に対する関与については①**法定主義の原則**，②**関与の必要最小限の原則**，③**公正・透明の原則**などが定められています。この章では，こうした国の地方に対する関与のあり方について学びます。

関与に関して一定の制限が設けられることになりましたが，国と地方との間で関与をめぐって紛争が生じる可能性も否定できません。そのような場合の**国地方係争処理委員会**による処理手続が地方自治法に規定されています。

また，**国と地方の関係**だけでなく，地方においても**市町村と都道府県との関係**が問題となります。市町村と都道府県は対等協力の関係とされており，市町村は基礎的な地方公共団体として地域の事務を処理し，都道府県は，市町村を包括する広域の地方公共団体として，広域にわたるもの，市町村に関する連絡調整に関するもの等を処理することとされています。しかし，市町村と都道府県との間で紛争が生じる可能性も否定できません。そのような場合のために**自治紛争処理委員制度**が創設されています。この章では，このような国と地方，市町村と都道府県との関係を学びます。

09-01　地方公共団体に対する国等の関与

①国等の関与の基本原則

　地方公共団体に対する国等の関与とは，地方公共団体の事務の処理に関して，国の行政機関，都道府県の機関が何らかの助言，勧告などを行うことです。地方自治の本旨の１つの柱である団体自治を前提とするならば，地方の行政運営は地方公共団体の自主的な判断に任せ，できる限り国等の関与は避けることが望ましいのは当然のことです。しかし，一方では国全体としてある程度統一性をもった行政運営が求められる場合もあります。そのため，地方公共団体に対する国等の関与は，地方公共団体の自主性と全国的な統一性というバランスのもとで行われる必要があるのです。

　2000年の地方分権一括法施行前の機関委任事務[1]については国等の包括的な関与が許されており，それが地方自治の障害となっていました。そこで，**地方分権一括法**で関与のあり方が大幅に見直され，(1) 法定主義の原則，(2) 必要最小限の原則，(3) 公正・透明の原則の３つの原則が定められました。

(1) 法定主義の原則

　地方公共団体はその事務の処理に関し，法律又はこれに基づく政令によらなければ国又は都道府県の関与を受け，又は要することとされません（245条の2）。かつての機関委任事務については，包括的な指揮監督権が認められていましたが，現在では，そのような考え方を否定し，必ず法律の根拠が必要であるとされています。これを**法定主義の原則**といいます。

(2) 必要最小限の原則

　国や都道府県が地方公共団体に関与をする場合には，その目的を達成するために必要な最小限度のものとするとともに，地方公共団体の自主性及び自立性に配慮しなければなりません（245条の3第1項）。これを関与の**必要最小限の原則**といいます。

(3) 公正・透明の原則

　関与する手続について，書面の交付，許可・認可等の審査基準や標準処理期間の設定及び公表を行うことなどが義務付けられ，関与の**公正・透明の原則**が守られています。

②関与の基本類型

　関与の基本類型として，①助言又は勧告，②資料提出の要求，③是正の要求，④同意，⑤許

---

1) 機関委任事務とは，知事・市町村長を国の機関として，これに国の事務を委任して執行させる事務である。

表 9-1　関与の基本類型

	自治事務	法定受託事務
助言又は勧告	○	○
資料提出の要求	○	○
是正の要求	○	第 2 号法定受託事務のみ○
同意	例外的な場合のみ○	○
許可・認可・承諾	例外的な場合のみ○	○
指示	例外的な場合のみ○	○
代執行	×	○
協議	例外的な場合のみ○	例外的な場合のみ○

可・認可・承認，⑥指示，⑦代執行，⑧協議の 8 類型が規定されています（245 条）。そして，自治事務あるいは法定受託事務に関して，それぞれ行うことができる関与が定められています。

　また，「同意」「許可・認可・承諾」「指示」「協議」については，できる限り行わないようにしなければなりません（同条の 3）。

③地方自治法に基づく国等の関与

　地方自治法に基づく国等の関与としては，❶技術的な助言又は勧告，❷資料の提出の要求，❸是正の要求，❹是正の勧告，❺是正の指示，❻代執行があります。これ以外の関与を行おうとする場合には，地方自治法以外の個別の法令の根拠が必要となります。

❶技術的な助言又は勧告　国の各大臣は都道府県に対して，又は都道府県の執行機関は市町村に対して，事務の運営について適切と認める技術的な助言・勧告をすることができます（245 条の 4 第 1 項）。

❷資料の提出の要求　国の各大臣又は都道府県の執行機関は，①の助言，勧告をするため，あるいは事務の適正な処理に関する情報を提供するため必要な資料の提出を求めることができます（245 条第 1 項）。資料提出の要求を受けた地方公共団体には要求に応じて資料を提出するという一般的な尊重義務が生じますが，それに応じなければ違法となるようなものではありません。

❸是正の要求　国の各大臣は地方公共団体の自治事務（市町村の第 2 号法定受託事務を含みます）の処理が法令の規定に違反していると認めるとき又は著しく適正を欠き，かつ，明らかに公益を害している認めるときは，違反の是正又は改善のため必要な措置を講ずることを求めることができます（245 条の 5）。

❹**是正の勧告**　**是正の勧告**は，地方自治法で規定する関与の基本類型の「勧告」の１つです。都道府県の執行機関は，市町村の自治事務の処理が法令の規定に違反しているときと認めるとき又は著しく適正を欠き，かつ，明らかに公益を害していると認めるときは，違反の是正又は改善のため必要な措置を講ずべきことを勧告することができます（245条の6）。

❺**是正の指示**　**是正の指示**は，地方自治法が関与の基本類型として規定する「指示」の１つです。国の各大臣又は都道府県の執行機関は，地方公共団体の法定受託事務の処理が法令の規定に違反していると認めるとき，又は著しく適正を欠き，かつ，明らかに公益を害していると認めるときは，違反の是正又は改善のため講ずべき措置に関し，必要な指示をすることができます（245条の7）。

❻**代 執 行**　国の各大臣又は都道府県知事は，地方公共団体の法定受託事務の管理・執行が法令の規定，当該各大臣の処分に違反するものがある場合又は管理・執行を怠るものがある場合であって，代執行以外の方法によつてその是正を図ることが困難であり，かつ，それを放置することにより著しく公益を害することが明らかであるときは，その地方公共団体に代わって事務を行うことができます（245条の8）。

09-02　国と地方との間の紛争処理手続

①国地方係争処理委員会の趣旨

　対等・協力を基本とする国と地方公共団体との間で係争が生じた場合には，国と地方公共団体とが対等の立場で係争を処理する必要があります。そのための機関として，**国地方係争処理委員会**が設置されています（250条の7）。

　国地方係争処理委員会は，地方公共団体に対する国の関与の適正の確保を手続面から担保

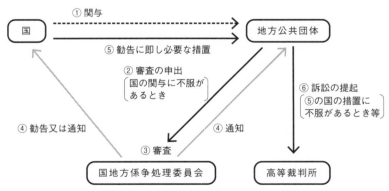

図9-1　国と地方との係争処理の仕組み（川崎基本解説，337頁）

すると同時に，地方公共団体が処理する事務の執行段階における国・地方公共団体間の権限配分を確定するという意義も有するため，対等・協力の関係にある国と地方の間に立ち，公平・中立にその任務を果たす審判者としての第三者機関として位置づけられています。

②審査対象

　　国地方係争処理委員会の審査対象とされているのは，次の３つです（250条の13）。

> ①地方公共団体に対する国の関与のうち是正の要求，許可の拒否その他公権力の行使に当たるもの
> ②不作為（申請等が行われた場合で，国の行政庁が相当の期間内に許可その他の処分その他公権力の行使に当たるものをすべきにもかかわらず，これをしないこと）
> ③協議（協議にかかる地方公共団体の義務を果たしたと認めるにもかかわらず，その協議が調わないとき）

③審査手続

　　国地方係争処理委員会の審査手続について図9-1を見ながら確認していきましょう。知事・市町村長その他の執行機関は，国の関与に不服があるときは，当該関与があった日から30日以内に，委員会に対し，当該関与を行った国の行政庁を相手方として，文書により審査を申し出ることができます（250条の13第3項）。なお，通常の訴訟の提起については地方自治法96条の規定により議会の議決が必要とされていますが，この申出については申出人が地方公共団体ではなく執行機関とされているため地方公共団体としての意思決定の必要はないことから，議会の議決は必要でないと考えられます。

　　委員会は，審査の申出があった日から90日以内に審査及び勧告を実施しなければなりません（250条の14第5項）。

④審査権の範囲

　　国地方係争処理委員会の審査権の範囲は，自治事務に関する場合と法定受託事務に関する場合とでは異なります。まず，自治事務に関する場合は，国の行政機関の行った関与が違法であるか否かという点にとどまらず，地方公共団体の自主性及び自立性を尊重する観点からみて不当でないかという点にまで及びます（250条の14第1項）。これに対して，法定受託事務については，委員会の審査はその関与の違法性の有無に限られます（同条第2項）。

⑤審査後の手続

　　委員会は，審査後に審査結果に応じて，次の手続をとることになります。

表9-2　審査後の手続

委員会の判断	措置の内容
・自治事務についてその関与に違法性・不当性がないと認めるとき ・法定受託事務については違法性がないと認めるとき	審査を申し出た地方公共団体の執行機関及び国の行政庁に違法性・不当性がない旨を理由を付して通知し，さらに公表しなければなりません（250条の14第1項前段，第2項前段）。
・自治事務についてその関与に違法性・不当性があると認めるとき ・法定受託事務については違法性があると認めるとき	国の行政庁に対して理由を付して，かつ期間を示して必要な措置を講ずべきことを勧告するとともに，審査を申し出た地方公共団体の執行機関に対してその勧告内容を通知し，さらに公表しなければなりません（250条の14第1項後段，第2項後段）。
・不作為についてその審査の申出に理由がないと認めるとき	理由を付して審査の申出に理由がない旨を，審査の申出をした地方公共団体の執行機関及び相手方である国の行政庁に通知するとともに，公表しなければなりません（250条の14第3項前段）。
・不作為についてその審査の申出に理由があると認めるとき	国の行政庁に対し理由を付し，かつ期間を示して必要な措置を講ずべきことを勧告するとともに，審査を申し出た地方公共団体の執行機関に対してその勧告の内容を地方公共団体の執行機関に通知し，かつ，公表しなければなりません（250条の14第3項後段）。
・協議について	審査申出にかかる協議について，地方公共団体がその義務を果たしているかどうかを審査し，理由を付してその結果について審査を申し出た地方公共団体の執行機関及び相手方である国の行政庁に通知するとともに，これを公表しなければなりません（250条の14第4項）。

09-03　市町村と都道府県との関係

①市町村と都道府県との対等・協力関係

（1）市町村と都道府県

　市町村は，基礎的な地方公共団体として，都道府県が処理するものとされているものを除き，一般的に地域の事務を処理します（2条3項）。また，**都道府県**は，市町村を包括する広域の地方公共団体として，広域にわたる事務，市町村に関する連絡調整に関するものなどを処理します（同条5項）。このように基礎的地方公共団体としての市町村と，広域的地方公共団体としての都道府県の役割の明確化が図られています。

（2）市町村と都道府県の事務配分の基本原則

　市町村と都道府県の事務配分の基本原則は，補完性の原理に基づくものと考えられます。この**補完性の原理**とは，原則として基礎的団体（市町村）が事務を担当し，対応できない場合に限って広域的団体（都道府県や国）が担当するという考え方で，この補完性の原理に基づき都道府県の事務か市町村の事務か明確でない場合は市町村優先と考えられています。

　この趣旨を踏まえて，地方自治法2条6項では，「都道府県及び市町村は，その事務を処理

するに当たっては，相互に競合しないようにしなければならない」と規定しています。ただし，広域的に統一した事務処理を行うために，「市町村及び特別区は，当該都道府県の条例に違反してその事務を処理してはならない」と規定しています（2条16項）。

(3) 補完性の原理

　補完性の原理についてもう少し補足しましょう。小さな単位で実施できることは小さな単位に任せ，逆に，その小さな単位では実施できなかったり，実施できるとしても小さな単位が実施すると非効率的な事務事業のみをより大きな単位が行うべきであるという考え方が，**補完性**（subsidiarity）**の原理**です。地方分権推進委員会最終報告では，分権改革について補完性の原理の視点から次のように述べています。

> わが国の事務事業の分担関係をこの「補完性の原理」に照らして再点検してみれば，国から都道府県へ，都道府県から市区町村へ移譲した方がふさわしい事務事業がまだまだ少なからず存在している一方，これまではともかく今後は，市区町村から都道府県へ，都道府県から国へ移譲した方が状況変化に適合している事務事業も存在しているのではないかと思われる。分権改革というと，事務事業の地域住民に身近なレベルへの移譲にのみ目を向けがちであるが，分権改革の真の目的は事務事業の分担関係を適正化することにあるのである。

②条例による事務処理の特例

(1) 条例による事務処理の特例とは何か

　都道府県は，市町村長との協議を経た上で，都道府県条例の定めるところにより，都道府県知事の権限に属する事務の一部を市町村が処理することとすることができます（252条の17の2）。これが**条例による事務処理の特例**といわれるもので，2000年の地方自治法の改正により新たに設けられました。

　この制度は，先に説明した委任などとは異なり，事務処理権限の配分自体を都道府県から市町村に変更するもので，ある事務を市町村が処理することとした場合には，それによって市町村の事務となり，都道府県はその事務を処理する権限を有しないことになります。

　なお，地方自治法252条の17の2の規定に基づき市町村長が処理することとできるのはあくまで知事の権限に属する事務で，行政委員会の事務についてはこの規定によって市町村で処理することにはできません。ただし，都道府県の教育委員会の権限に属する事務については，地方教育行政の組織及び運営に関する法律55条の規定に基づいて，市町村が処理することとすることができます。この場合に市町村が処理することとされた事務は，当該市町村の教育委員会が管理執行することになります。

始 132

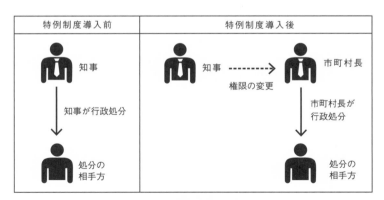

図 9-2　事務処理特例制度の効果

(2) 条例による事務処理の特例の効果

この条例による事務処理の特例の効果としては，次の点が規定されています（252 条の 17 の 3）。

> ① 市町村の事務とされた事務について規定する法令，条例又は規則のうち都道府県に関する規定は，その事務の範囲内においてその市町村に対して適用される。
> ② ①により市町村に適用される法令の規定により国の行政機関が行う助言等，資料の提出の要求等又は是正の要求等は，都道府県知事を通じて行うことができる。
> ③ ①により市町村に適用される法令の規定により，市町村が国の行政機関と行う協議は，都道府県知事を通じて行う。
> ④ ①により市町村に適用される法令の規定により国の行政機関が市町村に対して行う許認可等について市町村が行う申請等は，都道府県知事を経由して行う。

③自治紛争処理委員

(1) 制度の概要

　国と地方公共団体との紛争処理と同様に，地方公共団体相互あるいは都道府県と市町村が対等の立場で係争を処理するため，**自治紛争処理委員**が置かれています（251 条）。かつては地方公共団体の紛争処理制度として自治紛争調停委員が置かれていましたが，この調停制度を市町村に対する都道府県の関与に関する紛争も対象として広げたものです。

　都道府県又は都道府県の機関が当事者となるものについては総務大臣，その他のものは都道府県知事が，事件ごとに，優れた識見を有する者のうちから 3 名の自治紛争処理委員を任命します。自治紛争処理委員は，調停案を作成して，これを当事者に示し，その受諾を勧告するとともに，理由を付してその要旨を公表することができます（251 条の 2 第 3 項）。また，調停による解決の見込みがないと認めるときは，総務大臣又は都道府県知事の同意を得て，調停を打ち切り，事件の要点及び調停の経過を公表することができます（同条 5 項）。

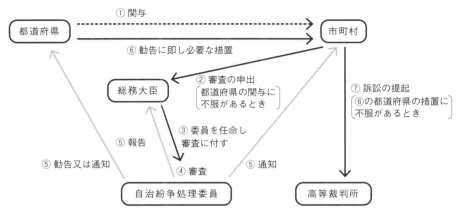

図 9-3　都道府県と市町村との紛争処理の仕組み （川崎基本解説, 340 頁）

(2) 紛争処理手続

　地方公共団体相互に紛争があるときは，都道府県又は都道府県の機関が当事者となるものについて，当事者は文書により総務大臣に紛争処理を申請することができます。また，それ以外のものについては，当事者は文書により都道府県知事に申請することができます。この申請を受けた総務大臣又は都道府県知事は，紛争の解決のため，自治紛争処理委員を任命し，その調停に付すことになります（251 条の 3）。

　自治紛争処理委員は，当事者及び関係人の出頭・陳述を求め，調停案を作成しその受諾を勧告します。調停は，当事者のすべてから，調停案を受諾した旨を記載した文書が総務大臣又は知事に提出されたときに成立することになります。

　調停による解決の見込みがないときは，総務大臣又は都道府県知事の同意を得て，調停を打ち切り，事件の要点及び調停の過程を公表することになります。

(3) 審査・勧告

　自治紛争処理委員の審査・勧告の対象となるのは，次の 3 つです。

①都道府県の関与のうち是正の要求，許可の拒否その他の処分その他公権力の行使に当たるもの
②不作為（申請等が行われた場合で，都道府県の行政庁が相当の期間内に許可その他の処分その他公権力の行使に当たるものをすべきにもかかわらず，これをしないこと）
③協議（市町村の法令に基づく協議の申出が都道府県の行政庁に対して行われた場合において，当該協議に係る当該市町村の義務を果たしたと認めるにもかかわらず当該協議が調わないこと）

　なお自治紛争処理の審査手続，勧告などについては，先に説明した国地方係争処理委員会

とほぼ同様です。

09-04　関与に関する訴訟

　国地方係争処理委員会や自治紛争処理委員による審査・勧告によっても，紛争が解決しない場合には，訴訟によって解決を図る制度が置かれています（251条の5，252条）。つまり，国地方係争処理委員会や自治紛争処理委員に審査の申し出を行った地方公共団体の執行機関は，次の場合に，審査の相手方となった国や都道府県の行政庁を被告として違法な国や都道府県の関与の取消し又は国や都道府県の不作為の違法確認の訴訟を提起することができます。

---

① 委員会（委員）の審査の結果又は勧告に不服があるとき

② 委員会（委員）の勧告に対する国や都道府県の行政庁の措置に不服があるとき

③ 審査の申し出をした日から90日を経過しても委員会（委員）が審査又は勧告を行わないとき

④ 国や都道府県の行政庁が期間内に委員会（委員）の勧告に対する措置を講じないとき

　ただし，この訴訟は，国地方係争処理委員会や自治紛争処理委員による審査を経たのちでなければ提起することができません。また，裁判所の管轄としては，審査を申し出た地方公共団体の区域を管轄する高等裁判所になります。

　これらの訴訟については，通常の行政事件訴訟法よりも短い出訴期間が規定されています。具体的には，次の期間内に訴訟を提起しなければなりません。

---

① 委員会（委員）の審査の結果又は勧告に不服があるとき

　⇒委員会（委員）の審査結果又は勧告の内容の通知のあった日から30日以内

② 係争処理委員会（紛争処理委員）の勧告に対する国や都道府県の行政庁の措置に不服があるとき

　⇒委員会（委員）の通知があった日から30日以内

③ 審査の申し出をした日から90日を経過しても係争処理委員会（紛争処理委員）が審査又は勧告を行わないとき

　⇒審査の申出をした日から90日を経過した日から30日以内

④ 国や都道府県の行政庁が期間内に係争処理委員会（紛争処理委員）の勧告に対する措置を講じないとき

　⇒委員会（委員）の勧告に対する措置を講ずべき旨示された期間を経過した日から30日以内

10 地方公共団体の立法について

　この章では，**条例制定権**を中心とした**地方公共団体の立法**について学びます。

　法規範には憲法，法律・条例をはじめさまざまなものが位置づけられます。そして，それぞれの法規範に間において**効力関係**が生じる場合があります。法規範の種類とその効力関係をまず理解する必要があります。

　地方公共団体の立法権に関して，憲法94条で地方公共団体は法律の範囲内で**条例**を制定することができることとされています。この**条例制定権**は，地方自治の本旨を具体化するために重要な意味をもっています。つまり住民の代表である議会が決定し，自らの意思でその地方公共団体を治めるという，まさに地方自治の本旨に基づくものです。

　また，地方自治法14条によって**住民の権利の制限**は，条例によらなければなりません。そのため，積極的な施策を実施するためには，条例の検討が必要になる場面も少なくありません。特に近年では，政策法務という言葉も使われているように，条例等の立法と政策とを有機的に結びつけて，**まちづくり**に活かそうという考え方もとられています。ますます，条例に関する知識の重要性が増しています。

　しかし，いくら地方公共団体に条例制定権が認められているからといっても，憲法で保障されている**人権**を不当に制限することはできません。また，法律の範囲内でしか条例を制定することができないという制約もあります。さらに，罰則についても地方自治法上の制限があります。このような制限を十分に理解した上で，条例等の立法的手段を政策に活用していく必要があります。

10-01 法令の分類とは

①法とは

「社会あるところに法がある」といわれています。人が共同で生きていくためには，そこには一定の秩序が必要になります。**法**とは人間社会の秩序を維持する為に国家により承認，強制されるきまりであるといえます。

②法の段階的構造

　法（法規範）は，全体として統一性をもちながらも，上下の**段階的構造**を有しており，その内容が衝突（抵触）したときには，上位の法は下位の法に優先して適用されることになります。つまり裁判官は，上下間の法規範に衝突が起きた場合には，下位の法規範の効力を否定しなければなりません。その効力関係は，一般的に図10-1のとおり，憲法，法律，法律の委任による命令，条例，規則の順と考えられています。

法令には形式的な効力関係があり，下位の法令は上位の法令に反することを規定できません。

図10-1　法の段階的構造

(1) 憲法とは

❶憲法の2つの意味　　**憲法**という言葉は，①「おきて」というように法の一般的な意味と，②国家の基本にかかわる根本的な法という意味と2つの意味があります。聖徳太子が制定した **17条憲法**は，「和を以て貴しとなし」で始まる第1条がよく知られていますが，この場合の憲法は，①の「おきて」の意味で使われています。**日本国憲法**は，②の意味で使われています。

❷憲法の法的性格　　憲法は，法的にどのような性格をもつのでしょうか。まず，一番目は，憲法より下位の法令の制定の権限を付与する性格をもちます。つまり法令は，憲法が権限を付与した範囲でのみ制定することが可能なのです。このことを**授権規範**といいます。

　もう1つ憲法の持つ重要な性格は，**最高規範**であるということです。憲法第8条1項で「この憲法は，国の最高法規である」ると最高規範であることを明確に規定しています。さらに同項で，「その条規に反する法律，命令，詔勅及び国務に関するその他の行為の全部又は一部は，その効力を有しない」と規定し，憲法の枠を越えた法令等には効力を認めない（効力を制限する）旨を明確に規定しています。これを憲法の**制限規範性**といいます。

(2) 法律とは

❶制定権をめぐる戦い　　法律という言葉は，日常生活でも仕事でもよく耳にしますが，そ

専制君主制の時代，国王がすべての
権限を掌握していた。

国王

権限

「国民の権利を制限し，又は国民に
義務を課す内容」のきまりを定める
権限を，国民が国王から奪い取って
国民の代表である議会の権能とする
ことができた。

国民

図 10-2　法規範の制定権限をめぐる戦い

の意味はというとなかなか分からないのでは
ないでしょうか。実際に法律の定義自体も争
いがあります。「国会が制定する法規範を法律
という」という見解がありましたが，これでは
具体的な説明にはなっていないため，もっと実
質的に考えるようになっています。

　実質的に考えるというこの見解も時代によ
り変遷しています。当初，「法律は，国民の権
利を直接に制限し，義務を課す法規範をいう」
と考えられていました。19 世紀の専制君主制
の時代には，すべての権力が君主にありまし
た。しかしその後に，国民が苦難を乗り越えて
「自由と財産に関する事項」を君主から奪い取

り，自らの代表者で構成される議会の権限としました。その頃の名残で「国民の権利を制限
し，又は国民に義務を課す内容」は法律で定めなければならないと考えられていました。こ
れがいわゆる**侵害留保説**と呼ばれるものです。この説は，国民の権利を「侵害」する行為に
ついては，法律の留保（根拠）が必要というものです。すでに説明した法律による行政の原
理（☞ 17 頁）における法律の留保と同じ考え方です。

　内閣法 11 条では，「義務を課し，又は権利を制限する規定」については法律によらなけれ
ばならない旨の規定がありますが，これは侵害留保説によるものです。また，地方自治法 14
条 2 項においても「義務を課し，又は権利を制限するには，条例によらなければならない」
と規定しています。

　侵害留保説を踏まえて，さらに国家作用の根幹にかかわる部分についても法律で定める

●**名城大学や筑波大学に関連する法律の例**
法律が，なぜ「一般的，抽象的規範」とされ
ているのでしょうか。それは，個別的・具体
的な法規の定立が，行政機関の権限に帰属す
るものであるためです。
かつて名城大学の紛争を解決すべく制定され
た法律も「学校法人紛争の調停等に関する法
律」という一般的形式を採用し，また筑波大
学を設置し，独特の管理方式を導入する際に
も，学校教育法の一部改正という形が取られ
ていますが，この場合も個別具体的な法律を
作ると行政権を侵害する可能性があることを
配慮した結果でした。

必要があると考えられていました。国におい
て内閣の統轄の下における行政機関について
国家行政組織法で規定しているのは，この趣旨
です。また地方自治法 158 条において「当該普
通地方公共団体の長の直近下位の内部組織の
設置及びその分掌する事務については，条例で
定めるものとする」と規定しているのも同様の
趣旨です。

❷**法律は一般的，抽象的規範**　　しかし，最近
では，国民が主権者であるという意識，いわゆ
る**国民主権**の考え方が強くなり，法律とは，「一

般的（＝不特定多数の人に適用されるような）・抽象的（＝不特定多数の事件に適用されるような）法規範を意味する」ものと解し，これらについては国民の代表である国会が決めるものとの見解もあります。このように法律概念は変遷してきていますが，地方公務員としては，少なくとも国民の権利義務にかかわる事項は，法律あるいは条例で定めなければならないと考える必要があります。

(3) 命令とは

この命令という言葉は，日常で使われる意味とかなり異なります。行政法上，**命令**とは，議会の議決によらず制定される法規範で，国の行政機関が発するものです。法令であることに関しては法律と差がありませんが，形式的効力として，命令は法律の下位にあります。命令には，政令と省令とがあり，それぞれ以下の性格をもちます。

❶**政　　令**　　**政令**とは内閣が制定する命令です（憲法73条6号）。法律の委任がなければ，政令では罰則を規定したり，義務を課したり，権利を制限できません。政令は，主務大臣が署名し，総理大臣が連署して天皇が公布します（憲法74条，同7条1号）。

❷**省　　令**　　**省令**とは，各省大臣がそれぞれ法律もしくは政令を執行するため，又はその委任に基づき発する命令です（国家行政組織法12条）。法律の委任がなければ罰則を規定したり，義務を課したり権利を制限できません。

(4) 条例とは

条例とは，地方公共団体が議会の議決を経て法令の範囲内において制定する法規範をいいます。したがって条例によって制定しようとする内容は，地方公共団体の事務に属するものでなくてはなりませんし，法令に違反するものであってはなりません。また，義務を課し，又は権利を制限するには，法令に特別の定めがあるものを除くほか，条例で規定しなくてはなりません（14条2項）。

条例には法令に特別の定めがあるものを除くほか，違反した者に対して2年以下の懲役・禁錮，100万円以下の罰金，拘留，科料，没収の刑又は5万円以下の過料を科す旨の規定を設けることができます（同条3項）。

(5) 地方公共団体の規則

地方公共団体の規則は，知事・市町村長がその権限に属する事務に関し制定することができます（15条）。地方公共団体が制定する1つの法形式です。知事・市町村長が，その権限に属する事務に関して制定します。地方公共団体の議会の議決を必要としません。ただし，権利義務にかかわる内容は条例や法律の委任がなければ規定できません（14条2項）。

【内閣法】

第11条　政令には，法律の委任がなければ，義務を課し，又は権利を制限する規定を設けることができない。

【国家行政組織法】

第12条　各省大臣は，主任の行政事務について，法律若しくは政令を施行するため，又は法律若しくは政令の特別の委任に基づいて，それぞれその機関の命令として省令を発することができる。

2　各外局の長は，その機関の所掌事務について，それぞれ主任の各省大臣に対し，案をそなえて，省令を発することを求めることができる。

3　省令には，法律の委任がなければ，罰則を設け，又は義務を課し，若しくは国民の権利を制限する規定を設けることができない。

【地方自治法】

第14条　普通地方公共団体は，法令に違反しない限りにおいて第2条第2項の事務に関し，条例を制定することができる。

2　普通地方公共団体は，義務を課し，又は権利を制限するには，法令に特別の定めがある場合を除くほか，条例によらなければならない。

3　普通地方公共団体は，法令に特別の定めがあるものを除くほか，その条例中に，条例に違反した者に対し，2年以下の懲役若しくは禁錮，100万円以下の罰金，拘留，科料若しくは没収の刑又は5万円以下の過料を科する旨の規定を設けることができる。

第15条　普通地方公共団体の長は，法令に違反しない限りにおいて，その権限に属する事務に関し，規則を制定することができる。

2　普通地方公共団体の長は，法令に特別の定めがあるものを除くほか，普通地方公共団体の規則中に，規則に違反した者に対し，5万円以下の過料を科する旨の規定を設けることができる。

③法の分類・種類

法律の分類には，さまざまなものがあります。ここではそのうちいくつかを説明します。

(1) 公法と私法の分類

法律の分類としては，まず，**公法と私法との分類**があります。

公法は国又は地方公共団体と住民との間の統治関係を規律し，**私法**は個人間の私生活関係を規律するものです。

公法と私法の区別は，それぞれの原理が異なることに基づくものです。近代社会において
は，人の身分を否定し，個人の独立と平等を前提としています。個人と個人の関係では力関
係に差はないため，国家はこれに干渉せず，当事者の自治に任せたほうがよいと考えられて
います。そこで私法は**私的自治**を原則とし，個人意思の自由に基づく**契約の自由**を認め，一
方で個人の自由な経済活動の結果，取得したものに対して**所有権の絶対**を認め，他方で，自由
な経済活動の結果に対する責任については**過失責任の原則**を採用しています。こうした中で，
私法の役割としては，個人相互間の利害の調整といった機能が重視されることになります。
　これに対し，国家と国民の関係は，国家が圧倒的に強力で，対等な関係ではありません。
ここでの法の役割は国民の権利を保障すること，つまり**基本的人権の保障**と，国家が不当に
権力を行使することのないよう国家権力をコントロールすること，つまり**統治権の枠組み**を
定めることです。**公法**には，①憲法，②国家行政組織法，国家公務員法，地方自治法，教育
基本法などの行政法関係，③刑法，軽犯罪法などの刑事法関係，④刑事訴訟法，民事訴訟法
などの訴訟法関係などがあります。**私法**には，民法，商法，手形法などがあります。

(2) 一般法と特別法の分類

　例えば，契約全体を規定する民法のように，ある事項の全体について一般的に適用される法
をその事項についての**一般法**といい，これに対して，借地借家法のようにその中の一部分（特
定の人，事物，行為又は地域）にだけ適用される法を**特別法**といいます。
　個人と個人の間の日常生活の全般にわたって規定している民法は，一般法としての性格が
強いといえます。これに対し，現実にある社会的・経済的不平等を前に，社会的正義や公平
を実現するため，特定の問題について民法の原則を修正する法律が生まれています。
　借地借家関係については「借地借家法」，自動車事故については「自動車損害賠償保障法」，
労働者保護については「労働基準法」などがあります。これらの法律は民法との関係では特
別法となり，まず特別法が適用され，特別法に規定がないものについては一般法である民法
が適用されます。
　1つの事項について規定している法律が複数ある場合，当事者各々が自分に都合のよい方
の法律の適用を求めたのでは，問題の解決は図れません。そこで，これら複数の法律の間の
効力関係や適用の優先順位についてのルールを決めておかなければなりません。その1つの
ルールが「特別法は，一般法に優先する」という原則です。

(3) 実体法と手続法の分類

　権利義務の実体を規定する法を**実体法**とよびます。具体的には，権利義務の発生，変更，
消滅，内容，性質，所属などについて規定したものです。一方，**手続法**とは権利義務の実現
の仕方（手続）を規定した法です。つまり権利義務の行使，保全，履行，強制などの手続に
ついて規定したものです。例を挙げると次のとおりです。

●実体法：憲法，民法，刑法，商法など
●手続法：民事訴訟法，民事執行法，刑事訴訟法など

　例えば，AさんがBさんから1億円の借金をした場合に1億円を返す義務があることや，その場合の利息などについて決めるのは実体法である民法です。これに対して，金を返さない場合に，強制的に返還させる手続を規定しているのが手続法である民事訴訟法や民事執行法などです。

(4) 強行法と任意法との分類
　強行法は，当事者の意思にかかわらず適用される法です。一方，**任意法**は，当事者の意思が明確であれば先にそれが優先されて，当事者の意思が明確でない場合に補充的に適用される法です。
　一般的に公法は大部分が強行法に属し，私法は大部分が任意法に属します。ただし，これも条文の内容を踏まえて検討しなければなりません。
　例えば民法の債権に関する規定の大部分は，任意法に属します。なぜならば，**債権**はあくまでも当事者間の意思表示の合致で法律関係が決まります。そして合意した特定の当事者以外の人には影響を及ぼさないため，当事者の意思を優先することになります。しかし，民法の中でも物権法に関する規定は強行法に属するものが多くあります。これは，**物権**というのは，特定の当事者間だけでなく誰に対しても主張できる強力な権利（絶対的排他的権利といわれています）だからです。特定の当事者の意思表示で「絶対的排他的権利」の内容を変えられるのでは周りの人が困ってしまいます。同様に，家族，親族法も強行法に属するものが多くあります。これは，当事者の合意で「一夫多妻制」や「一妻多夫制」を認めたのでは善良な風俗が保てないためです。

④ 法　源

　法源とは，通常，法の存在する形式のことであり，裁判官や行政職員などが法の解釈・適用に際して根拠とすることができる規範を意味します。わが国でこのような意味における法源性を有するとされるものは，制定法，慣習法，判例（法）ですが，このほかに条理が法源性を有するかが問題とされています。個別に説明していきましょう。

(1) 制定法
　制定法とは，立法機関である議会によって制定された法規範をいいます。一般的に文書形式であるため**成文法**といわれることもあります（これに対して次に説明する慣習法は不文法であるといわれます）。わが国の制定法には，先ほど説明したように，憲法のほか，法律，政令，命令，条例，規則などがあります。制定法は，上位法が下位法に優先し，後法（新法）が前法（旧法）に優先します。

(2) 慣 習 法

慣習法とは，社会に存在する各種の慣習のうち，その慣習がその社会で法的拘束力がある
と意識されているものをいいます。慣習法は，現在，制定法を補完するものとして，効力を
有していると考えられています。多くの場合，判例によって具体化されています。その意味
で慣習法は法源性を有していると考えられています。

(3) 判　　例

最高裁判所が具体的な事件について裁判において下した判断を**判例**といいます。例えば，
刑事訴訟法 405 条が，判例と相反する判断をした場合に上告を認めていたり，裁判所法 10 条
3 号が，従前の最高裁判例と異なる意見である場合には大法廷で行うべきことを規定したり
していることから，判例も法源性を有するのではないかということが問題とされています。
国民に行動の予測を与え，自由を保障するという観点からは，むやみに判例変更をするこ
とは好ましいことではありません。このため判例は，先例として後の事件解決の指針とすべ
きものといえます。しかし，一方で，判例は，裁判官の下す判断であり，制定法のような法
的根拠を有しないこと，状況によっては判例変更の可能性があることなど先例としての法的
安定性に疑問もあります。そのため，判例を判例法として法源性を認めることには積極論と
消極論とが存在しています。
なお，高等裁判所や地方裁判所の判決は，**裁判例**といわれ，判例とは区別されています。

(4) 条　　理

条理とは，言葉の意味としては，ものの道理や事柄の筋道のことです。法学において条理
が問題となるのは，法源性を有するか否かです。それは，裁判官が裁判をするにあたり，制
定法，慣習法，判例のいずれによっても具体的な事件の最終的な解決に向けたよりどころと
なる基準が存在しない場合に，最後の手段として**条理によった判断**をすることがあるためで
す。一般的に条理が法源性を有するかについては否定的に解されているように思われます。
しかし，例えば，民法 1 条 2 項の信義則の規定や同条 3 項の権利濫用の禁止の規定のように，
実質的に条理を根拠としているように思われる規定も存在しています。

10-02　自治立法権

憲法 94 条は「地方公共団体は，（略）法律の範囲内で条例を制定することができる」と規
定し，地方公共団体が自治行政権とともに**自治立法権**を有することを保障しています。すな
わち，地方公共団体は，自らその事務を処理し，また，その事務を処理するために必要な事
項について条例や規則を制定する権能を有しています。なお，知事・市町村長も住民によっ

て直接選挙される存在であることなどを理由に知事等の制定する「規則」も憲法 94 条の「条例」に含まれ，その制定権が憲法で保障されていると考えられています（佐藤憲法, 613 頁）。

①自治立法の限界

　地方自治法 14 条 1 項及び 15 条 1 項は共に「法令に違反しない限りにおいて」条例，規則が制定できる旨を規定しています。この**法令の範囲内**という場合の「法令」には，形式的意味の法律（法律という名前の規範）のほかに，これに基づく政令，省令などの命令も含みます。

　地方公共団体の条例，規則も国家の法体系の一部を構成するものであり，法律及びこれに基づく命令と矛盾抵触したまま存在することは許されません。このような意味で条例，規則は，その規定事項は法令に違反することができず，また，その形式的な効力は，法令に劣るものです。

②条　　　例

(1) 条例の意義

　条例とは，地方公共団体が，法令に違反しない限りにおいて，議会の議決を経て，その自治権に基づいて制定する法規です（14 条 1 項）。地方公共団体がこのように自らの法を制定できることは，憲法が直接これを保障しているので，その自治権の範囲に属する限り，条例で住民の権利義務に関する法規範たる定めをすることについては，特に法律の授権を必要としません。

　この点で，法律の委任によるものでなければ法規を定めることのできない**政令**，**省令**などと性質を異にします。住民一般の権利，自由の制限に関する事項については，必要最小限度にとどめるべきであり，かつ，その規制形式は法令に特別の定めがある場合を除き，条例でこれを定めなければなりません（14 条 2 項）。

(2) 条例の分類

❶基本条例

　基本条例とは，政策，対策に関する基本方針・原則・準則・大綱を明示したものです。地方公共団体のまちづくりの基本的なルールを定めた自治基本条例，議会運営の基本的なルールを定めた議会基本条例のほか，土地利用基本条例や環境基本条例のように個別行政分野の基本的なルールを定めたものもあります。

❷実体的規定を有する条例

　基本条例は基本的なルールを定めたものですが，条例の多くは実体的な権利義務や具体的な制度を規定しています。そのような条例は，表 10-1 のように分類することができます。

(3) 条例の所管事項

　地方自治法 14 条 1 項は，「普通地方公共団体は，法令に違反しない限りにおいて第 2 条第

表 10-1 条例の分類

大分類	小分類	内　　　容
①組織規範		特定の行政機関の組織に関して定めたもの
	①行政内部条例	地方公共団体の組織，職員の人事その他の内部事項を定める条例 例：組織条例，定数条例等
②根拠規範		組織規範を前提に，行政の活動につき実体的要件・効果を定めたもの
	①規制条例	住民の権利を制限し，義務を課すための条例 例：路上喫煙禁止条例，客引き行為禁止条例等
	②給付条例	住民に権利を与え，又はサービスを提供するための条例 例：子ども医療費助成条例，奨学金給付条例等
③規制規範		行政活動実施の適正を図るために定めたもの
	①手続条例	執行機関の活動について手続を定める条例 例：行政手続条例

2項の事務に関し，条例を制定することができる」と定めています。ここで，地方自治法2条2項の事務とは，「地域における事務及びその他の事務で法律又はこれに基づく政令により処理することとされるもの」であり，地方公共団体において処理する事務に関しては，すべて条例で規定することができます。ただし，法令の規定により規則等で定めることとされ，又は知事・市町村長その他の執行機関の専属的権限とされているもの（会計管理者の補助組織の設置（171条5項など））については，条例を制定することはできません。

　このうち，義務を課し，又は権利を制限するには，法令に特別の定めがある場合を除き，条例によらなければなりません（14条2項）。これは，いわゆる**侵害留保の原則**を定めたもので，義務を課し，又は権利を制限する規定は，法令において直接定められている場合や，法令が条例以外の規則等に委任している場合を除き，条例でなければ定められない事項，すなわち**必要的条例事項**としているものです。

　この他にも地方自治法において，次のとおり条例で定めなければならないものが規定されています。

①事務所の位置を定め又はこれを変更しようとするとき（4条1項）

②地方公共団体の休日を定めること（同条の2第1項）

③都道府県，市町村の議会の議員の定数を定めること（90条1項，91条1項）

④普通地方公共団体が会派又は議員に対し政務活動費を交付すること（100条14項）

⑤普通地方公共団体の執行機関に附属機関を設置すること（202条の3第1項）

⑥職員の報酬，給料の額等を定めること（203条4項，204条3項）

⑦分担金，使用料，加入金及び手数料に関する事項を定めること（228条1項）

⑧公の施設の設置及びその管理に関する事項を定めること（244条の2第1項）

（4）条例の制定範囲

❶基本的人権の制限の可否について　　憲法は，**基本的人権**としてさまざまな人権を保障しています。しかし，どのような人権であっても他の人権との衝突を調整するために必要な場合には制限を受けることがあります。

　つまり，法律や条例によれば，必要な場合には人権を制限することは可能なのです。それがこれまでに説明をしてきた**侵害留保の考え方**です。例えば，都市景観を守るために屋外広告物の設置という権利（表現の自由あるいは営業活動の自由）を制限するようなことがこれに当たります。この**人権調整のための条例**については，関係する人権の性質によって条例制定権の範囲は異なることになります。

　ⓐ**二重の基準論**　　人権制約の可能性については，従来は精神的自由と経済的自由とを分けて判断を行うという**二重の基準論**が有力でした。この説では，精神的自由に対する制約と経済的自由に対する制約とについて次のように考えています。

　◉**精神的自由との関係（憲法 21 条等）**

　憲法で保障する**精神的自由**には，思想・良心の自由（憲法 19 条），学問の自由（憲法 23 条），表現の自由（憲法 21 条），集会・結社の自由（同条）等があります。この精神的自由は，民主主義国家である日本において非常に重要な基本的人権です。言いたいことを言い，知りたいことを知るといった権利は，民主主義の基本となるものです。精神的自由が不当に制約されると，民主的な政治過程そのものが損なわれるので，裁判所が積極的に介入して，民主主義を修復するために厳格な審査を行うことが必要と考えられています（芦部憲法, 202 頁）。

　◉**経済的自由との関係**

　経済的自由とは，職業選択の自由（憲法 22 条 1 項），居住・移転の自由（同条 1 項），財産権（憲法 29 条）など住民が自由な経済活動を行うための権利です。

　経済的自由の制限については，民主主義が正常に機能している限り，民主主義の過程を通じて，経済的自由に対する不当な規制を除去，是正することが可能であり，立法府の裁量を尊重する必要があります。また，経済的自由の制約は，社会・経済政策の問題と関係することが多く，そのために立法機関に広範な裁量がゆだねられていると考えられます。従って，先ほどの精神的自由とは異なり，条例による制限が広範に認められます。

　経済的自由の規制には，消極的規制と積極的規制とがあり，それぞれ次のような判断が行われます。

【**消極的規制**】　　**消極的規制**とは，国民の生命，健康に対する危険を防止するための規制です。条例制定権の範囲について厳格な合理性の基準に基づいて，規制目的の必要性・合理性及び「同じ目的を達成できる，より緩やかな規制手段」の有無を**立法事実**（立法の必要性・合理性を支える社会的・経済的な事実）に基づいて考えなければなりません。

判　例：奈良県ため池条例違反事件（最判昭和 38 年 6 月 26 日刑集 17 巻 5 号 521 頁）では，「この
　　　条例は，ため池の堤とうを使用する財産上の権利の行使を著しく制限するものであるが，そ
　　　れは公共の福祉のための社会生活上のやむを得ないものであって，憲法の保障する財産権の
　　　行使のらち外にあるものであるから，条例でこれを制限しても憲法に抵触しない」と判示し
　　　ています。

【積極的規制】　　　**積極的規制**とは，経済の調和のとれた発展を確保し，特に社会的，経済的
弱者を保護するためにされる規制です。条例制定権の範囲については，明白性の原則に基づ
いて，当該規制あるいは内容が著しく不合理であることの明白な場合に限って条例による制
限が許されないことになります。つまり，広範な条例制定権が認められることになります。

ⓑ三段階審査説　　　先の二重の基準論は通説的見解ですが，人権制約の可否に関して違憲
審査基準が明確ではないという批判もなされています。そこで，近年，「三段階審査説」とい
われる考え方が主張されるようになってきました。三段階審査説では，人権制約の可否につ
いての考え方がより明確になるので，条例制定に関しても非常に参考になると思います。こ
こで簡単に説明しておきましょう。

三段階審査説によれば人権制約の可否を三段階で考えます。

まず，第一段階では，法律や条例の規制の対象となる行為が憲法上の「保護範囲」に入る
か，あるいは人権として保障されるかを判断します。これを**保護範囲**の確定とよびます。

そして，保護範囲に入ると判断されると，次に第二段階として，問題となる行政機関等の
行為や立法が憲法上の権利を「侵害」するかどうかを判断します。これを**侵害の有無の審査**
といいます。

そして，侵害すると判断された場合には，行政機関などの行為や立法の違憲性が推定され
ます。最後の第三段階審査論では国や地方公共団体が行う人権制約行為や立法が正当化され
るかどうかを判断します。これを**正当化の可否の審査**といいます。

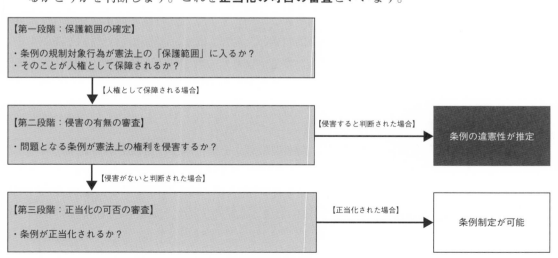

図 10-3　三段階審査説

例えば，表現の自由や信教の自由等の自由権に対する制約を正当化するためには，以下の実質的な条件を満たす必要があるとされています（木村憲法の急所，9頁）。

> ①自由権を制約する国家や地方公共団体の目的が正当であること
> ②その国家等の行為が目的を実現するために役立つこと
> ③同じ程度にその目的を達成する，より制限的でない方法がないこと
> ④その目的が制約される自由権よりも価値が高いと評価できること

❷ 条例と法律との関係

憲法94条において，地方公共団体は，「法令に違反しない限りにおいて」，条例を制定することができることとされています。かつては，法令が規制対象としている領域は，およそ条例は制定できないという解釈（法律先占理論）が有力でした。現在では，最高裁判決を踏まえて，法令と条例の対象事項と条文の文言のみで判断するのではなく，それぞれの趣旨，目的，内容及び効果を比較し，法令と条例との間に矛盾抵触があるかどうかによって判断されています。

そこでは，条例と法律との関係に関する判例を見てみましょう。

判　例：徳島市公安条例違反事件（最判昭和50年9月10日刑集第29巻8号489頁）。「条例が国の法令に違反するかどうかは，両者の対象事項と規定文言を対比するのみでなく，それぞれの趣旨，目的，内容及び効果を比較し，両者の間に矛盾抵触があるかどうかによってこれを決しなければならない（略）ある事項について国の法令中にこれを規律する明文の規定がない場合でも，当該法令全体の趣旨からみて，右規定の欠如が特に当該事項についていかなる規制をも施すことなく放置すべきものとする趣旨であると解されるときは，これについて規律を設ける条例の規制は国の法令に違反する……特定事項についてこれを規律する国の法令と条例が併存する場合でも，後者が前者とは別の目的に基づく規律を意図するものであり，その適用によって前者の規定の意図する目的効果をなんら阻害することがないときや，両者が同一の目的に出たものであっても，国の法令が必ずしもその規定によって全国的に一律に同一内容の規律を施す趣旨ではなく，それぞれの地方公共団体において，その地方の実情に応じて，別段の規制を施すことを容認する趣旨であると解されるときは，国の法令に違反する問題は生じえない」。

判　例：高知市普通河川等管理条例違反事件（最判昭和53年12月21日民集第32巻9号1723頁）。「河川の管理について一般的な定めをした法律として河川法が存在すること，しかも同法の適用も準用もない普通河川であっても，同法の定めるところと同程度の河川管理を行う必要が生じたときは，いつでも適用河川又は準用河川として指定することにより同法の適用又は準用の対象とする途が開かれていることにかんがみると，河川法は，普通河川については，適用河川又は準用河川に対する管理以上に強力な河川管理は施さない趣旨であると解さ

148

> れるから，普通地方公共団体が条例をもって普通河川の管理に関する定めをするについても（普通地方公共団体がこのような定めをすることができることは，地方自治法2条2項，同条3項2号，14条1項により明らかである。），河川法が適用河川等について定めるところ以上に強力な河川管理の定めをすることは，同法に違反し，許されない」。

　この最高裁判決から，法律と条例の関係について以下の4つの判断基準を導き出すことができます。

①ある事項について法令が規律していない場合でも，当該法令がいかなる規制もしないで放置する趣旨であるときは，これを規律する条例は法令に違反する。
②ある事項について法令と条例が併存する場合でも，条例が法令とは別の目的に基づくものであり，かつ法令の意図する目的と効果を阻害しないときは，条例は法令に違反しない。
③法令と条例が併存する場合に，両者が同一の目的に基づくものであっても，法令が全国一律の規制を施す趣旨ではなく，地方の実情に応じて別段の規制を施すことを容認する趣旨であるときは，条例は法令に違反しない。
④ある事項について法令が規律していない場合でも，法令が条例で法令の規律よりも厳しい規律を行うことを許容していないときは，そうした規律を行う条例は法令に違反する。

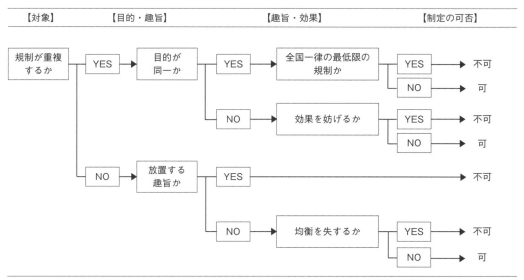

（自治体政策法務講義（磯崎初仁）：204頁）

❸規則との関係　　条例が議会の議決を経て制定される自治立法であるのに対し，**規則**は知事・市町村長が定める自治立法です。両者はいずれも住民の信託を受けた，いわゆる二元代表の機関として制定するものですが，別個の立法形式です。原則としてそれぞれが規定すべき領域は異なります。しかし，法令において明確に，条例で規定するべき事項あるいは規則で規定すべき事項とされている以外の事務については，条例によっても規則によっても規定することは可能です。そのような事務には**条例と規則の効力関係**が問題となります。そして法令の形式的効力関係から条例が規則に優先するものと考えられます。

❹都道府県条例と市町村条例との関係　　**都道府県条例と市町村条例が抵触した場合**について，地方自治法2条16項の規定を根拠に，抵触する限度で市町村条例が無効となると解する説もあるようです。しかし，この2条16項は確かに「市町村及び特別区は，当該都道府県の条例に違反してその事務を処理してはならない」と規定していますが，その前提としてその事務が都道府県の事務か市町村の事務かを考える必要があります。

　もし都道府県が市町村の事務について条例を制定しているのであれば，その条例は地方自治法14条1項の規定に違反し無効となります。もっとも都道府県の事務と市町村の事務との区分は明確ではないため，共通して所管する部分がありえます。そのような部分についての規制行政にあっては，規制を受ける人の立場からは都道府県による規制と市町村による規制との二重の規制を受けることになるため，慎重な検討が必要です（塩野行政法Ⅲ，192頁）。

(5) 条例の罰則

　条例の実効性を担保し，行政目的の実現を保障するため，条例により**罰則**を設けることができます。条例に定めることができる罰則には，行政刑罰（14条3項など）と行政上の秩序罰である過料（14条3項，228条2項，3項など）とがあります。罰則は，行政上の義務を負う者に対しては刑罰又は過料をもって心理的圧迫を加えてその義務違反を予防し，現実に義務に違反した者に対してはそれ相当の刑罰又は過料を科して，その自由を奪い，重い負担を課し，強制力をもって一定の行政目的を実現しようとするものです。従って，罰則規定を定めるに当たっては，特に慎重・適正を期し，必要やむを得ない場合に必要やむを得ない限度に限り定めるべきです。

(6) 条例の効力

　条例は，地方公共団体の公告式条例等の定めるところにより，公布され，施行された後，初めてその効力を生じます。**条例の効力**には「**❶地域的効力**」「**❷人的効力**」「**❸時間的効力**」があります。

❶地域的効力　　地方公共団体の権能は，その地方公共団体の区域に限られ，他の地方公共

団体の区域に及ぶものではないため，**条例の地域的効力**は，その地方公共団体の区域内に限られます。ただし，法令の特別の定めにより，区域外に公の施設を設置した場合（244条の3）などには，区域外にも効力が及ぶ場合があります。

❷人的効力　条例はその地方公共団体の区域のすべての人に効力が及びます。したがって，その地方公共団体の住民のみならず，その区域内に一時滞在する者，旅行者，通行者などすべての人に適用され，また，自然人であると法人であるとを問わず，日本人であると外国人であるとを問わず適用されます。これを**条例の人的効力**とよびます。

　逆に，当該地方公共団体の区域外にある者に対しては，当該地方公共団体の住民であっても，原則として適用されません。また，外国人については，条約その他の定めによって適用が除外される場合があります。ただし，地方公共団体の職員の給与，勤務条件等を定める条例のように，条例が当該地方公共団体の区域を越えて属人的に適用される場合もあります。

❸時間的効力　条例は，それが現実に対象に対して効力を生じるためには，公布され，更に施行されなければなりません。すなわち**条例の時間的効力**です。それまで未発動の状態にあった条例の効力が，現実に発動し，作用するようになることを**施行**とよびます。すなわち施行は，条例の効力の始期を意味します。条例の施行期日は，その条例の附則で定めるのが通例ですが，その条例に特別の定めのない場合は，公布の日から起算して10日を経過した日から施行されます（16条3項）。条例は，その条例の廃止，有効期限の到来，根拠法令の消滅などによって，その効力を失います。

③規　　則

(1) 規則の意義

　規則とは，知事・市町村長が，法令に違反しない限りにおいて，その権限に属する事務に関して制定する自治立法です（15条1項）。**規則と条例との関係**は，国の命令と法律との関係（命令は，法律の委任がない限り，独立に法規たる定めをすることができない）に類似するように考えられますが，規則は公選された知事，市町村長が制定するものであるため憲法において地方公共団体の自主法として制定することが保障されており，国の法令又は条例の授権の有無にかかわりなく知事・市町村長が独自に制定することができる点では，条例と同じです。

　条例が住民の代表機関である議会の議決を経て制定されるものであるのに対して，規則が議会の議決を経ずに知事・市町村長によって単独で制定されるものであるという制定手続に違いがあるにすぎません。ただし，地方自治法の規定により，地方公共団体は，義務を課し，又は権利を制限することは条例で規定しなければなりません（14条2項）。

(2) 規則の所管事項

知事・市町村長は，その権限に属する事務について規則を制定することができます（15条1項）。この知事・市町村長の権限に属する事務に関して，地方自治法148条は，「普通地方公共団体の長は，当該普通地方公共団体の事務を管理し及び執行する」と規定しています。これは，知事・市町村長の統括代表権を規定する147条及び知事・市町村長の担任事務を規定する149条と併せて，知事・市町村長の権限の包括性及び網羅性を規定しているものとされています。

したがって，この規定により，知事・市町村長は当該団体の事務処理について広く管理執行権限を有することの推定を受けることとなり，法令により他の執行機関の権限とされている事務でないものについては，知事・市町村長の権限に属する事務として考えることができます。

また，法令により，規則で定める旨規定されている場合は，その定めるところによります。条例又は規則のいずれの専属的管轄にも属さない事務については，いずれで規定しても差し支えないものと考えられます。

(3) 規則の所管事項の限界

知事や市町村長が定める規則は，「法令に違反しない限りにおいて」制定することができるものであり，**規則制定権の限界**については条例の場合と同様に考えることができます。また，他の行政委員会などの権限に属する事務にはその制定権が及ばないことは当然です。

(4) 規則の罰則

条例と同様，その実効性を担保するため**規則に罰則**を設けることができます。地方自治法15条2項は，「普通地方公共団体の長は，法令に特別の定めがあるものを除くほか，普通地方公共団体の規則中に，規則に違反した者に対し，5万円以下の過料を科する旨の規定を設けることができる」と規定し，規則には，法令に特別の定めがあるものを除くほか，いわゆる行政上の秩序罰としての過料を科する旨の規定を設けることができることを保障しています。

法令の特別の定めには，漁業調整規則違反に関する罰則（漁業法65条3項，4項）などの規定があります。過料は行政上の秩序罰であり，刑罰ではありません。したがって，刑法総則の適用はなく，また，これを科するのは裁判所ではなく知事・市町村長です。なお，規則に罰則規定を定めるに当たっては，必要最小限度に限るべきことは，条例の場合と同様です。

(5) 規則の制定改廃手続

規則は，知事・市町村長が制定する独立した法規ですから，**規則の制定改廃手続**においては議会の議決を要せず，知事・市町村長がこれを決定の上，公布し，施行します。

規則は，知事・市町村長が制定するものであり（15条1項），知事・市町村長の専属的権限

に属するものです。したがって，条例で規則を改廃することはできず，規則の改廃は規則で行わなければなりません。

　なお，規則を制定するに当たっては，その規則の制定又は改正が新たに予算を伴うものであるときは，必要な予算上の措置が適確に講ぜられるまでは，これを制定し，又は改正してはなりません（222条2項）。規則の公布及び施行の手続は，条例の場合と同様です。

(6) 規則の効力

　規則にも地域的，人的，時間的効力がありますが，**規則の効力**は条例の効力の及ぶ範囲と同様です。

④条例・規則の公布手続

　地方公共団体議会の議長は，条例の議決後3日以内に条例を知事・市町村長に送付しなければなりません。送付を受けた知事・市町村長は，再議に付す場合などを除いて，20日以内に条例を公布しなければなりません。

　条例は，知事・市町村長が署名して公布されることになりますが，その手続きについては各地方公共団体の条例で規定されています。

　なお，知事・市町村長の定める規則は，議会の議決は必要ないため，各地方公共団体の定めに従って決裁を経た後，知事・市町村長が署名して公布されます。

11 住民の自治権について

　この章では，地方自治における**住民の自治権**について学びます。

　住民自治は地方自治の柱の１つで，地方公共団体の行政運営は地域住民が決定するというものです。国政においては行政活動の内容が高度に政治的なこと等の理由により，原則として議会による**間接民主制**が採用されています。これに対して地方自治は住民に最も身近な行政活動として，原則としては間接民主制を採りながらも多くの**直接民主制**の制度が設けられています。**住民による直接請求**，**住民監査請求**，**住民訴訟**などの直接民主制の制度があります。

　これらの制度の中でも地方公共団体の職員にとって特に重要なのが住民監査請求，住民訴訟です。これらの制度は直接民主制として非常に有効な制度ですが，地方公務員にとってはとても厳しい制度です。この住民監査請求，住民訴訟の結果によっては，職員が個人として多額の損害賠償責任を負うこともありえるのです。実際に元市長が数十億円の賠償責任を負うという判決が出されたこともあります。そのような結果を招かないためにも，この制度を十分に理解しておく必要があります。

　さらに，近年は住民の行政活動への参加意識の高まりや行政の民営化の進展等に伴って，地方自治法で定められた制度だけではなく，**住民投票**や**パブリックコメント**などの新たな住民参加の制度の導入を図っている地方公共団体も数多くあります。読者の皆さんにはこのような新たな制度の理解も深めて，住民との協働を進めていただきたいと思います。

11-01　住民及び住民の権利・義務

①住民の意義

　地方自治法上，**住民**については「市町村の区域内に住所を有する者は，当該市町村及びこれを包括する都道府県の住民とする」と規定されています（10条1項）。国民については国籍を要件としますが，地方公共団体の住民には国籍を要件としないため外国人も含まれます。また，自然人のみならず法人も含まれるものとされます。

　また，住所について地方自治法に特に規定はないため，民法22条（各人の生活の本拠をその者の住所とする）の趣旨から**生活の本拠**と考えられます。法人の場合は主たる事務所の所在地（一般社団法人及び一般財団法人に関する法律4条）又は本店の所在地（会社法4条）が住所となります。

　地方公共団体は，権利，義務の主体となる住民を正確に把握しておく必要があります。そこで，地方自治法13条の2では「市町村は，別に法律の定めるところにより，その住民につき，住民たる地位に関する正確な記録を常に整備しておかなければならない」と規定し，この規定を受けて**住民基本台帳法**が制定されています。

②住民の権利・義務

　住民は，法律の定めるところにより，その属する地方公共団体の「役務の提供」を等しく受ける権利を有し，その「負担を分任する義務」を負います（10条2項）。この**役務の提供**とは，いわゆる行政サービスのことです。具体的には，①公の施設の利用，②各種福祉サービスの享受，③保険給付サービスなど地方公共団体の提供するサービス全般のことです。

　一方，**負担を分任する義務**とは，各種行政サービスに要する経費を平等に分かち合うことを意味します。実際に住民が負担するものとしては，地方税，分担金，使用料，加入金，手数料，さらには受益者負担金等があります。

11-02　住民の参政権

①住民の参政権について

　地方公共団体における主権者は住民であり，住民には主権の行使の手段として**参政権**が保障されています。この参政権には，最も基本となる選挙をはじめ，直接請求，住民監査請求・住民訴訟が地方自治法で規定されています。さらに各地方公共団体独自に住民投票制度，パブリックコメント制度，情報公開制度等が設けられています。

　地方自治において**住民参加**は非常に重要な役割を果たしています。国政においてはその内

容が高度に政治的なこともあって，原則として議会による間接民主制が採用されています。これに対して**地方自治**は住民に最も身近な政治として，原則としては間接民主制を取りながらも多くの直接民主制の制度が設けられています。近年は住民の行政活動への参加意識の高まりや行政の民営化の進展等に伴って，住民参加は行政にとって大きな位置を占めるようになってきています。ここでは，どのような住民参加の制度が法律上設けられているかを中心に学ぶことにしましょう。

②選　　挙

(1) 選挙権と被選挙権

憲法 93 条 2 項では「地方公共団体の長，その議会の議員及び法律の定めるその他の吏員は，その地方公共団体の住民が，直接これを選挙する」と規定し，これを受けて，地方自治法 11 条で「日本国民たる普通地方公共団体の住民は，この法律の定めるところにより，その属する普通地方公共団体の選挙に参与する権利を有する」と規定しています。この「参与する」とは，**選挙権**と**被選挙権**を意味し，住民にはこれらの権利が保障されています。

(2) 外国人の地方参政権

憲法 15 条 1 項は「公務員を選定し，及びこれを罷免することは，国民固有の権利である」と規定していますが，この**国民**は国民主権の原理から，日本国籍を有する者とされています。これに対して，地方自治法 11 条では**住民**と規定しているため，この「住民」に外国人が含まれるかが問題となっています。これがいわゆる**外国人の地方参政権**の問題です。

この点について最高裁は以下のように法律で参政権を付与することを認容しています。

判　例：憲法第 8 章の地方自治に関する規定は，民主主義社会における地方自治の重要性に鑑み，住民の日常生活に密接な関連を有する公共的事務は，その地方の住民の意思に基づきその区域の地方公共団体が処理するという政治形態を憲法上の制度として保障しようとする趣旨に出たものと解されるから，わが国に在留する外国人のうちでも永住者等であってその居住する区域の地方公共団体と特段に緊密な関係を持つに至ったと認められるものについて，その意思を日常生活に密接な関連を有する地方公共団体の公共的事務の処理に反映させるべく，法律をもって，知事・市町村長，その議会の議員等に対する選挙権を付与する措置を講ずることは，憲法上禁止されているものではないと解するのが相当である（傍点筆者。最判平成 7 年 2 月 28 日 民集 49 巻 2 号 639 頁）。

③直接請求

地方自治法には，間接民主制を補完するために，選挙権を有する住民の一定割合の署名を要件とする各種の**直接請求制度**が定められています。

(1) 条例の制定改廃請求

条例の制定改廃請求とは，選挙権を有する住民が，その総数の50分の1以上の者の連署をもって，その代表者から，知事・市町村長に対し，条例の制定・改廃を請求するものです（74条1項）。ただし，「地方税の賦課徴収」「分担金，使用料及び手数料の徴収」に関する条例は，地方公共団体の財政基盤を危うくする可能性があるため，直接請求の対象として適当ではないとの考え方に基づいて請求の対象から除外されています。

この条例の制定改廃の請求があったときは，知事・市町村長は直ちに請求の要旨を公表するとともに，請求を受理した日から20日以内に，議会を招集し，意見を付けてこれを議会に付議し，その議決の結果を請求の代表者に通知すると同時に，それを公表することになります（同条2項，3項）。

法文から明らかなように，この条例の制定改廃請求で住民に認められているのは条例の制定改廃についての提案のみであり，請求された条例の制定改廃は，議会の判断にゆだねられています。このため，住民が，いくら選挙権を有する住民の50分の1以上の署名を集めたとしても，議会がその請求に基づく条例案を否決してしまえば，請求の目的は達せられないことになります。

(2) 事務監査請求

有権者が，その総数の50分の1以上の者の連署をもって，その代表者から，監査委員に対し，当該地方公共団体の事務の執行に関し，監査を請求することができます（75条1項）。これを**事務監査請求**とよびます。

監査委員は，請求があったときは，直ちに請求の要旨を公表し（同条2項）。その後，請求にかかわる事項につき監査し，その結果の報告を決定して，これを請求の代表者に送付しかつ公表すると同時に，議会・知事・市町村長その他の関係執行機関にも提出しなければなりません（同条3項）。

(3) 議会解散請求

選挙権を有する住民が，その総数の3分の1[1]以上の者の連署をもって，その代表者から選挙管理委員会に対し，議会の解散を請求することができます（76条1項）。これが，**議会解散請求**です。選挙管理委員会は，議会の解散請求を受けたときは，選挙人の投票に付さなければならず（同条3項），解散の投票で過半数の同意があったときに議会は解散することになります（78条）。いわゆる**リコール制度**です。この規定は，議員・知事・市町村長の解職請求と共に，特定の政策について住民の意思を問う住民投票の代替的機能を果たしてきたといわ

---

[1] 有権者数が80万を超える場合⇒（有権者数−80万）×8分の1＋40万×6分の1＋40万×3分の1。有権者数が40万〜80万の場合⇒（有権者数−40万）×6分の1＋40万×3分の1。

れています。

　ただし，人口規模の大きい地方公共団体では，法定期間内に必要とされる数の署名を集めるのは非常に難しいという難点があります。

(4) 議員・知事・市町村長の解職請求

　議員，知事・市町村長の解職請求には，原則として選挙権を有する住民の総数の3分の1（有権者数が40万以上の場合は，議会解散請求と同じ特例があります。）以上の連署が必要となります（81条1項）。それらの請求は有権者住民の代表者から選挙管理委員会に対してなされ，その後に行われる選挙人の投票においてその過半数の同意があったときは，議員，知事・市町村長はその職を失います（83条）。議員の場合に選挙区が設けられているときは，これら一連の手続は選挙区単位で行われます。

　これもいわゆる**リコール制度**の1つです。議員・知事・市町村長の解職請求も，特定の政策について住民の意思を問う住民投票の代替的機能を果たしてきた面があるといわれています。

表 11-1　地方自治法上の直接請求の比較

種　類	対　象	要　件	請求先	効　果
条例の制定改廃の請求（12条1項，74条～74条の4）	条例（地方税の賦課徴収，分担金・使用料・手数料の徴収に関するものを除く）	有権者の50分の1以上の連署	知事・市町村長	請求受理の日から20日以内に議会に付議，結果を通知・公表する。
事務の監査（12条2項，75条）	地方公共団体の事務	有権者の50分の1以上の連署	監査委員	監査して結果を通知・公表する。
議会の解散請求（13条1項，76条～79条）	地方公共団体の議会	有権者の3分の1（有権者数が80万を超える場合⇒（有権者数－80万）×8分の1＋40万×6分の1＋40万×3分の1。有権者数が40万～80万の場合⇒（有権者数－40万）×6分の1＋40万×3分の1）以上の連署	選挙管理委員会	住民投票に付し，過半数の同意があれば議会は解散する。
議員，知事・市町村長等の解職請求（13条2項，80条～88条）	知事・市町村長，議員	有権者の総数の3分の1（有権者数が80万を超える場合⇒（有権者数－80万）×8分の1＋40万×6分の1＋40万×3分の1。有権者数が40万～80万の場合⇒（有権者数－40万）×6分の1＋40万×3分の1）以上の者の連署※議員の場合には選挙区があるときは選挙区単位とする。	選挙管理委員会	住民投票に付し，過半数の同意があれば失職する。※議員の場合には選挙区があるときは選挙区単位で住民投票を行う。
	副知事・副市町村長，選挙管理委員会委員，監査委員，公安委員会委員		知事・市町村長	議会に付議し，議会で議員の3分の2以上の出席で，その4分の3以上の同意があれば失職する。

(5) 主要役職員の解職請求

　副知事・副市町村長，選挙管理委員，監査委員及び公安委員会委員を対象とした**主要役職員の解職請求**もあります。議員，知事・市町村長の解職請求の場合と同様に，選挙権を有する住民の３分の１以上の連署が必要とされますが（86条１項），あくまで解職の発案にとどまり，議会の議決（議員の３分の２以上が出席し，その４分の３以上の同意）があったときにはじめて解職請求の対象となった主要役職員が失職することになります（87条１項）。

　このほか，教育委員会の委員（地方教育行政の組織及び運営に関する法律８条），農業委員会の委員（農業委員会等に関する法律14条）等には，各法律によって同種の解職制度が設けられています。

④住民監査請求

　地方自治法は，住民の直接参加の手段として，直接請求，住民監査請求・住民訴訟の制度を採用しています。その中でも最も重要なのが住民監査請求と住民訴訟です。**住民訴訟**については，「住民の参政措置の一環」（最判昭和38年３月12日民集17巻２号318頁），「法律によって特別に認められた参政権の一種」（最判昭和53年３月30日民集32巻２号485頁）といわれることもあります。もっとも，住民監査請求・住民訴訟の制度は，選挙権を有しない外国人や法人も利用しうることから，これを直接民主主義制度の一環として位置づけることには問題があるという見解もあります。

(1) 制度の趣旨

　住民監査請求は，地方公共団体の住民が知事・市町村長などの執行機関や職員について，違法又は不当な財務会計上の行為があると思ったときに，監査委員に対して監査を求め，必要な措置を求める制度です（242条１項）。住民が，地方公共団体の事務執行の在り方や税金の使い方をチェックすることにより，財政の適正な運営を確保し，住民全体の利益を守ることを目的とする制度であるといえます。

(2) 請求権者

　住民であればだれでも，自己の個人的権利利益とかかわりなく「住民全体の利益のために，いわば公益の代表者として」（最判昭和53年３月30日民集32巻２号485頁）地方公共団体の財務会計行為の適正を期すために，単独で請求を行うことができます。ここでいう**住民**は国籍を問われませんし，自然人であるか法人であるかも問いません。年齢も要件となっていないので，未成年者も請求権者に含まれます。

(3) 請求の対象

　請求の対象となる事項は，地方公共団体の執行機関又は職員の違法又は不当な「公金の支出」「財産の取得，管理，処分」「契約の締結，履行」「債務その他の義務の負担」「公金の賦

課，徴収を怠る事実」「財産の管理を怠る事実」です（242条1項）。

このように住民監査請求は，違法な場合のみならず不当な場合も対象としうる点で住民訴訟と異なります。

（4）請求手続

住民監査請求は，その要旨を記載した文書に，違法・不当な行為又は怠る事実を証する書面を添えて行います（242条1項）。この場合に監査請求の対象をどの程度特定する必要があるかが問題となりますが，判例では当該行為等を他の事項から区別して特定認識できるように個別的，具体的に摘示することを要すると，相当に厳格な特定を求めています（最判平成2年6月5日民集44巻4号719頁）。

（5）請求期間

住民監査請求は，当該行為のあった日又は終わった日から1年を経過したときは，正当な理由がない限り行うことができなくなります（242条2項）。ただし，財産管理等を怠る不作為の責任を追及する場合には期間の起算点となるべき財務会計上の行為が存在せず，不作為の状態は継続していることから，この請求期間の規定は適用されないものとされています（最判昭和53年6月23日判時897号54頁）。

（6）請求人の参加

監査委員は，監査を行うに当たっては，**請求人**に証拠の提出及び陳述の機会を与えなければなりません（242条6項）。監査委員は，請求人から陳述の聴取を行う場合又は関係のある知事・市町村長等の執行機関あるいは職員の陳述の聴取を行う場合において，必要があると認めるときは，関係のある知事・市町村長等の執行機関，職員又は請求人を立ち会わせることができます（同条7項）。

（7）監査請求に対する措置

監査委員は，監査を行い，請求に理由がないと認めるときは，理由を付してその旨を書面により請求人に通知するとともに，これを公表することになります。また，請求に理由があると認めるときは，当該地方公共団体の議会，知事・市町村長その他の執行機関又は職員に対し期間を示して必要な措置を講ずべきことを勧告するとともに，当該勧告の内容を請求人に通知し，かつ，これを公表しなければなりません（242条4項）。監査委員の監査及び勧告は，監査の請求があった日から60日以内に行わなければなりません（同条5項）。

⑤住民訴訟

違法な財務行為があったと考える場合には，住民はまず住民監査請求を行い，それでも是

正されないときは**住民訴訟**を提起することができます。住民訴訟は，アメリカで判例法上認められていた主観訴訟としての**納税者訴訟**（taxpayers' suit）をモデルにしてGHQの指示のもと1948年の地方自治法改正で導入されたものです。1963年の改正で，現在のように，**監査請求前置主義**が採用され，出訴権者も納税者ではなく住民となり，住民訴訟として再構成されてます。

　住民訴訟は，当該地方公共団体の住民であれば提起でき，その対象も比較的広く認められていることから，ひんぱんに利用されています。ただ，その反面，容易に訴訟を提起できるため濫訴の弊害も否定することはできません。

(1) 監査前置主義

　住民訴訟については，監査請求前置主義がとられています（242条の2第1項柱書）。つまり，住民訴訟を提起することができるのは，監査請求を行った上で次に該当する場合です。

①監査結果，監査委員の勧告，勧告に基づいてとられた措置に不服があるとき
②監査委員が所定の期間内に監査又は勧告を行わないとき
③議会，知事・市町村長その他の執行機関が監査委員の勧告に基づく措置を講じないとき

　住民訴訟提起の前に監査請求を経なければならないということから，監査請求前置主義といわれています。

　なお，適法な住民監査請求が監査委員により不適法であるとして却下された場合においては，当該請求を行った住民は，適法に住民監査請求を前置したものとして直ちに住民訴訟を提起することも再度の住民監査請求を行うことも認められています（最判平成10年12月18日民集52巻9号2039頁）。

(2) 住民訴訟の期間制限

　住民訴訟については出訴期間の制限があり，次の期間内に出訴する必要があります。

①監査結果又は勧告の内容の通知があった日から30日以内
②請求をした日から60日を経過しても監査委員が監査をしない場合は60日を経過した日から30日以内
③勧告を受けた機関又は職員の措置に不服がある場合には当該措置に係る監査委員の通知を受けた日から30日以内
④勧告を受けた機関又は職員が措置を講じない場合は，当該勧告に示された期間を経過した日から30日以内

(3) 住民訴訟の4つの類型

地方自治法242条の2では，**住民訴訟の4つの類型**を定めています（図11-1）。

4号請求については，2002年の地方自治法改正により，執行機関等を被告として知事・市町村長，職員，相手方への損害賠償等の請求を行うことを求める義務付け訴訟に再構成されています（図11-2）。

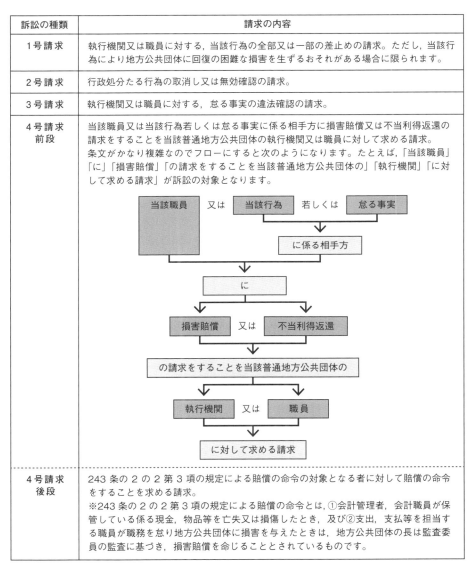

訴訟の種類	請求の内容
1号請求	執行機関又は職員に対する，当該行為の全部又は一部の差止めの請求。ただし，当該行為により地方公共団体に回復の困難な損害を生ずるおそれがある場合に限られます。
2号請求	行政処分たる行為の取消し又は無効確認の請求。
3号請求	執行機関又は職員に対する，怠る事実の違法確認の請求。
4号請求前段	当該職員又は当該行為若しくは怠る事実に係る相手方に損害賠償又は不当利得返還の請求をすることを当該普通地方公共団体の執行機関又は職員に対して求める請求。 条文がかなり複雑なのでフローにすると次のようになります。たとえば，「当該職員」「に」「損害賠償」「の請求をすることを当該普通地方公共団体の」「執行機関」「に対して求める請求」が訴訟の対象となります。
4号請求後段	243条の2の2第3項の規定による賠償の命令の対象となる者に対して賠償の命令をすることを求める請求。 ※243条の2の2第3項の規定による賠償の命令とは，①会計管理者，会計職員が保管している係る現金，物品等を亡失又は損傷したとき，及び②支出，支払等を担当する職員が職務を怠り地方公共団体に損害を与えたときは，地方公共団体の長は監査委員の監査に基づき，損害賠償を命じることとされているものです。

図11-1　住民訴訟の4つの類型

(4) 職員の個人責任

4号請求において職員の損害賠償責任を認めるには，当該職員に故意又は過失があること

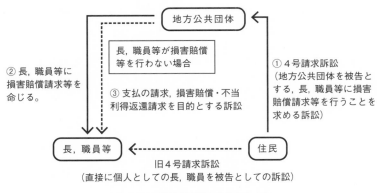

図11-2　4号請求訴訟の被告となる者

を要するでしょうか。この点は，地方公共団体の職員にとって重要な問題です。

　4号の賠償請求は，地方公共団体が職員に対して有する賠償請求権の行使を，住民が地方公共団体の執行機関等に求めるものとされています。このため，職員が地方公共団体に対して何らかの法律上の賠償責任を負うことが前提となります。そのような賠償責任を認める根拠としては，民法の債務不履行又は不法行為であろうと考えられます。そして，そのいずれについても，賠償責任が認められるためには，当事者の故意又は過失が必要です。したがって，住民訴訟においても長や職員に損害賠償を請求するためには，職員に故意又は過失があることが必要であると一般的に考えられています。

(5) 職員等への請求

　住民訴訟について賠償の命令を命ずる判決が確定した場合には，知事・市町村長は，その判決が確定した日から60日以内の日を期限として，職員等に対して賠償を命じなければなりません（242条の3第1項）。この賠償命令を行った場合に，判決が確定した日から60日以内にその賠償の命令に係る損害賠償金が支払われないときは，地方公共団体は，損害賠償の請求を目的とする訴訟を提起しなければなりません（同条2項）。この訴訟については，既に裁判所の判断を経ており，地方公共団体が財政負担を負う可能性はないため，議会の議決は必要ありません（同条3項）。

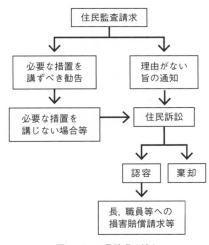

図11-3　4号請求の流れ

(6) 裁判費用の負担

　住民訴訟で住民が勝訴（一部勝訴を含む）したときは，弁護士費用のうち相当と認められる額を地方公共団体に請求することができます（242条の2第12項）。

(7)　地方公共団体の長等の損害賠償責任の従来の問題点（権利放棄議決）とその見直し等

　一審や控訴審の判決において，地方公共団体の長や職員に対する損害賠償責任が認められた後に議会の議決により，その損害賠償請求権を放棄するという事案があり，その放棄の有効性が訴訟において争われました。例えば，最判平成 24 年 4 月 20 日（民集 66 巻 6 号 2583 頁）は，4 号請求訴訟の控訴審口頭弁論集結前において，これらの債権を放棄する条例の制定がされその有効性等が争点となったものです。判決では，その有効性に関して，①各団体が不法な利益を目的でないこと，②各団体の業務が公益の増進に寄与するとともに市の事務，事業と密接関連を有すること，③本件補助金等は医療等の各種サービスの提供という形で住民に利益が還元されているものであること，④本件訴訟等を契機に条例の改正が行われ，以後，市の派遣先団体等において市の補助金等を派遣職員等の給与等の人件費に充てることがなくなるという是正措置が既に採られていること，を総合考慮すれば，市が本件各団体に対する上記不当利得返還請求権を放棄することが地方公共団体の民主的かつ実効的な行政運営の確保を旨とする地方自治法の趣旨等に照らして不合理であるとは認め難いとした上で，市議会の議決がその裁量権の範囲の逸脱又はその濫用に当たるとはいえず，その議決は適法であると判示しました。

　なお，このような事案を踏まえて，2020 年 4 月 1 日に地方自治法が以下のとおり改正されました。

●地方自治法の改正

　ⓐ**長等の損害賠償責任の限定について**　　地方公共団体の長や職員等の地方公共団体に対する損害賠償責任について，その職務を行うにつき善意でかつ重大な過失がないときは，賠償責任額を限定してそれ以上の額を免責する旨を条例において定めることができます。条例で定める場合の免責に関する参酌基準及び責任の下限額は政令において表 11-2 のとおり設定しています（243 条の 2 第 1 項）。なお，地方公共団体の議会は，この条例の制定又は改廃に関する議決をしようとするときは，あらかじめ監査委員の意見を聴かなければなりません（同条 2 項）。

表 11-2　政令の参酌基準

職の区分	下限額
普通地方公共団体の長	給与年額の 6 倍
副知事・副市町村長，指定都市の総合区長，教育委員会の教育長・委員，公安委員会の委員，選挙管理委員会の委員，監査委員，海区漁業調整委員会の委員	給与年額の 4 倍
人事委員会の委員，公平委員会の委員，労働委員会の委員，農業委員会の委員，収用委員会の委員，内水面漁場管理委員会の委員，固定資産評価審査委員会の委員，消防長，地方公営企業の管理者	給与年額の 2 倍
その他の職員	給与年額

ⓑ**損害賠償請求権等の放棄に関する議決について**　議会は，住民監査請求があった後に，その請求に関する損害賠償請求権等の放棄に関する議決をしようとするときは，監査委員からの意見を聴取しなければなりません（242条10項）。これによって，政治的判断のみならず，監査委員による中立的な判断を行うことが可能になります。

11-03　新たな住民参加制度

　地方自治法で定められた直接請求や住民監査請求・住民訴訟の制度以外にも，自治行政の多様な局面において，住民参加の要求が1960年代から顕著に高まってきました。ここからは**新たな住民参加制度**をみていくことにしましょう。

①住民投票制度

(1) 住民投票とは

　住民参加の形態は多様なものがありますが，法的観点から特に興味深いものが**住民投票制度**です。ただし，住民投票制度の導入には消極的な考え方と積極的な考え方との2つの考え方があります。

　まず，**住民投票制度導入に対する消極論**は現行の地方自治制度が間接（代表）民主主義を基本原則としていることから，この基本原則を最大限尊重しそれが有効に機能しない場合に限って例外的に住民投票という直接民主主義により間接（代表）民主主義を補完することが正当化されるとするものです。換言すれば，住民投票による間接（代表）民主主義に高い評価を与えるものといえます。

　これに対して，**住民投票制度導入に対する積極論**は直接民主主義を理想とし，現行の地方自治法が間接（代表）民主主義を採用しているのは，物理的・技術的に直接民主主義の実施が困難なため，次善の策にすぎないとします。したがって，住民投票制度の導入が可能であるならば，積極的にこれを導入することによって，直接民主主義の理想型に接近すべきであるということになります。

(2) 住民投票条例

　この住民投票を制度化した条例が**住民投票条例**です。1982年に制定された「窪川町原子力発電所設置についての町民投票に関する条例」をはじめとして，「巻町における原子力発電所建設についての住民投票に関する条例」「池子米軍住宅建設計画に関する住民投票条例」「日米地位協定の見直し及び基地の整理縮小に関する県民投票条例」等，社会的にも注目された住民投票条例が続々と制定されました。これまでに条例で導入された住民投票制度の中には，原子力発電所設置，産業廃棄物処理施設設置等，特定の問題に関するものが多く制定されています。

　しかし，近年は住民投票について積極的にとらえられる中で，特定の問題に限らないいわ
ゆる**常設型住民投票条例**が制定されています。この形の条例としては，1997 年制定の大阪府
箕面市市民参加条例，2000 年制定の愛知県高浜市住民投票条例，2003 年制定の広島市住民投
票条例，和光市市民参加条例，2012 年制定の草津市住民投票条例等が挙げられます。

(3) 住民投票の課題
　住民投票制度については，制度導入に当たって次のような課題があるといわれています。

> ①発動要件をどうするか，すなわち，有権者の一定割合以上の請求に基づいて行うこと
> 　とするのか，知事・市町村長・議会の発案で行うこととするのか
> ②定住外国人・未成年者にも投票権を与えるべきか
> ③あまりにも低い投票率で意思決定がなされないように最低投票率を設定するのか
> ④住民投票の対象についての選択肢（賛成・条件付賛成・反対等）をどのように定めるか

②パブリックコメント制度

(1) パブリックコメント制度とは
　地方公共団体が計画や条例などを策定，制定するときに，その内容を案の段階で住民に公
表し，案に対する意見などを考慮しながら最終案を決定するとともに，寄せられた意見など
に対する考え方もあわせて公表していく一連の手続を**パブリックコメント制度**といいます。
　この制度は，欧米では広く実施されており，わが国においては 1999 年 4 月に**「規制の設定**
又は改廃に係る意見提出手続」として各省庁に取り入れられていました。さらに，行政手続
法の改正において法制化されました（☞ 40, 41 頁）。また，一部の地方公共団体では，それ以
前から制度化されています。
　この制度を導入することにより，住民への意見募集についての統一的なルールを確立し，
行政運営の公正の確保や透明性の向上を図ることなどを目的として導入されています。

(2) 制度の対象事項
　パブリックコメント制度の対象については，各地方公共団体によって異なりますが，一般
的に次に掲げるものとされています。

> ①地方公共団体の施策に関する基本的な計画の策定又は改廃に係る案
> ②地方公共団体運営の基本方針を定めることを内容とする条例
> ③住民に義務を課したり，権利を制限したりする条例
> ④その他，執行機関等が特に必要と認めるもの

(3) 案の公表方法

地方公共団体の窓口や広報誌，ホームページへの掲載での閲覧や配布などを行うことが一般的です。また，報道機関への資料提供や事前の予告（案を公表し意見募集する旨）なども行われています。

(4) 意見の提出方法

案の公表時に，意見の提出期間，提出方法などを明示します。意見募集（意見提出）の期間は，各地方公共団体において1か月前後の期間を定めています。提出方法は，所管課への提出，郵便，電子メール，ファクシミリなどです。

(5) 提出された意見の取扱い

提出された意見などを考慮しながら最終案を決定するとともに，寄せられた意見などへの実施機関の考え方も案の公表時と同様の方法で公表されます。また，提出された意見を踏まえて公表した案を修正したときは，その修正内容及び修正理由を公表します。

12 行政情報の公開について

この章では，情報公開制度について学びます。

情報公開制度は，地方公共団体が保有する公文書を請求に応じて公開する制度です。情報公開制度の根拠としては，知る権利あるいはアカウンタビリティなどと説明されることが一般的です。

知る権利とは，国民が自由に情報を受け取り，又は，国家に対し情報の公開を請求する権利とされています。民主主義国家において住民が参政権を有効に行使するために，住民が行政情報に自由にアクセスできることは非常に重要です。一方，**アカウンタビリティ**（accountability）とは，「説明責任」という意味で使われています。このような考えのもとで，各地方公共団体では行政情報の開示制度を設けているのです。

近年，住民の権利意識の高まりや，制度の認識が広まったこともあって，住民からの開示請求の件数も増加しています。そのため，この制度の重要性はますます高まっています。一方では，情報開示に当たっては，**個人のプライバシー**にもかかわるものもあり，開示すべきものあるいは開示すべきでないものを適切に判断することも必要です。そのため，本章では，情報公開の手続あるいは開示決定の基準等の理解を深めていきましょう。

12-01　情報公開制度の経緯

　1982年3月に山形県金山町が全国の地方公共団体で初めて情報公開制度について規定した**「公文書公開条例」**を制定しました。また，都道府県では，1992年10月に神奈川県が**「神奈川県の機関の公文書の公開に関する条例」**を制定したのが初めです。国においてはこれよりも遅れて1999年5月14日に**「行政機関の保有する情報の公開に関する法律」**（以下「情報公開法」といいます）が制定されました。

　それではこの情報公開は，どのような考え方に基づいて進められるのでしょうか。行政機関の保有する情報の公開を行うことは，自由主義・民主主義国家においては，非常に重要な意味をもちます。**情報公開制度の根拠**としては，「知る権利」あるいは「アカウンタビリティ」などと説明されることが一般的です。

　特に「知る権利」という言葉は近年広く使われるようになっており，すでに多くの自治体で，情報公開条例の目的に「知る権利」を規定しています。ただ，情報公開法では，その目的に「知る権利」は位置づけられていません。情報公開法の制定過程では，この「知る権利」を明記するかどうかについて議論が重ねられました。結果的に，「「知る権利」という概念については，多くの理解の仕方があるのが現状である」ことや「最高裁判所の判例においては，請求権的な権利としての「知る権利」は認知されるに至っていない」（「情報公開法要綱案の考え方」（平成8年12月16日））ことなどから，「知る権利」が明文で規定されることはありませんでした。

　その後，情報公開法が制定され約10年が経過した2010年4月に，行政の透明性のあり方を検討するため，行政刷新担当大臣を座長とし，政務三役等で構成する「行政透明化検討チーム」が設置されました。そして，同年8月24日には情報公開法について抜本的な改正を行うべきとする「行政透明化検討チームのとりまとめ」がまとめられました。そのまとめでは，「国民が行政文書及び法人文書の公開を請求する権利は，健全な民主主義の根幹を支える極めて重要な権利であることにかんがみ，当該権利が憲法上の権利である「国民の知る権利」を具体化するものであることを，法目的に明示する。なお，現行法上，目的規定に記載されている政府の「説明責務」の観点は，これを維持」とされました。ただし，この法案は，審議未了により廃案となり，「知る権利」は法文上規定されていません。

12-02 情報公開制度の概要

　知る権利あるいはアカウンタビリティといっても，その内容は抽象的なものに過ぎないため，具体的な制度を明確に定めた立法等が必要です。国の機関については情報公開法が制定され，情報公開制度が運用されています。

　一方，地方公共団体の機関については各地方公共団体ごとに**情報公開条例や公文書公開条例**が制定されています。地方公共団体の情報公開制度の具体的な内容はそれぞれの条例等により異なりますが，基本的な制度は次のようなものになっています。

①開示請求権

　情報公開法3条では，開示請求権を「何人も」有すると規定しています。地方公共団体の情報公開条例においては，かつては請求権者を当該地方公共団体の在住，在勤の人とするもの，利害関係を有する者とするものなども見られましたが，現在はほとんどの地方公共団体が「何人」も開示請求権を有すると規定しています。

②情報公開制度の対象機関

　情報公開法では，**情報公開制度の対象機関**として各省庁等が規定されています（情報公開法2条1項）。また，各地方公共団体の情報公開条例では，情報公開の対象機関としての「**実施機関**」を定義しており，地方公共団体に置かれる機関（知事・市町村長，教育委員会等）がこれに含まれるものと規定されています。

　地方公共団体の出資法人については一般的に対象外とされています。そのため，多くの地方公共団体の条例で，外郭団体についても地方公共団体と同様の情報公開制度の設置することを求めています。

③開示対象文書

　情報公開法では，開示の対象となる文書を「行政機関の職員が職務上作成し，又は取得した文書，図画及び電磁的記録（電子的方式，磁気的方式その他人の知覚によっては認識することができない方式で作られた記録をいう。以下同じ）であって，当該行政機関の職員が組織的に用いるものとして，当該行政機関が保有しているものをいう」としています（情報公開法2条2項）。

　各地方公共団体の条例でも，**開示対象文書**の定義として情報公開法と同様の規定をしています。

④不開示情報の範囲

　情報公開条例においては，公文書は原則的に開示することとされ，不開示とする情報，す

なわち**不開示情報の範囲**を限定的に規定しています。その類型として，①法令などの定め及び国の指示によって開示できないもの，②特定の個人が識別できるもの，③法人や事業を営む個人の正当な利益を害するもの，④人の生命等の保護，公共の安全等に支障が生じるもの，⑤行政として公正，適切な意思形成に支障を及ぼすもの，⑥都道府県，市町村の事務事業の遂行に支障を及ぼすものなどが不開示の対象として規定されています。

(1) 法令秘情報及び国の指示による不開示情報

❶法令秘情報　法令又は他の条例等の規定により公にすることが禁止されている情報は，開示することはできません。こうした情報を法令秘情報といいます。

　なお，「法令」とは，法律，政令，府令，省令，その他国の行政機関が定めた命令をいい，「条例」とは，条例及び条例に基づき地方公共団体の長等が定めた規則をいいます。例えば，地方税に関する調査に関する事務に従事している者又は従事していた者が，その事務に関して知り得た秘密（地方税法第22条）や住民基本台帳に関する調査に関する事務に従事している者又は従事していた者が，その事務に関して知り得た秘密（住民基本台帳法35条）などのように，法令等の規定で明らかに開示することができない旨が定められている情報はもちろんですが，その他にも，法令等の趣旨，目的から開示をすることができないと認められる情報を含むものと考えられます。

❷国の指示による不開示情報　実施機関が法令により従う義務を有する国の行政機関の指示等により，公にすることができないと認められる情報も不開示情報とされています。

　例えば，宗教法人法に関する事務に関して，文化庁次長は，宗教法人法25条4項の規定により宗教法人から提出された書類について開示請求があった場合には原則として不開示の取扱いをするよう，各都道府県知事に対して指示していますが，この指示は地方自治法245条の9第4項に基づくもので各都道府県知事は従う義務を負います。

(2) 個人に関する情報及び個人の権利利益を害するおそれがある情報

❶個人に関する情報　不開示情報の中でも特に重要なのが，第三者の個人情報です。情報公開制度による情報公開によって第三者のプライバシーを不当に侵害するようなことがないように，慎重な判断が必要です。

❷個人の権利利益を害するおそれがある情報　個人に関する情報以外にも，特定の個人を識別することができないが，公にすることにより，なお，個人の権利利益を害するおそれがある情報も不開示情報として規定されています。特定の個人を識別できない個人情報であっても，個人の人格と密接に関連したり，公にすれば財産権その他の個人の正当な利益を害するおそれがあると認められるものが不開示とされます。

(3) 法人等に関する情報

　法人その他の団体に関する情報又は事業を営む個人の当該事業に関する情報のうち，公にすることにより当該法人等又は当該事業を営む個人の競争上又は事業運営上の地位等の社会的な地位が損なわれると認められるものは，不開示情報とされています。

(4) 公共の安全に関する情報

　公にすることにより，犯罪の予防，鎮圧又は捜査，公訴の維持，刑の執行等の公共の安全と秩序の維持に支障を及ぼすおそれがあると実施機関が認めることにつき相当の理由がある情報は，不開示とすることが認められます。ここで重要なポイントは，客観的に公共の安全に関するおそれがある情報を不開示とするのではなく，「実施機関が認めることにつき相当の理由がある情報」を不開示と規定している点です。

(5) 審議・検討・協議に関する情報

　国，地方公共団体の内部又は相互間における審議，検討又は協議に関する情報のうち，公にすることにより以下のおそれが生じるものについては不開示情報とされています。

- ●率直な意見の交換や意思決定の中立性が不当に損なわれるおそれ
- ●不当に住民の間に混乱を生じさせるおそれ
- ●特定の者に不当に利益を与え若しくは不利益を及ぼすおそれ

(6) 事務・事業に関する情報

　国や地方公共団体が行う事務又は事業に関する情報のうち，公にすることにより以下のおそれが生じるものは不開示情報とされています。

- ●監査，検査，取締り，試験又は租税の賦課・徴収に係る事務に関し，正確な事実の把握を困難にするおそれ又は違法・不当な行為を容易にし，その発見を困難にするおそれ
- ●契約，交渉又は争訟に係る事務に関し，国，地方公共団体等の財産上の利益又は当事者としての地位を不当に害するおそれ
- ●調査研究に係る事務に関し，その公正かつ能率的な遂行を不当に阻害するおそれ
- ●人事管理に係る事務に関し，公正かつ円滑な人事の確保に支障を及ぼすおそれ
- ●独立行政法人等，地方公共団体が経営する企業又は地方独立行政法人に係る事業に関し，その企業経営上又は事業運営上の正当な利益を害するおそれ

(7) 不開示約束による提供情報

実施機関の要請を受けて，公にしないとの条件で任意に提供した情報であって，第三者における通例として公にしないこととされているものなど当該条件を付することが当該情報の性質，当時の状況等に照らして合理的であると認められるなど公にすることにより，その信頼を不当に損なうことになると認められるものは不開示情報とされています。

⑤第三者による意見書の提出

開示請求の対象になっている行政文書に第三者に関する情報が含まれている場合には，その**第三者のプライバシー**や法人等の利益等に配慮し情報公開を行う必要があります。

実施機関は，開示についての決定をするに当たり，第三者に通知して意見書を提出する機会を与える制度が設けられています。実施機関は第三者の意見を考慮して開示，不開示の決定を行うことになります。

⑥開示請求に対する決定

実施機関は，請求対象文書の全部又は一部を開示するときは，その旨の決定（全部開示決定又は一部開示決定）をし，請求者に書面で通知します。不開示の場合には，開示をしない旨の決定（不開示決定）をし，請求者に書面で通知しなければなりません。所定の不開示事由に該当する場合のほか，請求対象文書が存在しない場合，請求が不適法である場合も，その旨の決定をすることになります。**不開示決定**あるいは**一部開示決定**の場合には，行政手続法（条例）に基づき，実施機関はその理由を提示しなければなりません。

⑦公文書の存否に関する情報

開示請求に係る公文書が存在しているか否かを答えるだけで，不開示情報を公開することとなるときは，当該公文書の存否を明らかにしないで，開示請求を拒否することになります。

例えば，特定の期日ごとに，刑事施設において特定の個人と九州管区警察局の職員との面接事実が分かる文書の開示請求に関して，答申では刑事施設における職員との面接の事実が分かる文書が「存在しているか否かを答えることは，特定個人が特定刑事施設に収容されている又は収容されていたという事実及び当該個人が九州管区警察局職員と面接したという事実の有無を明らかにする結果を生じさせると認められるものである。」と判断して，存否応答拒否処分は妥当であるとしています（情報公開・個人情報保護審査会答申平成19年度（行情）答申第321号）。

⑧開示決定等の期限

開示決定等は，開示請求があった日から条例等で定める一定期日以内にすることを原則とし，正当な理由があるときは，延長することができます。さらに，開示請求に係る公文書が

著しく大量であるため，事務の遂行に著しい支障が生ずるおそれがある場合には，当該公文書のうち相当の部分につき開示決定等をし，残りの公文書については相当の期間内に開示決定等をすれば足りるという規定を多くの地方公共団体が設けています。

⑨濫用的開示請求

(1) 問題点

開示請求権は主権者である住民に広く保障されなければなりません。そのため，開示請求は，原則として何ら制限されることなく請求目的等によらず広く請求が認められなければなりません。しかし，住民が開示請求権を濫用的に行使し，その対応に多くの時間と労力を費やす地方公共団体も多くなってきています。いわゆる濫用的請求の例としては次のようなものがあります。

---

① 正当な理由なく，対象文書の開示を受けずに請求を繰り返す。

② 同一文書への請求を繰り返す。

③ 特定の個人または職員等への誹謗，中傷，威圧，攻撃など情報公開と直接関係のない事柄を主たる目的とし，害意を持って請求する。

④ 開示請求の名目で職員を恫喝する。説明を強要する。

---

(2) 権利の濫用

権利の濫用とは，外見上権利の行使のようにみえるが，社会性に反し権利行使として認めることができない行為をいいます。民法1条3項では，「権利の濫用は，これを許さない」と規定しています。

開示請求権についても濫用は許されず，不適法なものとして却下することができると解されます。総務省で定める情報公開法に基づく処分に係る審査基準において権利濫用に当たるか否かの判断は，「開示請求の態様，開示請求に応じた場合の行政機関の業務への支障及び国民一般の被る不利益等を勘案し，社会通念上妥当と認められる範囲を超えるものであるか否かを個別に判断して行う」こととされ，「行政機関の事務を混乱又は停滞させることを目的とする等開示請求権の本来の目的を著しく逸脱する開示請求は，権利の濫用に当たる」とされています。権利の濫用として開示請求を認めなかった裁判例として東京高判平成15年3月26日（判例地方自治246号113頁），名古屋高判平成25年10月30日（判例地方自治388号36頁）などがあります。

(3) 著しく大量文書の開示請求

情報公開制度を利用して，担当職員を不当な負担をかけるなどの目的で，「○○課の文書す

べての開示を求める」などのように，著しく大量の文書の開示を請求する場合も濫用的請求の一類型と位置付けることができます。

　このような包括的な開示請求に関しては，情報公開請求書に記載が求められている「公文書を指定するために必要な事項」の記載がなく，不適法な開示請求であると解されます。

　例えば，地方公共団体の用地課又は道路建設課において平成13年度に生じた公文書全部について公開請求した事案に関して，「本件条例の定める公開請求制度上は，特定部署の公文書を包括請求する趣旨の記載は，特段の事情のない限り，「公文書を指定するために必要な事項」の記載には当たらない」として，「本件公開請求は，「公文書を指定するために必要な事項」の記載を欠く点において公開請求書に不備があり，不適法である」とした裁判例があります（東京高判平成23年7月20日判例地方自治354号9頁）。

⑩不服申立て

　情報公開の開示請求があった場合に，開示を全面的に拒否したり，あるいは一部のみの開示を認める場合には，行政不服審査法に基づく**審査請求**の対象となります。また，全部の開示を認める決定については，開示請求者には争う利益がありませんが，開示文書に第三者の情報が含まれるなど開示により不利益を受ける第三者に不服申立て，あるいは訴えをする利益が認められる場合があります。

　行政不服審査法の改正により，原則として審査請求があるとまず審理員が審理を行うことになりましたが，国における情報公開制度・個人情報保護制度における審査請求に関しては，法律の規定により審理員による審理手続が排除され，情報公開・個人情報保護審査会に諮問することとされています。

　地方公共団体においても同様に審理員審理を除外して，従来どおり情報公開審査会，個人情報保護審査会に諮問することとする自治体が多いものと考えられます。

⑪取消訴訟の提起

　開示請求に関する決定に対しては，決定の取消しを求める訴え，すなわち**取消訴訟**を提起することができます。この場合，決定に対して行政上の不服申立てを行うことは必要でなく，直ちに訴えを提起することも認められます。

　決定の取消しを求める訴えの原告は，必ずしも開示請求者とは限りません。行政文書の一部又は全部が開示されることになった場合に，それに反対する第三者が取消しの訴えを提起することもあります。

13 個人情報の保護

この章では，地方公共団体が保有する**個人情報の保護**について学びます。地方公共団体は，数多くの個人情報を保有しています。近年のプライバシーに対する意識の高まりから，その重要性はますます高くなっています。そのため，職員としては，個人情報の適正な管理に最大限の注意を払う必要があります。にもかかわらず，地方公共団体において，個人情報が流出したなどの問題の発生が後を絶ちません。

この章では，個人情報保護の意義を考えていただくため，まず**プライバシー**の概念あるいは成り立ちから理解を深めることにします。そして，プライバシーの権利の法的位置づけを理解した後，プライバシーの権利に基づき制定された個人情報保護条例の概要の理解を図ります。

プライバシーについては，従来は個人情報の適正管理を求める権利として考えられていましたが，近年では自己の情報をコントロールする権利とより幅広く理解されるようになってきています。こうした考え方を受けて，**個人情報保護法**や**個人情報保護条例**が制定されています。このような制度の理念を踏まえて，法律や条例の理解を図る必要があります。

さらに，特に個人情報保護に関しては，万が一，それを漏らした場合には，地方公共団体の職員に罰則が課されることもあります。そのためも，職員としては個人情報保護制度を十分に理解しておく必要があります。

13-01 プライバシー

① 『宴のあと』事件

わが国でプライバシーという言葉を一躍に有名にしたのが「『宴のあと』事件」判決です。

判　例：この事件は，三島由紀夫の小説「宴のあと」が，プライバシーを侵害したとして，原告有田
八郎氏（元外務大臣であり，1959年の東京都知事選の立候補者）が，三島由紀夫氏と出版元
の新潮社を被告として提起した民事訴訟です。判決としては，「私生活をみだりに公開され
ないという法的保障ないし権利」としてのプライバシーの権利を承認しました。そして，プ
ライバシーの侵害による不法行為の成立要件として「宴のあと」事件判決は，(1) 公開され
た内容が私生活の事実又はそれらしく受けとられるおそれのある事柄であること (2) 一般
人の感受性を基準にして当該私人の立場に立った場合公開を欲しないであろうと認められ
ること (3) 一般の人々に未だ知られない事柄であること。その他，被害者が公開により不
快，不安の念を覚えることを挙げているほか，表現の自由とプライバシーの関係，公人とプ
ライバシーの関係などについても判断を下しています（東京地判昭和39年9月28日下民
15巻9号2317頁）。

② プライバシーの権利の法的根拠

おそらく六法全書のどこをみても，「プライバシー」を保護する法的根拠となる規定はないと思
います。それでは，どのような法的根拠で**プライバシーの権利**が保障されているのでしょうか。

プライバシー保護の根拠規定としては，憲法19条（思想・良心の自由），21条1項（表現の
自由），21条2項（検閲の禁止・通信の秘密の保障），31条（適法手続の保障），35条（住居・捜査・
押収に対する保障），38条1項（不利益な供述の強要の禁止）などが挙げられています。

個別の人権は，このように憲法上の各規定で保障されていますが，包括的な意味でのプラ
イバシーの権利は成文法として明定された権利ではありません。しかし，プライバシーが幸
福追求の権利の一部を構成するものと考えられるため，終局的には，憲法13条の個人の尊
重・幸福追求の権利の規定をよりどころにするものと考えられています。どのような保護法
益がその対象になるのか，考えられる事項を挙げたいと思います。

③ プライバシーの権利の広がり

(1) 初期のプライバシー：私生活の保護

1890年，アメリカ，ハーバード大学のロー・レビューにウォーレンとブランダイス（S. D.
Warren & L. D. Brandeis）によって発表された論文 "The Right to Privacy" の中にプライバシ
ーを「**the right to be let alone**」（1人で居させてもらいたいという権利）とする定義がみられま
す。この定義にみられるような古典的なプライバシー権の定義は「静穏のプライバシー」に
最も近い消極的なものであったといえます。

他人からの侵害　私生活　他人からの侵害

プライバシーの権利は、私生活を守る
壁のようなものと考えられていました。

図13-1　初期のプライバシー概念

この段階での**初期プライバシーの概念**は、マスメディアの報道などによる暴露（スキャンダルなど）から私生活を保護することをもっぱら目的としていたと考えられます。

しかし、この定義ではおよそあらゆる個人的な自由が含まれることになりかねず、その内容が多義的で不明確であるとの批判が強くありました。そういえば2002年にノーベル賞を受賞した島津製作所の田中耕一さんが、あまりの騒動に外国人記者クラブでの会見で通訳さんに対して「そっとしといてくれって言ってください」と小声で言い通訳も絶妙のタイミングで「Leave Me Alone」と訳したことがありましたが、まさにこういった感覚が初期のプライバシーの権利なのでしょう。

(2)　自己情報コントロール権

その後、急激に進行した情報化に伴い、社会情勢は大きく変貌を遂げていきました。プライバシーの概念も私生活の保護から**自己情報の管理・制御**という、より積極的な概念へと移り変わりました。

特に行政機関等による個人情報のコンピュータ処理に関しての保護法益については、高度情報化社会の進展に伴い、住基ネットをはじめとして公権力によるプライバシーの侵害という問題が大きくなりつつあります。

さらに、現代行政は、教育福祉、保健衛生などの各分野における行政サービスを国民に積極的に提供するために、その基礎資料として個人情報を大量に収集・蓄積・利用せざるをえなくなっており、行政機関が保有する国民や住民に関する情報量も飛躍的に増大する傾向にあります。そのため、行政機関が保有するさまざまな個人情報とプライバシー保護との関係は、現代のプライバシー問題における最重要課題の1つだといえるでしょう。

こうした中で、「1人で居させてもらいたいという権利」という古典的な定義は、現代社会において個人のプライバシーを保護しようとするためには不十分なものであると考えられるようになり、行政や企業等が保有する自己情報をいかに管理するかという「自己情報コントロール権」として、とらえられるようになってきています。

例えば、前述の「宴のあと」事件判決においては、「私生活」の「公開」に際してプライバシーを「私生活をみだりに公開されないという法的保障」としてとらえていますが、このプライバシーの保護とは、表現行為からの保護に他なりません。しかし、この考え方では「公開」以前の段階におけるプライバシーの権利侵害に対して、どのように保護すればよいのかという問題が残ってしまいます。

そこで、新たに包括的定義として登場してきた新しい定義が「自己についての情報をコン

トロールする権利」「個人に関する情報の流れをコントロールする権利（individual's right to control the circulation of information relating to oneself)」又は，**自己情報コントロール権**という考え方です。

　この定義は日本を含め，諸外国においても承認されている状況にあり，プライバシー権は「自己情報コントロール権」と定義づけることができると考えられています。この「自己情報コントロール権」には，従来からの「1人で居させてもらいたいという権利」という側面と「公権力等に対して自己の情報の適正化を求める権利」としての側面とがあるものと考えられています。

図13-2　プライバシーの広がり

13-02　OECD8原則

　個人情報の保護に関しては，1980年9月に経済協力開発機構（OECD）理事会が「プライバシー保護と個人データの国際流通についての勧告」を採択・公表しており，この勧告が各国における法整備の指針となっています。わが国の個人情報保護制度もこの勧告で示された以下の8原則に沿った内容となっていいます。

(1) 目的明確化の原則（Purpose Specification Principle）
収集目的を明確にし，データ利用は収集目的に合致するべきであるとする原則です。

(2) 利用目的制限の原則（Use Limitation Principle）
データ主体の同意がある場合や法律の規定による場合を除いて，収集したデータを目的以外に利用してはならないとする原則です。

(3) 収集制限の原則（Collection Limitation Principle）
個人データは，適法・公正な手段により，かつ情報主体に通知または同意を得て収集されるべきであるとする原則です。

(4) データ内容の原則（Data Quality Principle）
収集するデータは，利用目的に沿ったもので，かつ，正確・完全・最新であるべきである

とする原則です。

(5) 安全保護の原則（Security Safeguards Principle）

合理的安全保護措置により，紛失・破壊・使用・修正・開示等から保護すべきであるとする原則です。

(6) 公開の原則（Openness Principle）

データ収集の実施方針等を公開し，データの存在，利用目的，管理者等を明示するべきであるとする原則です。

(7) 個人参加の原則（Individual Participation Principle）

データ主体に対して，自己に関するデータの所在及び内容を確認させ，または異議申立を保証するべきであるとする原則です。

(8) 責任の原則（Accountability Principle）

データの管理者は諸原則実施の責任を有するとする原則です。

13-03　個人情報保護制度に関する法律等

　わが国の個人情報保護制度に関する主要な法律としては，①**個人情報の保護に関する法律**（以下「個人情報保護法」といいます。），②**行政機関の保有する個人情報の保護に関する法律**（以下「行政機関個人情報保護法」といいます。）そして③各地方公共団体の個人情報保護条例があります。

①個人情報保護法

　わが国の個人情報保護制度の基本となる法律です。国及び地方公共団体の責務，個人情報の保護に関する基本方針等を定めているほか，個人情報取扱事業者への規制（利用目的の特定，目的外利用の制限，第三者への提供制限，開示・訂正等に応じる義務等），個人情報保護委員会等を定めています。

②行政機関個人情報保護法

　国の行政機関が保有する個人情報の取扱いについて定めています。なお，独立行政法人等

表 13-1　個人情報保護に関する法体系

民間部門	公的部門		
個人情報保護法（1〜3章：基本理念，国及び地方公共団体の責務・個人情報保護施策等）個人情報の保護に関する基本方針			
個人情報保護法（4〜7章：個人情報取扱事業者等の義務，罰則等）対象：民間事業者	行政機関個人情報保護法対象：国の行政機関	独立行政法人等の保有する個人情報の保護に関する法律対象：独立行政法人	各地方公共団体の個人情報保護条例対象：地方公共団体等

の保有する個人情報については，独立行政法人等の保有する個人情報の保護に関する法律が定められています。

　なお，2021年5月に個人情報保護法が改正され，個人情報保護に関する法体系が大きく変わることになりました。改正内容と施行時期は，次のとおりです。

> ①行政機関個人情報保護法，独立行政法人等個人情報保護法が個人情報保護法に統合されます。これによって，国及び独立行政法人における個人情報保護制度は，個人情報保護法により規律されることになります。なお，この改正は，改正法公布日（令和3年5月19日）から1年を超えない範囲内で政令で定める日から施行されます。
> ②地方公共団体の個人情報保護制度について個人情報保護法において全国的な共通ルールを規定することになります。この改正は改正法公布日から2年を超えない範囲内で政令で定める日から施行されます。

　この改正により，国，地方とも公的部門に関する個人情報保護制度も，原則として個人情報保護法において一元的に規定されることになります。ただし，本書では，この改正が施行前であるため，現行制度を前提に解説を行うことにします。

③各地方公共団体の個人情報保護条例

　各地方公共団体が，それぞれ個人情報保護条例を制定し各地方公共団体における個人情報保護制度を規律しています。地方公共団体によって題名や規定内容が異なる場合もあり，自治体職員としてはその違いを理解して，運用する必要があります。

13-04　個人情報保護制度における用語の意義

　個人情報保護制度において，まず用語の意義を理解することから始めましょう。ここからは，行政機関個人情報保護法と東京都個人情報の保護に関する条例（以下「都条例」といいます。）等を参考に取り上げながら説明していきます。ただし，現行制度では各地方公共団体の条例により規定内容が異なるため，その地方公共団体の条文を踏まえて制度を理解する必要があります。

①実施機関

　条例の規定の適用を受ける実施機関として情報公開制度と同様に，実施機関として，知事，教育委員会，選挙管理委員会，人事委員会，監査委員，公安委員会，労働委員会，収用委員会，海区漁業調整委員会，内水面漁場管理委員会，公営企業管理者，病院事業管理者及び警

察本部長等が規定されています（都条例2条1項）。なお，都条例では，都が設立した地方独立行政法人も個人情報保護制度の実施機関に位置付けています。

②個人情報

　個人情報保護制度の対象となる**個人情報**について行政機関個人情報保護法では，生存する個人に関する情報であって，①当該情報に含まれる氏名，生年月日その他の記述等に記載され，若しくは記録され，又は音声，動作その他の方法を用いて表された一切の事項により特定の個人を識別することができるもの（他の情報と照合することができ，それにより特定の個人を識別することができることとなるものを含む。）又は②個人識別符号が含まれるものと規定しています（行政機関個人情報保護法（以下条項のみを記載）2条2項）。

③個人識別符号

　個人識別符号は，2015年の個人情報保護法の改正を踏まえ，2016年の行政機関個人情報保護法等の改正により，個人情報の範囲を明確化するために設けられた概念です。この改正により個人識別符号が含まれるものも個人情報に位置付けられることが明記されました。
　個人識別符号とは，次の二種類のものを意味するものとされています（2条3項）。
　（1）特定の個人の身体の一部の特徴を電子計算機の用に供するために変換した文字，番号，記号その他の符号であって，当該特定の個人を識別することができるもの。
　この例として，DNA，顔認識データ，指紋・声紋データ等が挙げられます。
　（2）個人に提供される役務の利用若しくは個人に販売される商品の購入に関し割り当てられ，又は個人に発行されるカードその他の書類に記載され，若しくは電磁的方式により記録された文字，番号，記号その他の符号であって，その利用者若しくは購入者又は発行を受ける者ごとに異なるものとなるように割り当てられ，又は記載され，若しくは記録されることにより，特定の利用者若しくは購入者又は発行を受ける者を識別することができるもの。
　この例として，旅券番号，基礎年金番号，免許証番号，住民票コード，医療保険・介護保険・雇用保険の被保険者証等が挙げられます。

④死者の情報

　行政機関個人情報保護法では個人情報について「生存する個人に関する情報」に限定するとされていますが，このように生存する個人に限定し死者の情報を含まないのは，死者が開示請求等の主体となることはできないためです。ただし，死者の情報が死者の遺族の個人情報となる場合には，当該遺族が自己の個人情報として開示請求等を行うことができると解されています。例えば，名古屋高裁金沢支部判平成16年4月19日（判例タイムズ1167号126頁）は，死者の情報が同時にその死亡した者の相続人にとっての個人識別情報に該当する場合して「ある者の財産に関する情報がその者の個人識別情報である場合において，その者の死亡

により，上記財産に関する情報は，死亡した者の個人識別情報であるとともに，死亡した者を相続して当該財産を取得した相続人の個人識別情報でもある」としています。

なお，三重県個人情報保護条例14条3項では，死者の保有個人情報について，①当該死者の配偶者（事実上婚姻関係にあった者を含む）及び二親等内の血族及び②①以外の相続人（被相続人である死者から相続により取得した権利義務に関する保有個人情報に限る）が，開示を請求することができると明文で規定しています。

⑤要配慮個人情報

要配慮個人情報とは，不当な差別，偏見その他の不利益が生じないように取扱いに配慮を要する情報です。行政機関個人情報保護法においては，本人の人種，信条，社会的身分，病歴，犯罪の経歴，犯罪により害を被った事実その他本人に対する不当な差別，偏見その他の不利益が生じないようにその取扱いに特に配慮を要するものとして政令で定める記述等が含まれる個人情報とされています（2条4項）。これを受けて，行政機関の保有する個人情報の保護に関する法律施行令4条では，具体的に次のものを要配慮個人情報として定めています。

①身体障害，知的障害，精神障害（発達障害を含む。）その他の身体障害者福祉法に定める身体上の障害，知的障害者福祉法に定める知的障害，精神保健及び精神障害者福祉に関する法律に定める精神障害等の障害があること。
②本人に対して医師その他医療に関連する職務に従事する者により行われた疾病の予防及び早期発見のための健康診断その他の検査の結果
③健康診断等の結果に基づき，又は疾病，負傷その他の心身の変化を理由として，本人に対して医師等により心身の状態の改善のための指導又は診療若しくは調剤が行われたこと。
④本人を被疑者又は被告人として，逮捕，捜索，差押え，勾留，公訴の提起その他の刑事事件に関する手続が行われたこと。
⑤本人を審判に付すべき少年又はその疑いのある者として，調査，観護の措置，審判，保護処分その他の少年の保護事件に関する手続が行われたこと。

⑥保有個人情報

保有個人情報とは，実施機関の職員が職務上作成し，又は取得した個人情報であって，当該行政機関の職員が組織的に利用するものとして，当該行政機関が保有しているものをいいます（2条5項）。ただし，個人情報であっても①官報，白書，新聞，雑誌，書籍等，②国立公文書館等に移管された歴史公文書等，③歴史的若しくは文化的な資料又は学術研究用の資料として特別の管理がされているものは除外されています（同項ただし書）。

⑦特定個人情報

　特定個人情報とは，個人情報のうち，個人番号（いわゆるマイナンバー）をその内容に含むものをいいます。個人情報条例等において，より慎重な管理で必要であるため，保有個人情報とは異なる規律が設けられています。

　行政手続における特定の個人を識別するための番号の利用等に関する法律では，特定個人情報の提供を行うことができる場合を，19条各号に列挙した16項目に限定しています。また，同法20条では，この16項目のいずれかに該当する場合以外には本人以外の個人番号を含む特定個人情報を収集，保管してはならないとされています。

⑧非識別加工情報

　非識別加工情報とは，個人情報を個人情報の区分に応じて定められた措置を講じて特定の個人を識別することができないように加工して得られる個人に関する情報であって，当該個人情報を復元して特定の個人を再識別することができないようにしたものをいいます（2条8項）。加工の方法としては，個人識別符号を含まない個人情報については，当該個人情報に含まれる記述等の一部を削除すること，また個人識別符号を含む個人情報について当該個人情報に含まれる個人識別符号の全部を削除することにより行います。

⑨実施機関非識別加工情報

　実施機関非識別加工情報とは，次のいずれにも該当する個人情報ファイルを構成する保有個人情報を加工して得られる非識別加工情報をいいます。ただし，情報公開条例における個人情報以外の不開示情報は除かれます。

①個人情報ファイル簿が作成され，公表されることとなるもの
②個人情報ファイルに対する開示請求があったとしたならば，（1）個人情報ファイルに記録されている保有個人情報の全部又は一部を開示する旨の決定をすること又は（2）意見書の提出の機会等第三者保護手続を与えることのいずれかを行うこととなるもの
③行政の適正かつ円滑な運営に支障のない範囲内で，実施機関非識別加工情報を作成することができるものであること

13-05 個人情報の適正管理

①収集段階における規律

個人情報保護のため，個人情報の収集段階においては，次のような規律がなされています。

(1) 目的の範囲内での収集等

実施機関は，個人情報を収集するときは，個人情報を取り扱う事務の目的を明確にし，当該事務の目的を達成するために必要な範囲内で，適法かつ公正な手段により収集しなければなりません（都条例4条1項）。

(2) 本人からの収集

実施機関は，個人情報を収集するときは，本人からこれを収集しなければなりません（同条3項）。これは，自己情報コントロール権の考え方に基づくもので，OECD8原則の「個人情報は情報主体に通知して又は同意を得て収集されるべきである」とする考え方に基づいています。ただし，次の各号のいずれかに該当するときは，この例外とされています（同項ただし書）。

①本人の同意があるとき。
②法令等に定めがあるとき。
③出版，報道等により公にされているとき。
④個人の生命，身体又は財産の安全を守るため，緊急かつやむを得ないと認められるとき。
⑤所在不明，精神上の障害による事理を弁識する能力の欠如等の事由により，本人から収集することができないとき。
⑥争訟，選考，指導，相談等の事務で本人から収集したのではその目的を達成し得ないと認められるとき，又は事務の性質上本人から収集したのでは事務の適正な執行に支障が生ずると認められるとき。
⑦国，独立行政法人等，他の地方公共団体若しくは地方独立行政法人から収集することが事務の執行上やむを得ないと認められる場合又はこの条れに基づく目的外利用・提供で本人の権利利益を不当に侵害するおそれがないと認められるとき。

(3) 要配慮個人情報の収集禁止原則

要配慮個人情報については，いわゆるセンシティブ情報として多くの地方公共団体が収集の制限を規定しています。都条例では，実施機関は思想，信教及び信条に関する個人情報並びに社会的差別の原因となる個人情報については，原則として収集してはならないとされて

います（都条例4条2項）。また，愛知県個人情報保護条例では，要配慮個人情報のうち，信条（思想及び信教を含む。）に関する個人情報及び審議会の意見を聴いた上で社会的差別の原因となるおそれのある個人情報として実施機関が定めるものを収集してはならないとされています（6条4項）。なお，これらの情報であっても例外的に収集できる場合として，①法令又は条例の規定に基づくとき，②犯罪の予防等を目的として収集するとき，③審議会の意見を聴いた上で事務の目的を達成するため必要があると実施機関が認めたときが規定されています。さらに，三重県個人情報保護条例では，これらの事項のほか，「個人の生命，身体又は財産の保護のため，特に必要があると実施機関が認めるとき」も例外的に収集できる旨が規定されています。

(4) 利用目的の明示

実施機関は，本人から直接当該本人の個人情報を収集するときは，あらかじめ，本人に対し，当該個人情報を取り扱う目的を明示するよう努めなければなりません（大阪府個人情報保護条例7条4項）。これは，OECD8原則のうち，公開の原則に基づくものです。なお，行政機関個人情報保護法4条では以下の場合には，明示する必要はないとしています。

①人の生命，身体又は財産の保護のために緊急に必要があるとき。
②利用目的を本人に明示することにより，本人又は第三者の生命，身体，財産その他の権利利益を害するおそれがあるとき。
③利用目的を本人に明示することにより，国の機関，独立行政法人等，地方公共団体又は地方独立行政法人が行う事務又は事業の適正な遂行に支障を及ぼすおそれがあるとき。
④取得の状況からみて利用目的が明らかであると認められるとき。

②利用，提供に関する規律

個人情報の利用及び提供に関しては，次のようなルールが設けられています。

(1) 目的外利用，提供の制限

実施機関は，個人情報を取り扱う事務の目的以外の目的のために個人情報を利用し，又は提供することは制限されています（都条例10条）。実施機関が個人情報を収集するに当たって，目的の範囲内で収集することとされている以上，実施機関が保有する個人情報についても目的の範囲内でのみ使用することができるのは当然のことです。ただし，実施機関は，次の各号のいずれかに該当するときは，個人情報を取り扱う事務の目的以外の目的のために個人情報を利用し，又は実施機関以外のものに提供することができます。この場合であっても，当該利用又は提供によって，本人又は第三者の権利利益を不当に侵害するおそれがあると認め

られるときは，提供することはできません。

①法令又は条例の規定に基づくとき。

②本人の同意があるとき，又は本人に提供するとき。

③出版等により公にされているとき。

④人の生命，身体又は財産を保護するため，緊急を要し，かつ，やむを得ないと認められるとき。

⑤専ら学術研究を目的として利用し，又はその目的のために提供するとき。

⑥実施機関の内部で利用する場合で，当該利用が当該実施機関の事務又は事業を遂行するためやむを得ないと認められるとき。

⑦県の機関，国，独立行政法人等，他の地方公共団体又は地方独立行政法人に提供する場合で，当該提供が当該県の機関等の事務又は事業を遂行するためやむを得ないと認められるとき。

⑧犯罪の予防等を目的として実施機関の内部で利用し，又は県の機関等に提供する場合で，当該目的の達成に必要な限度で利用し，又は提供し，かつ，当該利用又は提供について相当な理由があると認められるとき。

⑨犯罪の予防等を目的として実施機関が個人情報を県の機関等以外のものに提供する場合で，当該目的の達成に必要な限度で提供し，かつ，当該提供について特別の理由があると認められるとき。

⑩審議会の意見を聴いた上で，公益上の必要その他相当な理由があると実施機関が認めたとき。

(2) 特定個人情報の目的外利用

実施機関は，特定個人情報を取り扱う事務の目的以外の目的のために特定個人情報を利用できません（大阪府個人情報保護条例8条1項）。ただし，個人の生命，身体又は財産の保護のために必要がある場合であって，本人の同意があり，又は本人の同意を得ることが困難であるときは，本人又は第三者の権利利益を不当に侵害するおそれがあると認められるときを除いて，個人情報取扱事務の目的以外に特定個人情報を当該実施機関内において利用することができます（同条2項）。

(3) オンライン結合による個人情報の提供の制限

実施機関は，公益上の必要があり，かつ，個人の権利利益を侵害するおそれがないと認められるとき以外は，実施機関以外のものに対して，通信回線を用いた電子計算機その他の情報機器の結合（オンライン結合）による個人情報の提供をしてはなりません（愛知県個人情報保護条例9条1項）。ただし，この制限については，条例で規定していない地方公共団体もあり

ます。

　また，実施機関は，オンライン結合による個人情報の提供を開始しようとするとき，又はオンライン結合による個人情報の提供の内容を変更しようとするときは，次の各号のいずれかに該当する場合を除き，あらかじめ，審議会の意見を聴かなければならなりません（同条2項）。さらに，実施機関は，オンライン結合による個人情報の提供を行うときは，個人情報の保護のために必要な措置を講じなければなりません（同条3項）。

①法令又は条例の規定に基づきオンライン結合により提供するとき。
②実施機関以外の県の機関，国，独立行政法人等，他の地方公共団体又は地方独立行政法人に対してオンライン結合により提供するとき。
③インターネットにおける実施機関のウェブサイトに個人情報を掲載することにより提供するとき。なお，この場合は，本人の同意があるときなど明らかに個人の権利利益を侵害するおそれがないと認められるときに限ります。

(4) 個人情報取扱事務の登録

　実施機関は，保有個人情報を取り扱う事務について，①個人情報取扱事務の名称，②個人情報取扱事務を所掌する組織の名称，③個人情報取扱事務の目的，④個人情報の対象者の範囲，⑤個人情報の記録項目，⑥個人情報の収集先，⑦前各号に掲げるもののほか実施機関の規則で定める事項を記載した個人情報取扱事務登録簿（以下「登録簿」という。）を備え，登録簿を一般の閲覧に供しなければなりません（大阪府個人情報保護条例6条1項）。

　OECD8原則の個人参加の原則に基づき，住民に対して，自己に関する個人情報の所在及び内容を確認させ，または異議申立を保証するための制度です。

　実施機関は，個人情報取扱事務を開始しようとするときは，あらかじめ当該個人情報取扱事務を登録簿に登録しなければならなりません。登録した事項を変更しようとするときも，同様です（同条2項）。さらに登録した個人情報取扱事務を廃止したときは，遅滞なく，当該個人情報取扱事務を登録簿から抹消しなければなりません。

　OECD8原則の目的明確化の原則に基づき収集目的を明確にする意味があります。また収集した個人情報を目的以外に利用してはならないため，この登録簿に登録される目的は利用制限の範囲を確定する重要な意味を持ちます。

　なお，①当該地方公共団体の職員又は職員であった者に係る人事，給与等に関する事務，②犯罪の予防，鎮圧又は捜査，公訴の維持，刑の執行その他の公共の安全と秩序の維持を目的とする事務，③その他審議会の意見を聴いた上で実施機関が定める事務などについては，登録簿を備え付ける必要はないとされています（愛知県個人情報保護条例14条1項）。

　行政機関個人情報保護法においては，個人情報取扱事務登録簿への登録ではなく，個人情報ファイル簿の作成及び公表として規定しています（行政機関個人情報保護法11条）。このため，

地方公共団体の条例においても個人情報ファイル簿の作成及び公表と規定している例もあります（和歌山県個人情報保護条例 15 条等）。

(5) 保有個人情報の管理

地方公共団体は，保有個人情報を以下のとおり管理しなければなりません。

❶正確性及び最新性の確保　　実施機関は，個人情報取扱事務の目的を達成するために必要な範囲内で，その保有する個人情報を正確かつ最新の状態に保つよう努めなければなりません（都条例 7 条 1 項）。

❷安全確保の措置　　実施機関は，個人情報の漏えい，滅失及び損傷の防止その他の個人情報の適切な管理のために必要な措置を講じなければなりません（同条 2 項）。

❸確実な廃棄，消去　　実施機関は，歴史的文化的価値を有する資料として保存されるものを除いて，保有する必要がなくなった個人情報を確実に，かつ，速やかに廃棄又は消去しなければなりません（同条 3 項）。

❹委託等に伴う措置　　実施機関は，個人情報取扱事務を実施機関以外のものに委託するときは，個人情報の保護のために必要な措置を講じなければなりません（大阪府個人情報保護条例 10 条 1 項）。また，実施機関から個人情報取扱事務の委託を受けたものは，個人情報の漏えい，滅失又は損傷の防止その他の個人情報の適切な管理のために必要な措置を講じなければなりません（同条 2 項）。

❺職員等の義務　　実施機関の職員又は職員であった者は，職務上知り得た個人情報をみだりに他人に知らせ，又は不当な目的に使用してはなりません。実施機関から個人情報取扱事務の委託を受けた事務に従事している者又は従事していた者も同様にこれらの行為は禁止されています（大阪府個人情報保護条例 11 条，10 条 3 項）。

13-06 自己情報に対するコントロール

①自己情報の開示請求権

何人も，実施機関に対し，当該実施機関が保有する自己を本人とする保有個人情報の開示の請求をすることができます（都条例 12 条 1 項）。自己情報の開示を求め，地方公共団体が保有する個人情報を確認し，必要に応じて修正，削除等の請求を行うための最初の手続といえます。

(1) 代理人による請求

都条例では，未成年者又は成年被後見人の法定代理人は，本人に代わって開示請求をする

ことができるとしています（都条例 12 条 2 項）。代理人等として本人に代わって開示請求をすることができる者の範囲をより拡大している地方公共団体もあります。例えば，三重県個人情報保護条例 14 条 2 項では「請求は，実施機関が別に定めるところにより，代理人によってすることができる」とされています。同条例施行規則 3 条では，本人の法定代理人以外に，本人が開示請求をすることができないやむを得ない事由があると知事が認める場合には任意代理人による請求を認める旨が規定されています。また，足立区個人情報保護条例 23 条 4 項では，概ね義務教育終了年齢以下の者又は成年被後見人の法定代理人及び実施機関が特別な理由があると認めた代理人が，本人に代わって開示請求をすることを認めています。

(2)　請求手続

　開示請求をしようとする者は，実施機関に対して，①開示請求をしようとする者の氏名及び住所又は居所，②開示請求をしようとする保有個人情報を特定するために必要な事項③そのほか実施機関が定める事項を記載した開示請求書を提出しなければなりません（都条例 3 条 1 項）。

　請求の際には，開示請求に係る保有個人情報の本人又はその法定代理人であることを証明するために必要な書類で実施機関が定めるものを提出し，又は提示しなければなりません。東京都の場合，①個人番号カード又は運転免許証のように顔写真付きの証明書は 1 点，健康保険証のような顔写真付きでないものは 2 点とされています。

(3)　保有個人情報の開示義務と不開示情報の範囲

　実施機関は，開示請求があったときは，開示請求に係る保有個人情報に次の各号のいずれかに該当する情報が含まれている場合を除き，開示請求者に対し，当該保有個人情報を開示しなければなりません（都条例 16 条）。開示請求者にとっては自己の情報であるため，実施機関は原則として開示しなければならないとされているのです。

　保有個人情報の開示請求に対して不開示する情報としては，情報公開制度と同様に，①法令秘，②個人情報，③法人情報，④公共の安全に関する情報，⑤審議・検討情報，⑥事業情報などが規定されています（都条例 16 条 1 項 1 号～ 6 号）。これらの事項については，情報公開制度の説明を参照してください。

　個人情報保護制度に特有の問題として特に重要な点が，代理人による開示請求の場合に本人と代理人との利益が相反することがある点です。そのような場合のために，開示請求が，本人の利益に反することが明確である場合は請求をすることは認めないとする規定を設けている地方公共団体もあります（都条例 12 条 2 項）。また，三重県個人情報保護条例のように「未成年者又は成年被後見人の法定代理人による開示請求がなされた場合において，開示することにより，当該未成年者又は成年被後見人の権利利益を害するおそれがある情報」を不開示情報として規定している地方公共団体もあります（16 条 8 号）。

(4) 裁量的開示

　実施機関は，開示請求に係る保有個人情報に，非開示情報が含まれている場合であっても，個人の権利利益を保護するため特に必要があると認めるときは，開示請求者に対し，当該保有個人情報を開示することができます（都条例17条の2）。ただし，法令秘情報等は，この対象にはなりません。

(5) 開示請求に対する決定等

　開示請求に対して実施機関が行う決定の期限，延長，期間の特例，理由提示，第三者に対する意見書提出の機会の付与については，情報公開制度とほぼ同様の制度が設けられていますので，それぞれ情報公開制度の関係部分を確認してください。

(6) 保有個人情報の存否に関する情報

　当該開示請求に係る保有個人情報が存在しているか否かを答えるだけで，非開示情報を開示することとなるときは，実施機関は，当該保有個人情報の存否を明らかにしないで，当該開示請求を拒否することができます（都条例17条の3）。情報公開制度と同様の趣旨で行われる処分ですが，個人情報制度においては家族間において問題にある場合も少なくありません。例えば，名古屋高判平成13年12月11日判例時報1795号117頁は，開示請求が直接争われた事案ではないものの一つの判断基準になります。夫の暴力からの避難を求めた母子の保護の有無に関して夫が担当部署に対し問い合わせたが，保護した事実の有無を開示しなかったことに関する損害賠償請求事件において「母子を保護している場合に回答を拒否し，保護していない場合にその旨回答することは，回答拒否の場合は保護していると推測されることが明らかであり，結局，上記のような場合には一切の回答を拒否するとの選択に十分合理性がある」としました。

(7) 不服申立てによる救済

　開示請求に係る不開示決定，非訂正決定，非利用停止決定に不服がある場合は，当該決定を行った実施機関に対して行政不服審査法に基づく不服申立てをすることができます。不服申立てを受けた実施機関は，個人情報保護審査会等の諮問機関に諮問し，その答申を尊重して不服申立てに対する決定を行います。国の場合は，情報公開・個人情報保護審査会に諮問することとされています（43条）。

②自己情報の訂正，利用停止等

　国や地方公共団体が正しい個人情報を保有せず，事実と異なる自己情報に基づき判断がされることにより，適正な行政処分が行われないことや正当な行政サービスの提供がなされな

いことがあります。そのようなことを防ぐために，自己の情報の内容が事実でないと考えた場合は，訂正の請求をすることができます（27条〜35条）。なお，訂正請求に当たっては，開示決定を受けていることが前提となります（開示決定前置主義）。ただし，大阪府においては自己情報の開示請求を前提せずに訂正請求を行うことができるとされています（大阪府個人情報保護条例23条）。

（1）訂正請求の手続

　訂正請求は，①訂正請求をしようとする者の氏名及び住所又は居所，②訂正請求をしようとする保有個人情報を特定するために必要な事項，③訂正を求める内容，④実施機関が定める事項を実施機関に提出するとともに，当該訂正を求める内容が事実に合致することを証明する書類等を提出又は提示しなければなりません（都条例9条）。

（2）訂正請求に対する決定

　実施機関は，当該訂正請求に理由があると認めるときは，当該保有個人情報の利用目的の達成に必要な範囲内で，保有個人情報の訂正をしなければなりません（都条例19条の2）。あくまで実施機関が保有している利用目的の達成に必要な範囲内について訂正を求めることができるもので，たとえ保有個人情報が事実と異なる場合であっても利用目的の達成に支障がなければ訂正する義務はありません。

　実施機関は，訂正請求があった日から30日以内に，必要な調査を行い，訂正請求をした者（訂正請求者）に対して，訂正請求に係る保有個人情報を訂正する旨又は訂正しない旨の決定をしなければなりません（都条例20条）。なお，この決定に関しても，開示決定と同様に事案の移送，期間延長及び期限の特例が規定されています。

　訂正する旨の決定をしたときは，当該訂正請求に係る保有個人情報を訂正した上，訂正請求者に対し，遅滞なく書面によりその旨を通知しなければなりません。併せて，必要があると認めるときは，当該保有個人情報の提供先に対し，遅滞なく，その旨を書面により通知することとされています（都条例21条の2）。一方，訂正しない旨の決定をしたときは，訂正請求者に対し，遅滞なく書面によりその旨を通知しなければなりません。

（3）自己情報の利用停止等請求

　開示を受けた自己の保有個人情報が，収集の制限又は利用及び提供の制限に違反した取扱いが行われていると考える者は，以下の態様に応じて利用停止等を請求することができます（都条例21条の3）。なお，利用停止等請求においても，訂正請求と同様に一般的に開示決定前置主義がとられています。

❶利用停止・消去請求の手続　　利用停止等を請求しようとする者は，実施機関に対して，①

利用停止等の請求をしようとする者の氏名及び住所又は居所，②利用停止等の請求をしようとする保有個人情報を特定するために必要な事項，③利用停止等の請求の趣旨及び理由，④その他実施機関が定める事項を記載した請求書を提出しなければなりません（都条例 21 条の 4）。

表 13-2　自己情報の利用停止等の請求内容

個人情報収集，利用等の態様	請求内容
①本条例に定める収集の制限に違反して収集されたとき，又は本条例に違反して目的外利用されているとき	当該保有個人情報の利用の停止又は消去
②本条例に違反して目的外提供されているとき	当該保有個人情報の提供の停止

❷利用停止等請求に対する決定　　実施機関は，当該利用停止等請求に理由があると認めるときは，当該実施機関における保有個人情報の適正な取扱いを確保するために必要な限度で，保有個人情報の利用の停止，消去又は提供の停止をしなければなりません（都条例 21 条の 5）。ただし，当該保有個人情報の利用停止等をすることにより，事務の性質上，当該事務の適正な遂行に著しい支障を及ぼすおそれがあると認められるときは利用停止等を行わないこともできます。

　なお，保有個人情報の適正な取扱いを確保するために必要な限度において，利用停止等を行うこととされているため，請求者が個人情報の消去を求めた場合であっても，利用の停止により保有個人情報の適正な取扱いを確保することができるときは，消去請求に応じることなく利用の停止にとどめることも可能です。

　実施機関は，利用停止等の請求があった日から 30 日以内に，必要な調査を行い，請求者に対して，利用停止等の請求に係る保有個人情報の利用停止等をする旨又はしない旨を決定をしなければなりません（都条例 21 条の 6）。なお，この決定に関しても，開示決定と同様に事案の移送，期間延長及び期限の特例が規定されています。

13-07　実施機関非識別加工情報の提供

　ビッグデータの収集・分析については，新産業・新サービスの創出や我が国を取り巻く諸課題の解決に大きく貢献するなど，これからの我が国発のイノベーション創出に寄与することが期待されています。特に個人の行動・状態等に関するパーソナルデータは利用価値が高いとされており，個人の権利利益の侵害を未然に防止し個人情報及びプライバシーの保護を図りつつ，新産業・新サービスの創出と国民の安全・安心の向上等のための利活用を実現する環境整備を行うことが求められています。

　そこで，個人情報保護法の改正により，「特定の個人を識別することができないように個人情報を加工して得られる個人に関する情報であって，当該個人情報を復元することができないようにしたもの」が「**匿名加工情報**」と定義され，その作成等に当たって加工基準に従う

ことや，個人の識別のための照合行為の禁止等，匿名加工情報の取扱いに関する規律が整備されました。

なお，行政機関については，匿名加工情報とほぼ同義の非識別加工情報（☞183頁）が規定されています。総務省の資料では，非識別加工情報の活用例として，インターネットポータルサイト運営者等から提案を受け，市町村が保有する保育児童台帳を非識別加工して提供する，あるいは衣料品メーカーから提案を受け，市区町村が保有する健康診断ファイルを非識別加工して提供する等が挙げられています。

ここからは，実施機関非識別加工情報の提供の手続を見ていきましょう。

(1) 提案の募集

実施機関は，定期的に，当該実施機関が保有している個人情報ファイルについて，実施機関非識別加工情報を利用して行う事業に関する提案を募集します。この募集に対して提案があったときは，① 欠格事由に該当しないこと，② 希望する本人の数が対象ファイルの本人の数以下であること，③ 加工基準に適合すること，④ 事業が新産業の創出等に資すること，⑤ 事業の用に供しようとする期間が個人保護委員会規則で定める期間を超えないこと，⑥ 安全管理措置等が適切であること等を審査し，基準に適合すると認めたものと実施機関非識別加工情報の利用に関する契約の締結をします。この契約を締結する者は，手数料を納めなければなりません。

実施機関は，特定の個人を識別することができないように及びその作成に用いる保有個人情報を復元することができないようにするために必要なものとして規則等で定める基準に従い，当該保有個人情報を加工し実施機関非識別加工情報を作成します。また，実施機関非識別加工情報を作成したときは，① 実施機関非識別加工情報の概要，② 提案を受ける組織，③ 提案することができる期間以下の事項を個人情報ファイル簿に記載しなければなりません。以上の手続をへて，実施機関非識別加工情報は事業者に提供されます。

実施機関非識別加工情報の利用に関する契約を締結した者が①偽りその他不正の手段により当該契約を締結したとき，②欠格条項のいずれかに該当することとなったとき，③契約において定められた事項について重大な違反があったときのいずれかに該当するときは，当該契約を解除することができます。

14 地方公共団体の財政運営

　この章では，地方公共団体の**財政運営**について学びます。地方公共団体は，市民の信託に基づくものであり，またその行政活動は市民から納められる租税を基礎として行われています。そのため，効率性，公正性が求められます。そこで，地方税法，地方財政法等の関係法令では，財政運営に当たってのさまざまな基本原則の遵守が義務付けられています。この章では，このような視点を踏まえて，まず地方公共団体の予算，決算の基本原則を学びます。会計の原則として，**会計年度独立の原則**や**総計予算主義**などがあります。

　また，地方公共団体の**歳入**としては，地方税，地方交付税，分担金，使用料・手数料，地方債などさまざまなものがあります。特に近年では，法定外目的税等のように地方公共団体独自の財源確保に取り組んでいる例も多くあります。地方公共団体の職員としてはこれらに関する法律上の規定を理解することも不可欠です。

　一方，地方公共団体が事業を実施する際には，予算に基づくさまざまな支出を行うことになります。予算の執行に当たっても公金である以上，当然に法令にしたがって適正に行う必要があります。そのために地方自治法では**歳出**に関するさまざまな規定がなされています。これらの規定に関する理解を深めて適正な執行を行わなければなりません。

　地方公共団体の予算執行に関して，法令に違反して違法な支出を行うと，住民訴訟によって知事・市町村長，副知事・副市町村長あるいは職員が個人として**賠償責任**を負うことさえあるのです。

14-01 地方財政の基本

①会　　計

地方公共団体の会計は，公正性，適法性が求められることから，次のような原則に従わなければなりません。

(1) 会計年度独立の原則

地方公共団体の会計年度は，4月1日に始まり翌年3月31日に終わります。また，各会計年度における歳出は，その年度の歳入をもって，これに充てなければなりません（会計年度独立の原則，地方自治法（以下条項のみを記載）208条2項）。ただし，すべてについて，この**会計年度独立の原則**を厳格に適用すると，かえって不効率，不経済になる場合もあるため，以下に挙げる項目などの例外を認めています。

①継続費の逓次繰越し（212条，地方自治法施行令145条）
②繰越明許費（213条，地方自治法施行令146条）
③事故繰越し（220条第3項，地方自治法施行令150条3項）
④過年度収入・過年度支出（243条の5，地方自治法令施行160条，165条の8）
⑤歳計剰余金の繰越し（233条の2）
⑥翌年度歳入の繰上充用（243条の5，地方自治法施行令166条の2）

(2) 総計予算主義

総計予算主義とは，「一会計年度における一切の収入及び支出は，すべてこれを歳入歳出予算に編入しなければならない」（210条）とする原則です。地方公共団体の収入と支出をすべて予算に計上することによって，議会の議決等によって適正な管理を行おうとするものです。

(3) 会計の種類

地方公共団体の会計には，特別会計と一般会計とがあります（209条1項）。

❶特別会計　　**特別会計**は，地方公営企業等特定の事業を行う場合に，特定の歳入をもって特定の歳出に充てて，一般会計と区別して経理する必要がある場合に条例で設置することができます（209条2項）。

例えば，水道事業，交通事業，病院事業，公共下水道事業を行う場合がこれに当たります。公営企業会計や国民健康保険会計等については，法律で特別の会計の設置が義務付けられています（地方公営企業法17条，国民健康保険法10条）。この場合には法律で規定されているため

条例を制定する必要はありません。

特別会計のうち，**公営企業会計**は，地方公営企業法の適用を受け，企業会計方式で地方公共団体が経営している事業に関する予算です。水道事業，交通事業，病院事業等，特定の歳入をもって特定の歳出に充てる独立採算制を原則とする企業的色彩の強い事業を行う場合に，法令や条例に基づいて設置するものです。

一般会計が現金主義会計方式を採用しているのと異なり，公営企業会計は収益や費用の発生の原因である取引きが行われた時点で記録整理する**発生主義会計方式**をとっており，**収益的収支**（事業活動によって生じる料金等の収益と人件費，物件費その他の費用の経理）と，**資本的収支**（施設，設備等の整備に関する収入や支出の経理）とに区分されています。

❷ **一般会計**　　**一般会計**は，特別会計に属するもの以外のすべてが属することになります。

②予算・決算

(1) 予　算

予算とは，一会計年度における歳入歳出の見積りを主な内容とし，その他に継続費，繰越明許費，債務負担行為，地方債，一時借入金及び歳出予算の各項の経費の金額の流用という7つの事項からなります（215条）。具体的には次のとおりです。

❶**歳入歳出予算**　　**歳入予算**はその性質に従って款（かん）に大別し，さらに各款中においてはこれを項に区分します。一方，歳出については，目的に従ってこれを款項に区分しなければなりません（216条）。この歳入歳出予算の款項の区分は，地方自治法施行令147条で「総務省令で定める区分を基準としてこれを定めなければならない」と規定され，具体的には地方自治法施行規則15条及び別記様式で定められています。

● 予算の繰越し
予算の繰越しには，繰越明許費と事故繰越しとがあります。繰越明許費の繰越は，あらかじめ，年度が終わる前に，繰越になりそうな事業と金額について議会の議決を受けなければなりません。これに対して，事故繰越しは，年度内に支出負担行為をした経費について，災害など避けがたい事故のため年度内に支出を終わらなかった場合に限られます。
繰越明許費，事故繰越とも，繰り越した後には，前年度から繰り越されてきた事業と金額の一覧表（繰越計算書）を作って，議会に報告することになります。

❷**継続費**　　大規模な公共工事等のように一会計年度では事業が終了せず，数年度にわたる場合があります。このような場合には，経費総額と年割額を定め，複数年度にまたがって支出することができます。これを**継続費**といいます。

❸**繰越明許費**　　歳出予算のうち，その性質上又は予算成立後の事由によって年度内に支出を終わらない見込みのあるものについて，予算の定めにより，翌年度に繰り越し

て使用できる経費を**繰越明許費**といいます。

　具体的には，年度末が近づいた時期に国の補正予算で事業が決まり，年度内に終わらない場合や公共工事の進捗が遅れた場合などについては，**繰越明許費**として翌年度に繰り越す場合があります。

❹**債務負担行為**　　歳出予算の金額，継続費の総額又は繰越明許費の金額の範囲内におけるものを除くほか，地方公共団体が債務を負担する行為をするには，予算で**債務負担行為**として定めておかなければなりません。翌年度以後における経費の支出を伴うような公共工事等の契約

●長期継続契約
長期継続契約は，各年度の予算の範囲内で給付を受けることを条件として，債務負担行為を設定することなく，複数年度にわたる契約を締結することができる制度です。この対象となるのは，①電気，ガスまたは水の供給を受ける契約，②電気通信役務の提供を受ける契約，③不動産を借りる契約及び④翌年度以降にわたり物品を借り入れ又は役務の提供を受ける契約で，契約の性質上翌年度以降にわたり契約を締結しなければ事務の取扱いに支障を及ぼすようなもののうち条例で定めるものとされています（234条の3，施行令167条の17）。

締結がその例です。このような支出義務を負うようなものについては，当該年度の予算のみならず，将来の負担も併せて議会の審議を行うことが必要であるためです。予算は原則として単年度主義を採用しているため，翌年度以降の支出の裏づけを債務負担行為という特別な形で定めておくのです。

❺**地方債**　　**地方債**とは，地方公共団体が資金の借入れによって負う債務で，その返済が一会計年度を超えるものをいいます（☞203頁）。

❻**一時借入金**　　**一時借入金**とは，歳出予算内の資金の不足を臨時に補うために，その年度内に償還する条件で借り入れる借入金です（235条の3第3項）。一時借入金の借入限度額については，予算で定めなければなりません（同条第2項）。

(2) 予算の調製

　地方公共団体の長は，毎会計年度，**予算を調製**し，年度開始前に，議会の議決を経なければなりません（211条）。予算の提出権限は，長に専属し（112条1項，211条，218条1項，2項），議会は修正を行うことができますが，一定の限界があります（☞87頁）。

　なお，当初予算が年度開始前に成立する見込みのない場合等には，いわゆるつなぎとして一会計年度のうちの一定期間に係る暫定予算を調製することができます（218条）。

(3) 決　　算

　会計管理者は，毎会計年度，**決算**を調製し，出納の閉鎖後3か月以内に証書類等を添えて地方公共団体の長に提出しなければなりません（233条1項）。この提出を受けた知事・市町

村長は，決算及び証書類等を監査委員の審査に付さなければなりません（同条2項）。さらに，地方公共団体の長は，監査委員の審査に付した決算を監査委員の意見を付けて，次の通常予算を議する会議までに議会の認定に付さなければなりません（同条3項）。

　なお，決算の認定に関する議案が否決された場合，地方公共団体の長は，当該議決を踏まえて必要と認める措置を講じたときは，速やかに当該措置の内容を議会に報告するとともに，これを公表しなければなりません（同条7項）。

14-02　地方公共団体の歳入

　地方公共団体の**歳入**とは，一会計年度における一切の収入をいいます。具体的には，地方税，分担金，使用料，加入金，手数料，地方債などがあります。

①地　方　税

　租税のうち，国が課税主体となっているものが**国税**で，地方公共団体が課税の主体になっているものが**地方税**です。地方自治法223条では「普通地方公共団体は，法律に定めるところにより，地方税を賦課徴収することができる」と定め，地方公共団体に課税権を認めています。この「法律」とは，**地方税法**です。ただし，実際に地方税を課するためには，各地方公共団体の「条例」の定めが必要です。つまり，具体的な課税の根拠はあくまでも各地方公共団体の**条例**であり，地方税法はその条例の準則を定める法律なのです。地方公共団体は，地方税に関する条例の制定や改正に当たっては，準則である地方税法に拘束されます。

　なぜ条例の準則として地方税法が必要なのでしょうか。先述のように住民自治の下では，地方税の賦課・徴収は，住民の代表機関である地方議会の制定した条例の根拠に基づいて行われます。しかし，税制をすべて地方公共団体に任せてしまうと，地方公共団体ごとに税制がまちまちになり住民の税負担が著しく不均衡になる可能性があります。そこで，地方公共団体の課税権に対して国の法律で統一的な準則や枠を設ける必要があり，そのための準則法として地方税法があるのです。

　しかし**自主財政主義**の趣旨にかんがみると，地方公共団体の自主性が十分に尊重されるべきであって，国の法律で地方税のすべてを一義的に地方税法で規定し尽くすことは適当でなく，また国の行政機関の指揮・監督権はなるべく排除する必要があります。そこで，市町村民税等については，地方税法で標準税率を定めるものの，地方公共団体は財政上その他の必要がある場合には必ずしも標準税率によらなくともよいとされている税目もあります。

（1）都道府県税
都道府県税は，徴収された税金の使い道を限定しない**普通税**と，徴収された税金の使い道

が限定されている**目的税**の2種類に大別されます。

❶普 通 税　**都道府県税の普通税**としては以下の10種類があります。

①都道府県民税：その都道府県に住んでいる住民が必ず納めなければならない税
②事業税：そこで事業を営んでいる法人や個人が納めなければならない税
③地方消費税：国内取引や輸入取引など消費税を収めている事業者が納める税
④不動産取得税：土地や家屋を売買したときにかかる税
⑤都道府県たばこ税：製造たばこの売渡し等にかかる税
⑥ゴルフ場利用税：ゴルフをした人が納める税
⑦自動車取得税：自動車の取得にかかる税
⑧軽油引取税：現実の納入を伴う軽油の引取りにかかる税
⑨自動車税：自動車を所有している人にかかる税
⑩鉱区税：鉱物を掘るときにかかる税

❷目 的 税　**都道府県税の目的税**としては以下の2つがあります。

①狩猟税：鳥獣の保護及び狩猟に関する行政の実施に要する費用に充てるために，狩猟者の登録を受ける者に課す税
②水利地益税：水利事業，林道事業その他土地又は山林の利益となるべき事業の実施費用に充てるために，その事業によって特に利益を受ける者に課す税

(2) 市町村税

市町村税にも，普通税と目的税があります。

❶普 通 税　**市町村税の普通税**としては以下の6種類があります。

①市町村民税：住民税として，その市町村に住んでいる人が納めなければならない税
②固定資産税：その市町村の区域に土地や家屋を持っている人が納めなければならない税
③軽自動車税：オートバイや小型の自動車を所有している人の支払う税
④市町村たばこ税：製造たばこの売渡し等にかかる税
⑤鉱産税：鉱物を掘る事業者に対する税
⑥特別土地保有税：一定規模以上の土地を新たに取得した場合にかかる税

❷**目 的 税**　　**市町村税の目的税**としては主なものとして以下の5種類があります。

> ①都市計画税：都市計画事業を進める目的として課税される税
> ②水利地益権税：水利事業で利益を受ける人にかかる税
> ③共同施設税：汚物処理施設等を設置する際にかかる税
> ④宅地開発税：宅地造成などを行う際にかかる税
> ⑤国民健康保険税：国民健康保険を行う市町村が，国民健康保険に要する費用に充てる
> ことを目的として被保険者の属する世帯の世帯主に対し課す税

⑤国民健康保険税は地方公共団体によっては，保険料として徴収している場合もあります。さらに，その市町村の区域内に鉱泉浴場などの温泉地を抱える場合には，温泉に入浴する人にかかる**入湯税**もあります。また，人口30万人以上の都市では，事業者や事業用家屋等にかかる**事業所税**もあります。

（3）法定外税

法定外税とは，地方税法で定められている住民税，事業税，固定資産税などの各税目以外に，地方公共団体が特定の使用目的や事業の経費とするために，独自に条例で定めて設けることができる税金のことです。

　ここまでみてきたように地方公共団体が課する地方税には大まかに「普通税」と，「目的税」がありますが，法定外税にも，同様に法定外目的税と法定外普通税とがあります。

　法定外普通税は従来から認められていましたが，**法定外目的税**は，2000年4月に**地方分権一括法**が施行され，地方税法が改正され法定外税制度が変更されたときに，創設されたものです。この制度変更によって特定目的のための財源として独自課税の道が開かれました。た

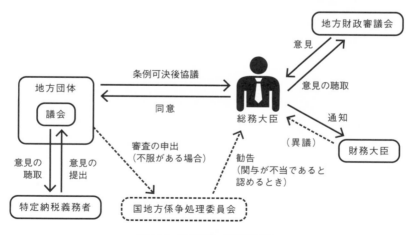

図 14-1　法定外税　新設の手続

（総務省 HP〈http://www.soumu.go.jp/main_content/000165239.pdf（2014年2月13日参照）〉の図を一部改変）

だし，地方公共団体が，法定外税を新設，変更しようとする場合は，あらかじめ総務大臣に協議し，その同意を得なければなりません。

②地方交付税

(1) 地方交付税とは

地方交付税とは，地方公共団体間の財源の不均衡を調整し，どの地域に住む国民にも一定の行政サービスを提供できるよう財源を保障するための税です。この税には，国庫支出金のような使途の制限がなく，地方公共団体の判断で使い道を決めることができる財源になっています。本来は，地方の税収入とすべきですが，団体間の財源の不均衡を調整し，すべての地方団体が一定の水準を維持しうるよう財源を保障する見地から，国税として国が代わって徴収し，一定の合理的な基準によって再配分する，いわば「国が地方に代わって徴収する地方税である」であると国は見解を示しています（平成17年2月15日衆議院本会議小泉総理大臣答弁）。

地方交付税の総額は，所得税・法人税，酒税及び消費税の一部，地方法人税の全額とされています（地方交付税法6条1項）。

地方交付税の種類は，普通交付税及び特別交付税とされています（地方交付税法6条の2）。

(2) 普通地方交付税とは

普通地方交付税とは，基準財政需要額が基準財政収入額を上まわった場合，その財源不足額が交付されます。反対に基準財政収入額が基準財政需要額を上まわった場合は，普通交付税は交付されず，不交付団体となります。

> 各地方公共団体の普通交付税額＝（基準財政需要額−基準財政収入額）＝財源不足額

基準財政需要額とは，各地方公共団体の財政上必要となる額を法律の規定に基づいて算定したものです。その算定は，行政経費の項目（教育費，土木費，警察費等）の別に，それぞれ設けられた測定単位（児童数，道路面積，職員数等）の数値に，単位費用と補正係数（寒冷地等の条件差異）を乗じた額です。

単位費用とは，「標準的条件を備えた地方団体が合理的，かつ妥当な水準において地方行政を行う場合又は標準的な施設を維持する場合に要する経費を基準」として算定されており，すべての地方公共団体について，同一の単位費用が用いられています。しかし，実際の各公共地方団体の測定単位当たりの行政経費は，自然的・社会的条件の違いによって大きな差があるので，これらの行政経費の差を反映させるため，その差の生ずる理由ごとに測定単位の数値を補正して，これが測定単位の数値の補正であり，補正に用いる乗率が**補正係数**と呼ばれています。

> 基準財政需要額＝単位費用×測定単位（人口，面積等）×補正係数（寒冷補正等）

　一方，**基準財政収入額**とは，各地方団体の財政力を合理的に測定する額です。具体的には，地方公共団体の標準税率に基づく地方税収入の75％に地方譲与税等を加えた額です。

> 基準財政収入額＝標準税率に基づく地方税収入×75％＋地方譲与税等

(3) 特別地方交付税とは

　特別地方交付税とは，基準財政需要額や基準財政収入額の算定に反映することのできなかった具体的な事情（台風，地震等の災害による被害等）を考慮して交付されるものです。普通交付税を交付されない不交付団体にも特別交付税は交付される場合もあります。

③分担金

　地方自治法224条では，分担金について以下のように規定しています。

> 普通地方公共団体は，政令で定める場合を除くほか，数人又は普通地方公共団体の一部に対し利益のある事件に関し，その必要な費用に充てるため，当該事件により特に利益を受ける者から，その受益の限度において，分担金を徴収することができる。

　分担金とは，このように特別の受益者に対して受益の限度において負担を求めるお金のことです。この分担金の額等については条例で定めなければなりません（228条）。

④使用料・手数料

　使用料とは，施設等の使用に対する対価として徴収するものです。使用料の種類としては，主に以下の4つが挙げられます。

> ①公の施設の使用（244条の2，225条）
> ②行政財産の目的外使用（238条の4第7項，225条）
> ③地方公営企業の給付についての料金（公営企業法21条）
> ④地方公共団体が管理する国の営造物の使用についての使用料（地方財政法23条）など

　手数料とは，特定の人に提供する役務に対して徴収する反対給付です（227条）。各種証明，許認可，登録などさまざまな事務について手数料を徴収しています。

　使用料も手数料も条例で定めなければなりません（228条）。ただし，手数料のうち，全国的に統一して定めることが特に必要と認められる**標準事務**（例えば，戸籍の謄本，抄本の交付等）

は，地方公共団体の手数料の標準に関する政令で定める金額を標準として定めなければなりません（同条1項）。

⑤ 地 方 債

(1) 地方債制度の概要

地方債とは，特定の歳出に充てるため地方公共団体が行う借入金のうち，その元利の償還を，借り入れた年度以後に行うものです。これに対して，借り入れた同一年度に返済する借入金のことを**一時借入金**といいます（235条の3）。

地方自治法230条1項では「普通地方公共団体は，別に法律で定める場合において，予算の定めるところにより，地方債を起こすことができる」とし，また同条2項では「前項の場合において，地方債の起債の目的，限度額，起債の方法，利率及び償還の方法は，予算でこれを定めなければならない」と規定しています。さらに，地方財政法5条1項では「地方公共団体の歳出は，地方債以外の歳入をもつて，その財源としなければならない」として，地方公共団体の財政制度は基本的に地方債によらない（非募債主義）こととしています。ただし，同条2項で「但し，左に掲げる場合においては，地方債をもつてその財源とすることができる」として，以下の5つのケースについて地方債の発行を認めています。

①交通事業などの公営企業に要する経費
②出資金，貸付金の財源とする場合
③地方債の借り換え
④災害復旧事業費に充てる場合
⑤公共・公用施設の建設事業の財源

経常経費に当てるためのいわゆる赤字地方債は原則として認められていませんが，地方公共団体の財政の健全化に関する法律12条の規定で，財政再生団体は収支不足額を財政再生計画の計画期間内に計画的に解消するため必要な範囲内で地方債を起こすことができます。

なお，地方財政法で定めるもののほか，特別法に基づく地方債として以下のものがあります。

① 辺地対策事業債（辺地に係る公共施設の総合整備のための財政上の特別措置等に関する法律5条）
② 過疎対策事業債（過疎地域自立促進特別措置法12条1項）
③ 再生振替特例債（地方公共団体の財政の健全化に関する法律12条1項）

(2) 地方債の機能

地方債の機能として，主に次の4点が挙げられます。以下で簡単に説明しましょう。

---

❶一般財源の補完
❷財政支出と財政収入の年度間調整
❸住民負担の世代間の公平のための調整
❹国の経済政策との調整

---

❶**一般財源の補完**　公共施設の建設事業や災害復旧事業などは，単年度に多額の財源が必要となり，地方税，地方交付税等の一般財源のみでその財源を賄うことは困難です。そのような場合に，地方債の発行により必要な資金を調達し**一般財源の補完**をすることが可能です。このように地方債は，地方税等の不足を補完する機能を有しており，一定の機動性と弾力性をもった地方財源の確保方策として重要な役割を担っています。

❷**財政支出と財政収入の年度間調整**　公共施設の建設等のために単年度に多額の支出を行った場合に，地方債の元利償還金の支払を後年度に平準化することによって，財政負担の年度間の調整を行うことができます。

❸**住民負担の世代間の公平のための調整**　道路や学校その他の公共施設等は長期間にわたって使用されるインフラストラクチャーです。地方債の元利償還金の支払財源に後年度の税収入等を充てることにより，建設時点の世代のみでなく，将来，公共施設を使い便益を受けることとなる後世代の住民も同様に負担をすることが可能になります。なお，こうしたことから，地方債の償還年限は，当該地方債を財源として建設した公共施設又は公用施設の耐用年数を超えてはなりません。

❹**国の経済政策との調整**　地方財政は，国民経済の中で重要な位置を占めており，行政投資の多くが地方公共団体により実施されていることから，国が行う経済政策も地方財政と一体となって行わなければ実効性に乏しいといえます。そのため，地方を通じて実施される建設事業費の財源となる地方債は，その発行量の増減によって事業量を調整することが可能であり，景気対策等において重要な機能を果たしています。

(3) 地方債の協議制度

　地方公共団体は，地方債を起こそうとする場合又は地方債の起債の方法，利率・償還の方法を変更しようとする場合は，都道府県は総務大臣，市町村は都道府県知事に協議しなければなりません（地方財政法5条の3第1項）。協議に対する総務大臣等の同意の有無によって，

起債が認められる内容等は異なります。

> 【同意のある場合】
> 総務大臣又は都道府県知事が同意をした地方債についてのみ，公的資金を借り入れることができる（同条7項）。
> 総務大臣又は都道府県知事が同意をした地方債についてのみ，元利償還金が，地方財政計画に算入される（同条8項）。
> 【同意のない場合】
> 総務大臣又は都道府県知事の同意がない場合に地方債を起こそうとする場合等は，あらかじめ議会に報告しなければならない（同条9項）。

(4) 地方財政法上の許可

次に掲げる地方公共団体は，地方債を起こそうとし，又は起こした地方債の起債の方法，利率若しくは償還の方法を変更しようとする場合には，総務大臣又は都道府県知事の許可を受けなければなりません（地方財政法5条の4第1項）。

> 【対象団体】
> ① 実質赤字額が政令で定める額以上である地方公共団体
> ② 実質公債費比率が政令で定める数値以上である地方公共団体
> ③ 地方債の元利償還金の支払を遅延している地方公共団体
> ④ 普通税の税率が標準税率未満の地方公共団体

(5) 財政再生団体等の起債

再生判断比率のいずれかが財政再生基準以上であり，かつ，財政再生計画の同意を得ていないときは，地方債をもってその歳出の財源とすることができません（地方公共団体の財政の健全化に関する法律11条）。

また，再生判断比率のいずれかが財政再生基準以上である地方公共団体は，地方債を起こす場合又は起債の方法，利率・償還の方法を変更しようとする場合には，総務大臣の許可を受けなければなりません（同法13条1項）。

(6) 地方債の届出制

財政健全化法に基づく実質公債費比率，実質赤字額，連結実質赤字比率及び将来負担比率が政令で定める基準を満たす地方公共団体は，地方債を起こす際等に，総務大臣又は都道府県知事との協議が不要であり事前届出で足りるとされます（地方財政法5条の3第3項）。

ただし，この要件を満たす地方公共団体であっても，資金の不足額がある公営企業に係る

民間資金債を発行する場合は，総務大臣又は都道府県知事と協議をしなければなりません（同条6項）。

⑥収入方法

(1) 収入方法

　地方公共団体が歳入を収入するときは，調定し，納入義務者に対して納入の通知をしなければなりません（231条）。収納の方法としては，現金ほか口座振替，証券，証紙による納付が認められていましたが，2006年の地方自治法の改正でクレジットカードによる納付も認められることになりました。

(2) 私人への徴収委託

　地方公共団体は，法律又はこれに基づく政令に特別の定めがある場合を除くほか，公金の徴収・収納の権限を私人に委任するなど私人に行わせてはなりません（243条）。この規定を受けて，地方自治法施行令158条1項で，①使用料，②手数料，③賃貸料，④物品売払代金，⑤貸付金の元利償還金及びこれらに係る延滞金・遅延損害金に限って，私人に委託することが認められています。

14-03 　地方公共団体の歳出

●歳出の方法

(1) 会計管理者と長との関係

　地方公共団体は，「その事務を処理するために必要な経費」及び「法律又はこれに基づく政令により当該普通地方公共団体の負担に属する経費」を支弁しなければなりません（232条）。ただし，地方自治法232条の4では，**会計管理者**は，長の命令がなければ，支出をすることができない旨が定められています。**長の支出命令**を受けた会計管理者は，①支出負担行為が法令又は予算に違反していないこと及び②支出負担行為に係る債務が確定していることを確認したうえで支出を行うことになります。

　このように，地方公共団体の支出手続において，支出を命ずる機関と実際に支出を行う機関とは分離されているのです。

(2) 支出負担行為と支出

　支出負担行為とは，地方公共団体の支出の原因となるべき契約その他の行為のことで，法令又は予算の定めるところに従い行わなければなりません（232条の3）。具体的には契約，補助金の交付決定等，地方公共団体として支出の義務を負うような行為がこれに当たります。

支出とは区別して，実際に支払いの段階のみならず，支出の義務を負う段階でも予算に基づく適正な執行を求めるものです。

（3）支　　出

　地方公共団体の**支出**は，債権者のためでなければ行うことができません（232条の5第1項）。「債権者のため」とは，債権者だけでなく債権者から委任を受けた者などを含みます。また支出の方法としては，❶資金前渡，❷概算払，❸前金払，❹繰替払，❺隔地払又は❻口座振替の方法によることができます（同条2項）。

❶資金前渡　　**資金前渡**とは，職員に現金での支払をさせるため，その現金を職員に前渡することをいいます。資金前渡することができる経費としては，①外国や遠隔の地又は交通不便の地域において支払をする経費②給与その他の給付，③官公署に対して支払う経費，④生活扶助費，生業扶助費その他これらに類する経費などがあります（地方自治法施行令161条）。

❷概算払　　**概算払**とは，支払うべき金額の確定前に概算で支払うものです。支払うことができる経費の範囲としては，①旅費，②補助金，負担金及び交付金，③訴訟に要する経費などがあります（地方自治法施行令162条）。

❸前金払　　**前金払**とは，支払うべき債務の履行期が到来する前に支払うものです。これにより支払うことができる経費の範囲としては，①官公署に対して支払う経費，②補助金，負担金，交付金及び委託費，③前金で支払をしなければ契約しがたい請負，買入れ又は借入れに要する経費，④土地又は家屋の買収又は収用によりその移転を必要とすることとなった家屋又は物件の移転料などがあります（地方自治法施行令163条）。

❹繰替払　　**繰替払**とは，競輪や競馬等の開催地で支払う勝者投票券の払戻金等を投票券の売り上げから一時繰り替えて使用する支出方法をいいます。この支払い方法の対象となるのは，①地方税の報奨金，当該地方税の収入金，②競輪，競馬等の開催地において支払う報償金，勝者，勝馬等の的中投票券の払戻金及び投票券の買戻金，当該競輪，競馬等の投票券の発売代金などです（地方自治法施行令164条）。本来，投票券の売り上げは地方公共団体の歳入として受け入れ，買戻金は別途市の会計から支出すべきものですが，例外的に現金を繰り替えて支出するのです。この場合でも，総計予算主義の原則に基づいて，歳入，歳出の会計処理は原則どおり行わなければなりません。

❺隔地払　　**隔地払**とは，地方公共団体の遠隔地の債権者に対して支払いをする必要がある場合に，支払場所を指定して，指定金融機関等に対して支払いに必要な資金を交付して送

金の手続をして，その旨を債権者に通知することによって，支払う方法です（地方自治法施行令165条）。

❻口座振替による支出　　口座振替による支出は現在最も一般的な支払方法で，金融機関に通知して債権者の預金口座への支払いを行うものです（地方自治法施行令165条の2）。

15 地方公共団体の財産管理

この章では，地方公共団体の**財産管理**について学びます。

地方公共団体は，その行政活動のために数多くの財産を保有しています。当然のことながらそれらの財産については，効率的，適正な管理が行われなければなりません。

地方自治法では，公有財産，物品，債権，基金に分類して，それらの性質別に適正な管理を行うこととしています。**公有財産**については，さらに，行政財産と普通財産とに区分されています。**行政財産**とは，行政目的に活用する公有財産で，地方公共団体とってはもっとも重要な財産といっても過言ではありません。そのため，行政財産は，貸付，交換，売払い，譲与，出資の目的とすること，信託すること，行政財産に私権を設定することは禁止されています。一方，**普通財産**については，特別の行政目的を有しない財産であるため，貸付，売払いなどを行うことが可能です。

しかし，行政財産であっても，私人に対して利用することを認めたほうが，その財産の有効な活用につながる場合もあります。そのため，行政財産の貸付や目的外使用許可によって私人に対して行政財産の利用を認める場合があります。そのような行政財産の性質別の管理方法を十分に理解して適切に管理しなければなりません。

財産の適正な管理を怠った場合も**住民訴訟**の対象とされています。地方公共団体職員は適正な財産管理を行わなければ職員が個人として責任を問われることもあるのです。

15-01　地方公共団体の財産の分類

地方公共団体は，私人と同様に，さまざまな財産を所有し，その財産に関して売買契約，賃貸借契約等の契約を締結する場合があります。しかし，地方公共団体の財産に関する契約は，その性格上，一般私人が有している財産とは異なる制約があります。

①地方公共団体の財産の分類

地方公共団体の所有する財産については，所有目的などによって分類されていて，その分類によって管理に関する規制も異なっています。そのため，**地方公共団体の財産の分類**を理解することから始めましょう（図15-1）。地方公共団体が所有する財産は，「公有財産」，「物品」，「債権」及び「基金」に分類されます。**公有財産**は，行政財産と普通財産とに分類されます。**行政財産**とは，普通地方公共団体において公用又は公共用に供する財産をいい，**普通財産**とは行政財産以外の一切の公有財産をいいます（238条4項）。さらに，**物品**とは，公有財産以外の動産をいいます（239条1項）。

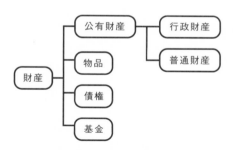

図15-1　地方公共団体の財産の分類

②財産管理の禁止事項

地方公共団体の健全な財政運営のためには，その財産が適正に管理される必要があるため，以下のような禁止事項があります。

- 公有財産，物品等の地方公共団体の財産については，条例又は議会の議決による場合でなければ，原則としてこれを交換し，出資の目的・支払手段として使用し，又は適正な対価なくしてこれを譲渡し，又は貸し付けてはなりません（237条2項）。
- 議会の議決によるとき等でなければ，これを信託することはできません（同条3項）。

この禁止事項は，財産の所有目的等による分類にかかわりなく，地方公共団体が所有する

財産全体に関する規制ですが，地方公共団体の財産は所有目的に応じて分類され，その分類に応じた管理方法や処分に関する規制等が規定されています。

15-02　公有財産

①公有財産の分類

地方自治法において，公有財産には次のものが位置づけられています（238条1項）。

①不動産
②船舶，浮標，浮桟橋及び浮ドック並びに航空機
③前2号に掲げる不動産及び動産の従物
④地上権，地役権，鉱業権その他これらに準ずる権利
⑤特許権，著作権，商標権，実用新案権その他これらに準ずる権利
⑥株式，社債（特別の法律により設立された法人の発行する債券に表示されるべき権利を含み，短期社債等を除く），地方債及び国債その他これらに準ずる権利
⑦出資による権利
⑧財産の信託の受益権

(1) 不動産

まず，公有財産の中心に位置づけられるのが不動産です。ここで，**不動産**とはいったい何かということを明らかにしておきましょう。

ほとんどの皆さんは「不動産といえば土地と建物です」と答えるのではないでしょうか。一般的にはそれで正解ですが，法律を学ぶ上ではそれでは不十分です。法律を学ぶ皆さんはちゃんと法律の条文を確認していただきたいと思います。不動産の定義については，民法で「土地及びその定着物は，不動産とする」と定義がなされています（民法86条1項）。

ここではっきりしないのが，「その定着物」の意味です。**定着物**とは，「継続して土地に固着し，固着して使用されることがその物の性質と認められるもの」をいいます。例えば，建物や石垣などがこの定着物に当たります。ところで不動産以外の物は法律でどのように位置づけられているかというと「不動産以外の物は，すべて動産とする」としており，不動産以外の物はすべて**動産**として扱われるとされています（同条2項）。

ここまで理解したうえで，もう一度，公有財産に戻ってみましょう。**公有財産**にはまず不動産が位置づけられていますが，地方自治法では，船舶や航空機のように動産であっても不動産と同様に重要な価値を有する物を公有財産として位置づけています。

②行政財産と普通財産

先述のように地方自治法では，**公有財産**をさらに「行政財産」と「普通財産」とに区分しています（238条3項）。

(1) 行政財産と普通財産

行政財産とは，地方公共団体において「公用又は公共の用」に使用しているもの，あるいは「公用又は公共の用」に使用することを決定した財産をいいます。これに対して**普通財産**とは，行政財産以外のすべての公有財産をいいます（238条4項）。

(2) 公用と公共の用

ここで「公用」あるいは「公共の用」の意味が問題となります。まず，**公用**というのは，地方公共団体が事務を執行するために直接使用することをいいます。例えば，庁舎，議事堂などがこれに当たります。一方，**公共の用**とは，住民の利用に供することを本来の目的とすることです。例えば，道路，病院，福祉施設，学校，公園などが挙げられます。このような目的をもった公有財産は，行政財産と位置づけられ，このような公用，あるいは公共用目的をもたない財産が普通財産と位置づけられることになります。

③行政財産の管理，処分

行政財産は，地方公共団体が公用又は公共の用に使用する目的で保有する財産であるため，その管理，処分については，普通財産以上に厳しい規制があります。**行政財産の管理，処分の規制**として，貸付，交換，売払い，譲与，出資の目的とすること，信託すること，行政財産に私権を設定することが禁止されています（238条の4第1項）。

このうち**譲与**とは，無償で財産を譲渡することをいい，贈与と同じ意味です。**私権の設定**とは，地上権，地役権等を設定したり，担保の目的物とすることを意味します。しかし，行政財産についても，その本来の目的に反しない限り，貸し付けたり，私権を設定することが認められています。**行政財産の使用を私人に認める方法**としては，行政財産の貸付等の私権の設定と目的外使用許可との2つの方法があります。

(1) 行政財産である土地を貸し付けることができる場合

次のような場合には，行政財産について貸付，地上権の設定等を行うことができます（238条の4第2項）。

①行政財産である土地本来の目的を効果的に達成することに資する堅固な建物を所有する者に，その土地を貸し付けることができます（同項1号）。空港ターミナルビル，港

湾における荷揚げ施設，倉庫等の用地の貸付等が想定されます。

②庁舎等と民間施設等を合築して区分所有する場合に敷地として，行政財産である土地を貸し付けることができます（同項2号，3号）。

③行政財産である庁舎等の建物や土地に余裕がある場合に，貸し付けることができます（同項4号）。市町村合併により，庁舎等に余裕が生じたことから，この規定が追加されました。

④鉄道や電気，ガス事業等のために，行政財産である土地に地上権や地役権を設定することができます（同項5号，6号）。

　なお，貸付期間中に地方公共団体において公用又は公共用に供するため必要を生じたときは，その契約を解除することができます（238条の5第4項，同条の4第5項）。この場合に，借受人は，これによって生じた損失の補償を求めることができます（同条の5第5項，同条の4第5項）。あくまで賃貸借契約であることから，賃料は当事者の合意で決定することになります。ただし，条例で定める場合以外の場合で適正な価格より安価に貸し付ける場合には，議会の議決が必要です（96条1項6号）。

(2) 行政財産の目的外使用許可

　行政財産である施設を民間事業者等に使用させる方法としては，貸付以外にも**目的外使用許可**があります。これによって行政財産について，その用途又は目的を妨げない限度において，行政財産の目的外使用を許可することができます（238条の4第7項）。

❶**目的外使用許可の例**　行政財産について本来の用途以外に使用させても，本来の目的を損なわないばかりか，場合によっては行政財産の効用を高める場合もあります。そのような場合には行政財産の使用を認める許可を行うことができます。例えば，庁舎や文化ホールに民間事業者がレストランやコンビニあるいは銀行の支店を設置する場合など，施設本来の目的を損なわず，利用者の利便性が増すことも期待できるため，行政財産の目的外使用許可を行うことがあります。

❷**許可の取り消し**　行政財産の使用を許可した場合において，公用・公共用に供するため必要を生じたとき，又は許可の条件に違反する行為があると認めるときは，その許可を取り消すことができます（238条の4第9項）。公用・公共用に供するため必要を生じたとして，許可を取り消す場合は，相手方に対する損失補償の要否に関しては最高裁判決があります。

> 判　例：「当該行政財産本来の用途または目的上の必要を生じたときはその時点において原則として消滅すべきものであり，また，権利自体に右のような制約が内在しているものとして付与されているものとみるのが相当である」（最判昭和49年2月5日民集28巻1号1頁）。この判例では，例外的に，補償が必要な場合として「使用権者が使用許可を受けるに当たりその対価の支払いをしているが当該行政財産の使用収益により右対価を償却するに足りないと認められる期間内に当該行政財産に右の必要を生じたとか，使用許可に際し別段の定めがされている等により，行政財産についての右の必要にかかわらず使用権者がなお当該使用権を保有する実質的理由を有すると認めるに足りる特別の事情が存する場合」に限られるとしています。

　また，行政財産の目的外使用許可の場合には，借地借家法の規定は適用されません（238条の4第8項）が，行政財産の貸付，地上権の設定については借地借家法の規定が適用されます（238条の4第8項の反対解釈）。

④普通財産の管理

　普通財産とは，地方公共団体が特に行政目的を有さずに保有している公有財産です。このため，貸し付け，交換し，売り払い，譲与し，出資の目的とし，又はこれに私権を設定する，あるいは信託するなど幅広い管理あるいは処分の方法が認められています（238条の5第1項，2項）。

　普通財産を貸し付けた場合は借地借家法の適用はありますが，貸付期間中に地方公共団体において公用又は公共用に供するため必要を生じたときは，契約を解除することができます（同条第4項）。この場合は，借受人は，これによって生じた損失につきその補償を求めることができます（同条5項）。

⑤職員の行為制限

　公有財産や物品に関する事務に従事する職員は，その取扱いに係る公有財産あるいは物品を譲り受け，また，自己の所有物と交換することができないとされており，これに違反して契約を締結した場合はその契約は無効になります（238条の3，239条2項，3項）。

15-03　その他の財産の管理

①物　　品

　地方自治法において，**物品**とは，「地方公共団体の所有に属する動産で，①現金（現金に代えて納付される証券を含む），②公有財産に属するもの，③基金に属するもの以外のもの」及び「地方公共団体が使用のために保管する動産」をいいます（239条1項）。

　物品を適正な対価なく売払う場合は議会の議決が必要です（237条2項）が，適正な対価で

売却する限り知事・市町村長の判断で行うことができます（149条6号）。

②債権及び基金

債権と基金も地方公共団体の財産として位置づけられています。

(1) 債　権

債権とは，金銭の給付を目的とする地方公共団体の権利をいいます（240条1項）。地方公共団体の債権は，公債権（公法上の原因（法令又は行政処分）に基づいて発生する債権）と私債権（私法上の原因（契約，不法行為，事務管理又は不当利得）に基づいて発生する債権）に分類できます。さらに公債権は，滞納処分（強制徴収）による徴収が可能とされる強制徴収公債権とそれ以外の非強制徴収公債権とに分類できます。強制徴収公債権には，地方税（法第223条），分担金（法第224条），加入金（法第226条），過料（法第14条第3項等），下水道使用料（法附則第6条第3号），国民健康保険料（国民健康保険法第79条の2），介護保険料（介護保険法第144条），道路占用料（道路法第73条第3項）等があります。

(2) 基　金

基金とは，地方公共団体が条例の定めるところにより，①特定の目的のために財産を維持し，資金を積み立て，又は②定額の資金を運用するために設けるものです（241条1項），基金を設けた場合には財産として管理されることになります。

まず，特定の目的のために財産を維持し，あるいは資金を積み立てるために設置される基金（財産維持・資金積立基金）の例としては，地方債の償還のために積み立てる現金である**減債基金**があります。

また，一定額の原資金を運用することで特定の事務や事業を運営するために設けられる基金の例としては，物品（用品）の一元管理，購入のために設ける**用品調達基金**があります。

16 公の施設

　この章では，公の施設について学びます。**公の施設**とは，地方自治法 244 条で「住民の福祉を増進する目的をもって，その利用に供するための施設」とされています。公の施設として位置づけられるのは，公園，体育施設，道路，学校，図書館などさまざまな施設がありますが，地方公共団体が提供する行政サービスにおいて非常に重要な位置を占めています。

　公の施設の利用に関しては差別的扱いが禁止されていますが，地方公共団体としては公平，公正かつ効率的に施設の管理を行うことが求められています。また公の施設は，集会の自由のために活用される重要な施設であるため，その使用の拒否をめぐって数多くの訴訟が提起されています。地方公共団体としても判例も踏まえて使用許可を適切に行う必要があります。

　また，近年では，民間企業などの団体が公の施設の管理を行うという**指定管理者制度**が導入されています。この指定管理者制度によって，民間のノウハウを活用し，公の施設の管理をより効率的効果的に行うことが期待されています。しかし，あくまで住民の福祉の増進を目的とする施設であるため，地方公共団体としても指定管理者の管理をコントロールする必要があります。

　このように公の施設は，住民にとっても非常に重要な施設といえます。そのため，住民には一定の利用権が確保されています。その**利用に関する不服申立て**については，特則が設けられており，より慎重な審議が行われることになります。

16-01　公の施設とは

公の施設とは，地方自治法244条で「住民の福祉を増進する目的をもって，その利用に供するための施設」とされています。つまり以下の３要件を満たす施設が公の施設に当たるものと考えられます。

①その地方公共団体の住民の利用に供するものであること
②住民の福祉増進を目的とするものであること
③地方公共団体が設置するものであること

　具体的には，公の施設として公園，体育施設，道路，学校，図書館，博物館，公民館，病院，公営住宅，保育所などが挙げられます。他方，庁舎や試験研究機関など住民の利用に供することを目的としていない施設や，財政上の必要のために設置する競輪場，社会公共秩序維持のために設けられる留置場などは，公の施設に当たらないと解されています。

16-02　公の施設の設置と管理

①設　　置

　公の施設は「広く住民の利用に供する」というその性格上，各施設の設置目的の範囲内で住民が公平に利用することが確保されていなければなりません。また，**公の施設の設置及び管理**については，法律又はこれに基づく特別の定めがあるものを除くほか，条例で定めなければならないとしています（244条の２第１項）。住民の代表である議会で定める条例で規定することにより，公平な利用を確保しようとしているのです。

②管　　理

　公の施設の管理は，原則として設置者である地方公共団体が行います。しかし，近年の「民による行政」あるいは「行政の民間化」に伴い指定管理者制度が創設されました。これにより，設置者である地方公共団体が直接行う場合のほか，指定管理者によることも可能になりました（244条の２第３項）。
　この**指定管理者制度**は，地方公共団体の出資法人だけでなく，出資法人以外の民間営利企業も含む地方公共団体が指定する者（指定管理者）が管理を代行することができる制度です。指定管理者制度のメリットとしては，いくつかの点が挙げられますが，最も大きなメリットは指定管理者の範囲に特段の制限を設けないことから，民間事業者の参入が可能になったこ

とです。これによって、民間事業者等のノウハウを活用して住民への多様で満足度の高いサービスの提供を行うことが可能になりました。また、利用料金制度を併せて導入するならば、民間事業者の効率的な経営により、施設の利用料金の引下げが期待できます。さらに、複数の候補の中から指定管理者を指定することも期待できます。

なお、地方自治法では以下のような規定により、知事・市町村長あるいは委員会による指定管理者に対する関与を定めています。

> 普通地方公共団体の長又は委員会は、（略）指定管理者に対して、当該管理の業務又は経理の状況に関し報告を求め、実地について調査し、又は必要な指示をすることができる（244条の2第10項）。

16-03 公の施設の利用

①住民の利用権

公の施設は、住民の福祉を増進する目的をもって住民の利用に供するための施設として設置されているものであるため、地方公共団体の住民は公の施設について正当な理由がない限り利用を拒否されることはありません（244条2項）。この正当な理由としては、①使用料を支払わない場合、②収容人数を超える場合、③他の利用者に著しい迷惑を及ぼすことが明らかな場合などが考えられます。

また、**公の施設の利用**に関して、不当な差別的取扱いも禁止されています（244条3項）。この差別的取扱いとは、利用者の人種、信条、性別、身分等により、利用者の便宜・制限を図ったり、使用料に差を設けたりすることをいいます。ただし、その地方公共団体の住民以外の利用者から住民よりも高額の使用料を徴収することは、これに反しないものと解されています（川崎基本解説, 102頁）。

> 判　例：地方公共団体が営む水道事業の水道料金を定めた条例の改正により、住民基本台帳に記録されていない給水契約者（別荘給水契約者）の基本料金をその他の給水契約者（一般の住民）の基本料金の3.57倍を超える金額とすることなどを内容とする水道料金の増額改定が行われたことに関して条例の改正の有効性が争われた事案（平成18年7月14日民集60巻6号2369頁）において、「本件改正条例による別荘給水契約者の基本料金の改定は、地方自治法244条3項にいう不当な差別的取扱いに当たる」としました。

（1）宗教団体の利用

憲法89条では、公の財産は、宗教上の組織・団体の使用、便益・維持のためその利用に供してはなりません。これはすべての**宗教団体の利用**を禁止したものではなく、特定の宗教の

助長助成につながるような特権的利用を禁止したものと考えられています（目的効果説）。

　つまり特定の宗教の助長助成とならない限り，宗教団体であることを理由として公の施設の利用を拒むことはできません。

(2) 利用拒否に関する判例

　公の施設の利用拒否については，憲法が保障する「集会の自由」に対する制約ともなり，最高裁においてもこの点から判断をされています。

> 判　例：泉佐野市市民会館事件（最判平成7年3月7日民集49巻3号687頁）では，公の秩序をみだすおそれがある場合とは「本会館で集会が開かれることによって，人の生命，身体又は財産が侵害され，公共の安全が損なわれる危険を回避し，防止することの必要性が優越する場合をいうものと限定して解するべきであり，その危険性の程度としては」，「単に危険な事態が生じる蓋然性があるというだけでは足りず，明らかな差し迫った危険の発生が具体的に予見されることが必要である」としています。また，上尾市福祉会館事件（最判平成8年3月15日民集50巻3号549頁）も同様に，公の施設の利用を拒否できる正当の理由について厳格に解しています。

②使用料，利用料金

　公の施設の利用に関して**使用料**を徴収することができます（225条）。ただし，この使用料については条例で定めなければなりません（228条）。

　指定管理者が管理する施設については，**利用料金**として指定管理者の収入とすることもできます（利用料金制度。244条の2第8項）。この場合の利用料金は，条例の規定に従ってあらかじめその利用料金について普通地方公共団体の承認を受け指定管理者が定めることになります（同条9項）。

③利用に関する不服申立て

　教育委員会等の委員会が行った処分については，その地方公共団体の知事・市町村長に審査請求をすることができます（244条の4第1項）。さらに，指定管理者がした公の施設を利用する権利に関する処分についての審査請求は，その地方公共団体の知事・市町村長に対して行います（同条2項）。

　地方公共団体の知事・市町村長は公の施設を利用する権利に関する処分について，異議申立て又は審査請求があった場合は，議会に諮問してこれを決定しなければなりません（同条4項）。議会は，この諮問があった場合は，諮問があった日から20日以内に意見を述べなければなりません（同条3項）。

第 3 部
行政救済制度

17 行政救済法制度

この章では，行政救済制度を学びます。

行政機関が行った行政処分などに対して不服がある場合に，相手方である住民が救済を求める方法として**行政救済制度**があります。地方公共団体の職員としては，当然に適法適正な行政活動を行う必要がありますが，住民の側からどのような方法で救済を求めることができるかを理解しておくことも大切なことです。

行政処分に対する救済制度として，まず**行政不服審査法**に基づく不服申立てがあり，**審査請求**，**再調査の請求**，そして**再審査請求**が規定されています。それぞれの対象となる行政処分などが異なりますので，その点について理解しておく必要があります。**行政不服申立て**は，訴訟とは異なり，行政機関が判断を行うため，特別な経費もかからずに迅速な処理が期待できます。しかし一方では，裁判所のような中立の機関が判断を行うものではないというデメリットもあります。

行政処分等に関する救済方法として，さらに**行政事件訴訟法**に基づく救済があります。**行政訴訟**については，行政不服申立てとは逆に，時間とコストがかかるというデメリットがありますが，中立の判断が期待できるというメリットが期待できます。

これらの行政救済制度に関して職員にとってもっとも重要なものが**教示制度**です。教示制度とは，不服申立てや行政事件訴訟の取消訴訟を提起ができる処分を行うときは，その処分に対し不服申立て・訴訟を行うことができる旨や不服申立て・訴訟を行うことができる期間等を相手方に示すことをいいます。この点については十分に留意して行政処分を行わなければなりません。

もう一点，金銭的な救済制度として，**国家補償制度**があります。地方公共団体などの行政機関の行為によって，損害又は損失が生じた場合に金銭的に補償する制度です。この国家補償制度として，損害賠償と損失補償とがあります。

損害賠償は，行政機関の違法な行為によって損害が生じた場合に，その損害の賠償を求めるものです。一方，**損失補償**は行政機関の適法な行為によって相手方に損失が生じた場合に，その損失を補償するものです。

17-01　行政不服申立て

①制度の概要

　行政不服申立てとは，行政庁の処分又は不作為に関する不服の申立てに対し，処分等の違法性，不当性について行政機関が審査を行う制度をいいます。その目的は，「国民が簡易迅速かつ公正な手続の下で広く行政庁に対する不服申立てをすることができるための制度を定めることにより，国民の権利利益の救済を図るとともに，行政の適正な運営を確保する」こととされています（**行政不服審査法**（以下「審査法」といいます。）1条1項）。

　行政庁の処分について行政事件訴訟法に基づき訴訟によって争うことも可能ですが，訴訟手続とは次のような違いがあります。行政不服申立ては，行政機関自身による審査を前提として救済制度であり，訴訟手続に比べて簡易・迅速な救済が可能となる点が長所として挙げられています。また，**行政不服審査**は，行政機関による自己統制の制度であるため処分の妥当・不当の問題についても判断の対象となります。これに対して，**行政訴訟**は司法権として法的問題の解決に限られることから，処分の適法・違法だけが判断されます。

　ただし，行政不服申立制度は，行政機関による審査であるため，裁判所による救済と比べて中立性や判断の慎重さに欠けるという課題が指摘されていました。そのため，できる限り中立公正な判断を行うことができるように，審査法は1962年の制定以来の大改正が行われ，2016年4月1日から施行されました（以下，改正後の法律を「新法」といいます）。

②行政不服申立ての種類

　2016年の改正前の審査法（以下「旧法」といいます。）では，行政不服申立てとして異議申立てと審査請求が規定されていました。**異議申立て**とは，処分庁（処分を行った行政庁のことです。）・不作為庁（申請に対して処分等を行わない行政庁のことです。）に対して行われる不服申立制度です。また，審査請求とは原則として処分庁・不作為庁の直近行政庁に対して行われる不服申立制度です。そして異議申立て，審査請求のいずれの手続によるべきかについては，複雑なルールが設けられており，一般の市民にはなかなか理解できないものとなっていました。そこで新法では制度の単純化が図られ，異議申立てが審査請求に一元化されました。新法では，(1) **審査請求**，(2) **再調査の請求**，(3) **再審査請求**という，3種類の不服申立手続が設けられました。

(1)　審査請求
　審査請求とは，行政庁の処分及びその不作為について，審査庁に対して不服申立てをする手続です。審査庁とは審査請求を審査する行政庁のことで，原則として処分庁，不作為庁の最上級行政庁が審査庁に当たるものとされています。なお，処分庁・不作為庁に上級行政庁

がない場合には，法律に特別の規定がなければ，処分庁あるいは不作為庁自身が審査庁となります。

(2) 再調査の請求

再調査の請求とは，審査請求よりも簡易な手続で処分庁自身が事実関係を，再度，調査することなどにより処分の見直しを行う手続です。再調査の請求は，処分が大量に行われ，処分に関する不服が法定された要件事実該当性の当否に係るような法制度において，処分庁が審査請求よりも簡略な手続で処分の見直しを行い，迅速に紛争を処理することを目的として設けられた制度です。

この請求は，個別法（審査法ではなく，個別の行政処分の根拠となる法律）に再調査の請求をすることができる旨の定めがあるときに，処分庁に対して求めることができます（審査法5条）。

個別法が再調査の請求を定める場合に，審査請求と再調査の請求のどちらを利用するかは，処分を受けた人の自由な選択にゆだねられています。ただし，再調査の請求をしたときには，原則として，当該再調査の請求についての決定を経た後でなければ，審査請求はできないこととされています（同条2項）。なお，不作為については，再調査の請求は対象とされていません。

(3) 再審査請求

再審査請求は，審査請求を行った後に審査庁の裁決に不服がある場合に，さらに別の行政機関（再審査庁）に対して行う不服申立ての制度です（審査法6条）。ただし，この再審査請求はすべての裁決に対して行うことができるわけではなく，個別法に再審査請求をすることができる旨の定めがある場合に限って行うことができます。なお，再審査請求は，審査請求に対する裁決，原処分のいずれについても求めることができます（同条2項）。

③審査請求の手続き等

それではまず審査請求から，具体的な手続等をみていくことにしましょう。

(1) 審査庁

審査請求は，旧法では原則として直近上級行政庁に対して行うこととされていましたが，新法では原則として処分庁・不作為庁の最上級行政庁に対して行うこととされました。処分庁，不作為庁に上級行政庁がない場合には当該処分庁，不作為庁自身が審査庁となります。ただし，次のような例外があります（表17-1）。

表 17-1　最上級行政庁以外が審査庁となる場合

処分庁・不作為庁	審査庁
①処分庁・不作為庁に上級行政庁がない場合	当該処分庁・不作為庁
②処分庁・不作為庁が主任の大臣，宮内庁長官，外局の長である場合	当該処分庁・不作為庁
③大臣・長官が処分庁・不作庁の上級行政庁である場合	大臣・長官

　なお，上級行政庁の存否については，それぞれの行政機関の設置根拠，権限等に関する法令の規定によることになります。地方公共団体が行う処分の多くは知事，市町村長の権限で行われていますが，知事，市町村長には上級行政庁がありませんので，原則として知事，市町村長自身が審査庁となります。地方公共団体のその他の執行機関の上級行政庁については，それぞれの根拠法令等を検討する必要があります。例えば，地方公共団体の公営企業管理者の場合，公営企業法 16 条で「地方公共団体の長は，（略）管理者に対し，当該地方公営企業の業務の執行について必要な指示をすることができる」と規定されていることから，知事・市町村長が公営企業管理者の上級行政庁になります。これに対して，教育委員会については，地方教育行政の組織及び運営に関する法律において，教育委員会の職務権限と知事・市町村長の職務権限とが個別に規定されているだけで，知事・市町村長が教育委員会の上級行政庁であるとする規定はありません。教育委員会はいわゆる行政委員会と呼ばれ知事・市町村長から独立した組織であるため，「知事・市町村長が指示をすることができる」といった規定はされていないのです。したがって，教育委員会について上級行政庁は存在しないとも考えられます。教育委員会が行った行政処分については，原則として教育委員会自身が審査庁となります。

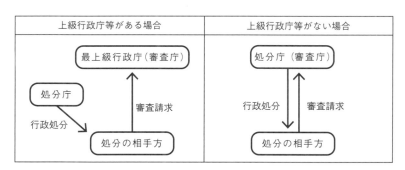

図 17-1　審査庁

(2) 審査請求の要件

　審査請求を適法に行うためには，❶審査請求の対象となる処分・不作為が存在すること，❷審査請求の適用除外とされていないこと，❸審査請求の方式に従うこと，❹審査請求の資格を有すること，❺審査請求期間内であることが必要です。

❶**審査請求の対象となる処分・不作為が存在すること**　審査請求の対象としては，「行政庁の処分その他公権力の行使に当たる行為」（以下，単に「処分」といいます。審査法1条2項）及び「法令に基づく申請に対して何らの処分をもしないこと」（以下，単に「不作為」といいます。同法3条）とされています。なお，処分及び不作為については，法令に基づく処分あるいは申請だけでなく，条例に基づく処分及び申請も含まれます。また，不作為とは，あくまで申請に応答しないことを意味するため，規制権限を行使しないなどのように申請に基づかない権限の不行使に対しては審査請求をすることはできません。

❷**審査請求の適用除外とされていないこと**　審査法又は他の法律で不服申立制度の適用除外とされていないことが必要です。なお，審査法で審査請求ができないとされている処分は次のとおりです（審査法7条1項）。

【審査請求の対象外の処分】
①国会の両院若しくは一院又は議会の議決によってされる処分
②裁判所若しくは裁判官の裁判により，又は裁判の執行としてされる処分
③国会の両院若しくは一院若しくは議会の議決を経て，又はこれらの同意若しくは承認を得た上でされるべきものとされている処分
④検査官会議で決すべきものとされている処分
⑤当事者間の法律関係を確認し，又は形成する処分で，法令の規定により当該処分に関する訴えにおいてその法律関係の当事者の一方を被告とすべきものと定められているもの
⑥刑事事件に関する法令に基づいて検察官，検察事務官又は司法警察職員がする処分
⑦国税又は地方税の犯則事件に関する法令（略）に基づいて国税庁長官，国税局長，税務署長，収税官吏，税関長，税関職員又は徴税吏員（略）がする処分及び金融商品取引の犯則事件に関する法令（略）に基づいて証券取引等監視委員会，その職員（略），財務局長又は財務支局長がする処分
⑧学校，講習所，訓練所又は研修所において，教育，講習，訓練又は研修の目的を達成するために，学生，生徒，児童若しくは幼児若しくはこれらの保護者，講習生，訓練生又は研修生に対してされる処分
⑨刑務所，少年刑務所，拘置所，留置施設，海上保安留置施設，少年院，少年鑑別所又は婦人補導院において，収容の目的を達成するためにされる処分
⑩外国人の出入国又は帰化に関する処分
⑪専ら人の学識技能に関する試験又は検定の結果についての処分

❸**審査請求の方式に従うこと**　　審査請求は，審査請求の理由等を明確にするとともに手続を確実に行うため，原則として書面で行わなければならないこととされています。ただし，法律（条例に基づく処分は条例）に口頭ですることができる旨の規定がある場合には，口頭で行うこともできます（審査法 19 条 1 項）。例えば，国民健康保険法 99 条，国家公務員共済組合法 103 条，感染症の予防及び感染症の患者に対する医療に関する法律 117 条 1 項，独立行政法人農業者年金基金法 52 条 1 項において審査請求は，文書又は口頭で行うことができる旨が規定されています。

　なお，審査請求を行う場合の書面の書式は特に定められていませんが，必要事項を記載した書面を正副 2 部提出しなければなりません（審査法 19 条 2 項，3 項，審査法施行令 4 条）。審査請求にかかる書面は，原則として審査庁に対して提出しますが，処分庁・不作為庁を経由して行うこともできます（審査法 21 条 1 項）。

　ⓐ**処分についての審査請求書**　　処分についての審査請求書には，次に掲げる事項を記載しなければなりません（審査法 19 条 2 項）。

> ①審査請求人の氏名又は名称及び住所又は居所
> ②審査請求に係る処分の内容
> ③審査請求に係る処分（当該処分について再調査の請求についての決定を経たときは，当該決定）処分があったことを知った年月日
> ④審査請求の趣旨及び理由
> ⑤処分庁の教示の有無及びその内容
> ⑥審査請求の年月日

　ⓑ**不作為についての審査請求書**　　不作為についての審査請求書には，次に掲げる事項を記載しなければなりません（審査法 19 条 3 項）。

> ①審査請求人の氏名又は名称及び住所又は居所
> ②当該不作為に係る処分についての申請の内容及び年月日
> ③審査請求の年月日

　審査請求書がこれらの要件を満たしていない場合には，審査庁は相当の期間を定め，その期間内に不備を補正すべきことを命じなければなりません（同法 23 条）。補正を命じても審査請求人が定められた期間内に不備を補正しないとき，あるいは審査請求が不適法であって補正することができないことが明らかなときは，審査庁は，実質的な審理を経ることなく裁決でその審査請求を却下することができます（同法 24 条 1 項，2 項）。

●却下と棄却

どちらも審査請求や訴えが退けられることを意味しますが，その内容には大きな違いがあります。

「却下」は，審査請求や訴えの手続，審査請求書の記載事項に不備がある場合等に，不適当な審査請求や訴えについて請求の具体的な内容を審理することなく退けられることをいいます。審査請求や訴えを門前払いするようなものです。

一方，「棄却」は，審査請求や訴えにおいて，申立人の主張に理由がなく違法性（不当性）がない場合になされるものです。とりあえず審査請求や訴えの審理の対象とはなったけれど，最終的には申立人の主張が通らず処分等が違法又は不当ではないとされる場合です。

❹**審査請求の資格を有すること**　審査請求を行うことができる資格については，審査法2条では「行政庁の処分に不服がある者」と規定されていますが，処分に不服がある人すべてが審査法に基づく不服申立てを行うことができるわけではありません。この「行政庁の処分に不服がある者」について，最高裁判決では「当該処分について不服申立をする法律上の利益がある者，すなわち，当該処分により自己の権利若しくは法律上保護された利益を侵害され又は必然的に侵害されるおそれのある者」であるとされています（主婦連ジュース不当表示事件。最判昭和53年3月14日民集32巻2号211頁）。つまり，処分により自己の権利や法律上保護された利益を侵害される，あるいは必然的に侵害されるおそれのある人に限って不服申立てを行うことができるのです。

　一方，不作為について審査請求をできるのは，「法令に基づき行政庁に対して処分についての申請をした者」です（審査法3条）。不作為についての審査請求を行うためには，申請を行っていることが前提とされているのです。

　なお，審査請求人以外にも，審査請求にかかる処分又は不作為にかかる処分について利害関係を有する者は，審理員の許可を得て，審査請求に参加することができます。このように審査請求に参加した者を参加人といいます。

❺**審査請求期間内であること**　処分についての審査請求は，正当な理由がない限り，処分があったことを知った日の翌日から起算して3か月を経過したときは行うことができません。ただし，その処分について再調査の請求をしたときは，再調査の請求についての決定があったことを知った日の翌日から起算して1か月を経過したときは行うことができないとされています（主観的請求期間。審査法18条1項）。なお，この「**知った日**」というのは，現実に知ったかどうかではなく，社会通念上知ることができる状態になった日をいいます。例えば郵便で送付した場合，現実に相手が開封して見ていなくても，自宅に郵便が配達されていれば「知った」ということができます。

　また，処分があったことを知らない場合であっても，正当な理由がない限り，処分があった日（再調査の請求を行ったときはその決定があった日）の翌日から起算して1年を経過したときは行うことができません（客観的請求期間。同条2項）。

　審査請求を行う側の利益だけを考えれば，審査請求は期間の制限なくいつまでも行うこと

ができるほうが望ましいはずです。しかし，行政処分は処分の相手方のみならず第三者に対しても何らかの影響を与える場合も少なくないため法律関係はできるだけ早期に確定させる必要があります。そのために期間の制限が設けられているのです。

ただし，正当な理由があれば，3か月又は1年の期間を徒過しても審査請求を行うことができます。旧法では「正当な理由」ではなく「やむをえない理由」と規定されていたため，裁判例でも「審査請求人が通常の注意を払っても避けることのできない客観的な事情をいう」と厳格に解されていました（東京地判昭和45年5月27日判時613号40頁）。新法では「正当な理由」と規定されたため，より緩やかに解されるものと考えます。

不作為に対する審査請求は，このような期間制限はなく，不作為の状態が継続している限りいつまででも行うことができます。なお，新法では，審査請求が申請から相当の期間が経過しないでされた場合には，不適法として却下されることが明記されました（審査法49条1項）。

(3) 自由選択主義と審査請求前置義務

行政処分等に不服がある人が審査請求を行うか，あるいは直ちに訴訟を提起するかは，当事者の自由な選択にゆだねられています（自由選択主義。行政事件訴訟法8条1項）。しかし，個別の法律の規定によって，訴訟に先立って審査請求を行うことが義務付けられている場合があります（審査請求前置主義。同項ただし書）。審査法の改正に併せて一部見直しが行われましたが，国家公務員法，国税通則法，生活保護法のように第三者機関が設けられていること，また審査請求の件数の多いことを理由に審査請求前置の義務が引き続き規定されているものもあります。

(4) 標準審理期間

審査庁となるべき行政庁は，審査請求につき標準審理期間を定めるよう努めるとともに，それを公にしておかなければなりません（審査法16条）。これは，行政手続法6条の標準処理期間にならって審理の迅速化のために新法において新設された制度です。この標準審理期間とは，審査請求がその事務所に到達してから裁決をするまでに通常要すべき標準的な期間を意味します。なお，裁決までの期間であるため，後で説明する行政不服審査会等への諮問に要する期間も含んで設定することになります。

(5) 審理手続
❶審理内容

取消訴訟等の行政訴訟は司法作用であることから，処分などの違法性のみが審理されます。しかし，行政不服申立てでは，行政機関による自己統制の制度であることから，処分の違法性だけではなく，不当性も審査されます（審査法1条1項など）。なお，この不当性とは，裁量

権の範囲逸脱や濫用に至らない程度の裁量の不合理な行使をいい，裁量権の範囲逸脱や濫用の場合にはその処分は違法となり訴訟で取り消すことができます（行政訴訟法 30 条）。

❷審理員による審理手続

要件を満たした審査請求がなされると，審査庁の審理がスタートします。新法では，新たに審理員による審理手続が設けられており，まず審理員が主張・証拠の整理などを含む審理を行った上で審理員意見書を作成し，これを事件記録とともに審査庁に提出することになります。

審理員は，審査庁に所属する職員のうち処分・不作為に係る処分に関与していない者の中から審理庁が指名することとされています（審査法 9 条 1 項）。審理員は，「審査庁に所属する職員」であるために審査庁の指揮監督下にありますが，処分に関与した者などは除かれることから，一定の中立性が確保されています。なお，審理員は，審査庁に所属する職員から指名することとされているのみなので，その職員は常勤，非常勤を問いません。そのため，弁護士等を非常勤職員として任用し，審理員に指名することも可能です。

審査庁が審理員を指名した旨は，審査請求人及び処分庁等に通知しなければなりません。また，審査庁となるべき行政庁は，審理員となるべき者の名簿を作成するよう努め，名簿を作成したときは適当な方法で公にしておかなければなりません（審査法 17 条）。

ただし，審査庁が行政委員会である場合等には，審理員による審理を行う必要はありません（審査法 9 条 1 項）。さらに，国における情報公開制度・個人情報保護制度のように，個別法により審理員による審理手続が全面的に排除されているものもあります。また地方公共団体においては，①教育委員会や選挙管理委員会等の行政委員会及び執行機関の附属機関が審査庁となる場合，②条例に基づく処分について条例に特別の定めがある場合には，審理員による審理手続を経る必要はありません（同条 1 項ただし書）。地方公共団体の情報公開制度・個人情報保護制度については法律で審理員審理が除外されているわけではありませんが，多くの地方公共団体では国に準じて，条例によって審理員審理を除外するものと考えられます。

ⓐ**弁明書の提出**　審査庁から指名された審理員は，直ちに，処分庁・不作為庁に審査請求書の写しを送付しなければなりません（審査法 29 条 1 項）。ただし，処分庁・不作為庁が審査庁となる場合には，そもそも処分庁・不作為庁自身が審査請求書を受理しているのですから，送付の必要はありません。

また，審理員は，相当の期間を定めて，処分庁等に対して**弁明書**の提出を求めます（同条 2 項）。弁明書には，処分に対する審査請求の場合には処分の内容及び理由を，不作為に対する審査請求の場合には処分をしていない理由及び予定される処分の時期，内容，理由を記載します（同条 3 項）。審理員は，処分庁等から弁明書が提出されたときは，これを審査請求人及び参加人に送付しなければなりません（同条 5 項）。

ⓑ**反論書の提出**　審査請求人は，弁明書に対して**反論書**を提出することができます（審査法 30 条 1 項）。また，参加人は，審査請求に係る事件に関する意見を記載した書面を提出す

ることができます（同条2項）。審査請求人から反論書の提出があったときは，審理員はこれを処分庁，参加人等に，参加人から意見書の提出があったときはこれを審査請求人・処分庁等に，それぞれ送付しなければなりません（同条3項）。

　ⓒ**口頭意見陳述**　　審査請求人，参加人の申立てがあった場合には，審理員はその審査請求人に口頭で当該審査請求に係る事件に関する意見を述べる機会を与えなければなりません（審査法31条1項）。この手続を**口頭意見陳述**といいます。口頭意見陳述は，審理員が期日及び場所を指定し，すべての審理関係人を招集して行います（同条2項）。審査請求人は，審理員の許可を得て，審査請求に係る事件に関して，処分庁等に対して質問を行うことができます（同条5項）。ただし，質問に対する応答義務は規定されていません。

　ⓓ**証拠書類等の提出，物件の提出要求**　　審査請求人及び参加人は証拠書類や証拠物を提出することができます（審査法32条1項）。一方，処分庁等は処分の理由となる事実を証する書類その他の物件を提出することができます（同条2項）。また，審理員は，審査請求人又は参加人の申立て，又は職権で，書類その他の物件の所持人に対し，相当の期間を定めてその物件の提出を求めることができます。なお，審理員は，提出された物件を留め置くこともできます（審査法33条）。

　ⓔ**参考人陳述・鑑定の要求，検証，審理関係人への質問**　　審理員は，審査請求人・参加人の申立てにより，又は職権で，適当と認める者に対して，参考人陳述又は鑑定を求めることができます（審査法34条）。

　また，審理員は，審査請求人・参加人の申立てにより，又は職権で，必要な場所の検証をすることができます（審査法35条1項）。審理員は，申立てによる検証をしようとするときは，申立てをした者に対して，検証の日時・場所をあらかじめ通知し，立ち会う機会を与えなければならなりません（同条2項）。

　さらに，審理員は，審査請求人・参加人の申立てにより，又は職権で，審査請求に係る事件に関して，審理関係人に質問することができます（審査法36条）。

　ⓕ**審査請求人等による物件の閲覧・謄写**　　審査請求人及び参加人は，審理手続が終結するまでの間，審理員に対し，審理関係人から提出された書類その他の物件の閲覧又は写し等の交付を求めることができます（審査法38条1項）。この場合，審理員は，第三者の利益を害するおそれがあると認めるときのように正当な理由がなければ，閲覧・交付の請求を拒むことはできません。旧法では，閲覧のみが認められていましたが，新法では写しの交付も請求できることとされています。

　ⓖ**審理手続の終結**　　審理員は，必要な審理を終えたと認めるときは，審理手続を終結します（審査法41条1項）。また，相当の期間内に，弁明書，反論書，意見書，証拠書類・証拠物等が提出されない場合に，さらに一定の期間を示して当該物件の提出を求めたにもかかわらず提出期間内に当該物件が提出されなかったとき，あるいは審査請求人が正当な理由なく口頭意見陳述に出頭しないときにも審理手続を終了することができます（同条2項）。

ⓗ**審理員意見書**　　審理員は，審理手続を終結したときは，遅滞なく，審査庁がすべき裁決に関する意見書（審理員意見書）を作成し，速やかに，これを事件記録とともに，審査庁に提出しなければなりません（審査法42条）。

❸行政不服審査会等への諮問

　審査庁は，審理員意見書の提出を受けたときは，行政不服審査会等（231頁参照）に諮問しなければなりません。また，諮問をした旨を審査請求人に対し通知するとともに審理員意見書の写しを送付しなければなりません（審査法43条3項）。

　ただし，次の場合には審査会等への諮問を行う必要はありません（同条1項）。なお，審査会等への諮問を行わない場合には，審査庁は，裁決書を審査請求人に送達する際に，審理員意見書を添付しなければなりません（審査法50条2項）。

【行政不服審査会等への諮問を要しない場合】

① 処分，裁決に第三者的立場の審議会等が関与する場合

　⇒審査請求の対象となった処分又は裁決が第三者的立場の審議会や地方公共団体の議会等の議を経て当該処分がされた場合には，処分等の適正化，客観化は図られているため，あえて行政不服審査会等に関与させる必要はないためです。

② 審査請求人から審査会への諮問を希望しない旨の申出がされた場合

　⇒行政不服審査会等が関与することによって，公正・適正な裁決を行うことができるというメリットがあります。しかし，一方では，審査請求手続のメリットの一つとされてきた簡易・迅速性を損なうおそれもあります。そのため，審査請求人自身が公正・適正よりも簡易・迅速という面を重視し，行政不服審査会等への諮問をあえて希望しない場合には，その意思を尊重する必要があることから，行政不服審査会等への諮問は要さないものとされています。

③ 行政不服審査会等が諮問を要しないと認めた場合

　⇒国民の権利利益及び行政の運営に対する影響の程度その他当該事件の性質を勘案して，諮問を要しないものと行政不服審査会等が認めた場合には，行政不服審査会等に諮問を要しないものとされています。

④ 審査請求が不適法で却下する場合

　⇒審査請求が不適法な場合には，第三者機関の中立・公正な意見を求める必要がないために行政不服審査会等に諮問する必要がないものとされています。

⑤ 審査請求を全部容認する場合

　⇒処分の全部を取り消し，事実上の行為の全部を撤廃する，あるいは申請の全部を認容する旨の判断を審査庁が行う場合には，請求人にとってさらに行政不服審査会等に諮問する実益がないため，諮問する必要がないとされています。

　ⓐ**行政不服審査会の位置づけ**　　新法は，審査請求手続において客観的かつ公正な判断が得られるよう，有識者から構成される**行政不服審査会**を設け，審査請求の審理に関与する仕組みを設けました。地方公共団体の長が審査庁である場合には，条例で設置される同様の機関が関与します（審査法43条1項）。第三者機関が審査庁の判断の妥当性をチェックすることにより，審査庁による裁決の公正性を向上させることが期待されています。

　国に置かれる行政不服審査会は，9人の委員で構成されます（審査法68条1項）。一方，地方公共団体は，執行機関の附属機関として，国の行政不服審査会に相当する機関を設置することになります（審査法81条1項）。国の審査会委員は，「審査会の権限に属する事項に関し公正な判断をすることができ，かつ，法律又は行政に関して優れた識見を有する者」のうちから選任することとされていることから，学識経験者等を選任することが想定されています（審査法69条1項）。一方，地方公共団体の附属機関については，名称，委員構成等は各地方公共団体の条例で規定することとされていることから，各地方公共団体の判断で学識経験者のみならず市民代表等を委員とすることも可能です。

　国の行政不服審査会及び地方公共団体の附属機関（以下，合わせて「行政不服審査会等」と総称することにします。）は，いずれも原則として常設の機関です。ただし，地方公共団体の附属機関については，審査請求が非常に少ない地方公共団体も想定されることからなど，常設ではなく案件ごとに設置することも認められています（審査法81条）。

　ⓑ**行政不服審査会の調査審議**　　行政不服審査会の審査審議手続において審査請求人は，審査会に対し主張書面や資料を提出することができます（審査法76条）。さらに申立てにより「口頭で意見を述べる機会」が与えられます（審査法75条1項）。また，資料等の閲覧やその写し等の交付を請求することもできます（審査法78条1項）。ただし，審査会が，口頭意見陳述につき「その必要がないと認める場合には」，その機会を与える必要はありません（審査法75条1項ただし書）。

　審査会は，諮問に対する答申をしたときは，答申書の写しを審査請求人及び参加人に送付するとともに，答申の内容を公表します（審査法79条）。

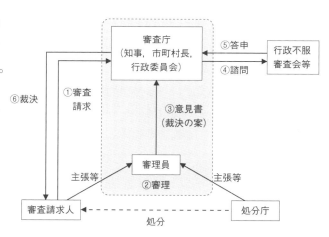

図17-2　審査請求手続の流れ

（6）裁　　決

審査庁は，審査会から諮問に対する答申を受けたとき（諮問を要しない場合にあっては審理員

意見書が提出されたときなど必要な審理を終結したとき）は，遅滞なく，裁決をしなければなりません（審査法 44 条）。

　ところで，審査庁は，審査会の答申にどの程度従う義務があるのでしょうか。一般的に諮問庁は，諮問機関の答申に法的拘束力はなく従うべき法的義務はないものと解されています。ただし，審査庁が行政不服審査会等の答申と異なる内容の裁決をする場合は，裁決書においてその理由を示さなければならならないこととされています（審査法 50 条 1 項 4 号）。これによって答申に一定の拘束力が担保されています。

❶裁決の種類　　審査請求における裁決には，ⓐ審査請求が不適法である場合には**却下裁決**，ⓑ審査請求に理由がない場合には**棄却裁決**，ⓒ審査請求に理由がある場合には**認容裁決**がなされます（審査法 45 条 1 項・2 項）。さらに，認容裁決は，次のように分類されます。

　ⓐ取消し・変更の裁決　　処分（事実上の行為を除く）についての審査請求に理由がある場合には，審査庁は，裁決で当該処分の全部又は一部を取り消し，又はこれを変更します。ただし，審査庁が処分庁の上級行政庁又は処分庁のいずれでもない場合には，当該処分を変更することはできません（審査法 46 条 1 項）。

　ⓑ撤廃・変更の裁決　　事実上の行為についての審査請求に理由がある場合には，審査庁は，裁決で当該行為が違法又は不当である旨を宣言します。審査庁が処分庁の上級行政庁である場合には審査庁は処分の撤廃又は変更を命じます。また，審査庁が処分庁である場合には，自ら処分の撤廃，変更を行います。

　ⓒ不作為についての審査請求の裁決　　不作為についての審査請求に理由がある場合には，審査庁は，裁決で当該不作為が違法又は不当である旨を宣言します（審査法 49 条 3 項）。さらに，不作為庁に対して義務付け裁決を行う場合もあります。つまり，審査庁が当該申請に対して一定の処分をすべきものと認める場合において，審査庁が不作為庁の上級行政庁である場合には当該不作為庁に対し当該処分をすべき旨を命じます。また，審査庁が不作為庁自身である場合には，自ら当該処分を行うことになります。

　ⓓ事情裁決　　審査請求に係る処分が違法又は不当ではあるが，これを取り消し，又は撤廃することにより公の利益に著しい障害を生ずる場合には，審査請求人の受ける損害の程度，

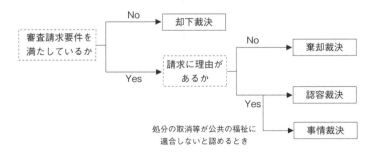

図 17-3　審査庁による審査請求の流れ

その損害の賠償又は防止の程度及び方法その他一切の事情を考慮した上で，処分を取り消し，又は撤廃することが公共の福祉に適合しないと認めるときは，審査庁は，裁決で審査請求を棄却することができます。この場合には，審査庁は，裁決の主文で，当該処分が違法又は不当であることを宣言しなければなりません。これを**事情裁決**といいます（審査法45条3項）。

❷不利益変更の禁止

　審査庁が処分について審理した結果，審査請求人に不利益に処分をすべきであるという結論に達した場合であっても，不利益な処分に変更したり，事実上の行為を変更することを命じ，又はこれを変更することができません（審査法48条）。これを**不利益変更禁止の原則**といいます。

❸裁決の方式

　裁決は裁決書の形式で行い，主文，事案の概要，審査請求人や処分庁などの審理関係人の主張の要旨，理由が記載されるほか，主文が審理員意見書や行政不服審査会の答申と異なる内容である場合には，異なることとなった理由を併せて記載しなければなりません（審査法50条1項）。審査庁は，審理員意見書や審査会の答申を十分に考慮することが求められているのです。

❹裁決の効力

　申請に基づく処分が手続の違法・不当を理由として裁決で取り消され，又は申請を却下・棄却した処分が裁決で取り消された場合には，処分庁は，裁決の趣旨に従い，改めて申請に対する処分をしなければなりません（**拘束力**。審査法52条1項）。この拘束力を有するのは，裁決一般ではなく，認容裁決に限られるものと解されていますので，認容裁決がなされた場合には，行政庁は同一事情のもとで同一理由に基づく同一内容の処分を禁じられます（反復禁止効）。ただし，異なる理由での処分についてはこの抗力は及ばず，処分を取り消す判決がなされても行政庁が別の理由で同一内容の処分を行うことができることになります。

(7)　執行停止

　審査法25条1項では「審査請求は，処分の効力，処分の執行又は手続の続行を妨げない」として，審査請求が行われても直ちにその行政処分の執行が停止しないことを規定しています。しかし，場合によっては裁決がなされるまでの間，審査請求人の地位を暫定的に保護しておく必要がある場合もあります。そのため，処分の効力等を停止する**執行停止**の制度が設けられています。執行停止としては，次の四種類のものが規定されています（同条2項）。

①処分の効力の停止
⇒処分の持つ法効果を停止し，以後処分がなかったことにするものです。
②処分の執行の停止
⇒処分を実施する行為を停止するものです。
③手続の続行の停止
⇒当該処分を前提とした後続処分をさせないことです。
④その他の措置
⇒係争処分に代わる処分を行い係争処分の効力や執行を停止したのと同じ効果を実現することです。

また，執行停止は，次の場合に行うことができることとされています。

①審査庁が処分庁の上級行政庁又は処分庁である場合，審査庁は，必要があると認めるときには，審査請求人の申立て，あるいは申立てがなくても執行停止を行うことができます（審査法25条2項）。
②審査庁が処分庁の上級行政庁又は処分庁のいずれでもない場合，必要があると認めるときには，審査請求人の申立てにより，処分庁の意見を聴取した上，執行停止をすることができます。つまり，審査庁が処分庁の上級行政庁又は処分庁のいずれでもない場合には，職権で執行停止はできず，審査請求人の申立てによる場合も処分庁の意見を聴取する必要があるのです（審査法25条3項）。
③執行停止について審査請求人の申立てがあった場合において，処分，処分の執行又は手続の続行により生ずる重大な損害を避けるために緊急の必要があると認めるときは，審査庁は執行停止をすることが義務付けられています。ただし，公共の福祉に重大な影響を及ぼすおそれがあるとき，又は本案について理由がないとみえるときは，執行停止をする必要はありません。

　このほかにも，審理員が，必要があると認める場合には，審査庁に対し，執行停止をすべき旨の意見書を提出することができます（審査法40条）。この意見書が提出されたときは，審査庁は，速やかに，執行停止をするかどうかを決定しなければならないとされています（審査法25条7項）。
　なお，執行停止をした後において，執行停止が公共の福祉に重大な影響を及ぼすことが明らかとなったとき，その他事情が変更したときは，審査庁はその執行停止を取り消すことができます（審査法26条）。

④再調査の請求

　再調査の請求は，処分庁が審査請求よりも簡略な手続で処分の見直しを行い，迅速に紛争を処理することができる制度で，大量に行われる処分で要件事実該当性が問題となるようなものを対象としています。行政側にとっては，審査請求に対応する負担の軽減を図るメリットもあります。再調査の請求の対象とされている事務について，審査請求と再調査の請求のどちらを利用するかは，不服申立人の自由な選択にゆだねられています（審査法5条1項ただし書）。

　再調査手続は，処分庁が自ら再調査を行い，処分を見直す手続であるため，審理員による審理はなされず行政不服審査会等への諮問の手続も設けられていません。

　なお，再調査請求は，原処分があったことを知った日の翌日から起算して3月を経過したときは行うことができません（主観的請求期間。審査法54条1項）。また，原処分の日の翌日から起算して1年を経過したときは行うことができません（客観的請求期間。同条2項）。いずれも，正当な理由があるときには，この期間を経過しても再調査請求が認められます。

　再調査の請求に対する決定書には，全部認容以外の場合には，審査請求をすることができる旨，審査請求をすべき行政庁，審査請求期間の教示をしなければなりません（審査法60条2項）。

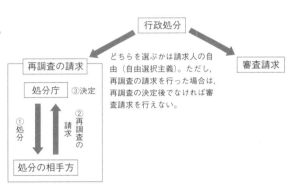

図17-4　審査請求と再調査の請求における自由選択主義

⑤再審査請求

　再審査請求とは，審査請求の裁決に不服がある場合に，さらにもう一段階の不服を申し立てる手続です。ただし，再審査請求は，個別法が特に規定している場合にのみ行うことができます。

　再審査請求がなされると，審理員による審理手続等，基本的には審査請求と同じ手続で審理を行うことになります（審査法66条）。ただし，行政不服審査会等への諮問手続は行う必要はありません。

　再審査請求は，原裁決又は原処分を対象に審理することとされています（審査法64条2項）。原処分を対象にして再審査請求が行われたときは，原裁決が違法・不当であっても，審査請求の対象となった処分自体が違法・不当のいずれでもない場合にはその再審査請求については棄却裁決をすることになります（同条3項）。

　再審査請求は，原裁決があったことを知った日の翌日から起算して1月（審査法62条1項），

原裁決があった日の翌日から起算して1年（同条2項）以内に行わなければなりません。いずれも正当な理由があるときには，この期間を経過しても再審査請求を行うことができます。

⑥教　示

　行政不服審査制度では，どの行政庁に不服申立てをなすべきかなどの点について，一般の市民にとっては分かりにくいのが実情です。また，不服申立期間内に不服申立てを行わなければならないという時間的制約もあることから，審査法では**教示**の制度を設け，不服申立てをなすべき行政庁や不服申立期間などについて処分の相手方に対して情報提供をしなければならないとされています。

❶処分の相手方に対する教示（審査法82条1項）　　行政庁は，処分を行う際に，審査請求，再調査の請求等を行うことができる処分を行う場合には，処分の相手方に対し，①当該処分につき不服申立てをすることができる旨，②不服申立てをすべき行政庁，③不服申立てをすることができる期間を，書面で教示しなければなりません。当該処分を口頭でする場合は，教示をする必要はありません。

❷利害関係人からの請求に基づく教示（審査法82条2項・3項）　　行政庁は，利害関係人から，不服申立てをできるかどうか，不服申立てをすべき行政庁などについて教示を求められたときは，不服申立ての可否，行政庁等を教示しなければなりません。相手方が書面による教示を求めたときは，行政庁は当該教示を書面でしなければなりません。

❸教示を誤った場合
　ⓐ教示がなかった場合の扱い　　行政庁が教示をすべきにもかかわらず教示をしなかったときは，不服申立てをしようとする者は処分庁に不服申立書を提出することができ，それは関係法令の規定に従って正式の不服申立てとして取り扱われます（審査法83条1項，4項）。
　ⓑ誤った教示をした場合の救済
　誤った指示に従って不服申立書が提出された場合に上記のとおりに送付等が行われたときは，初めから当該処分庁に審査請求又は当該法令に基づく不服申立てが適法になされたものとみなされます（審査法83条5項）。

教示誤りの内容	効　　果
処分庁が誤った行政庁を教示した場合	教示で示された行政庁に書面で審査請求がされたときは，当該行政庁は，速やかに，審査請求書を処分庁又は審査庁に送付し，かつ，その旨を審査請求人に通知しなければならない（審査法22条1項）。 処分庁に審査請求書が送付されたときは，処分庁は，速やかに，これを審査庁となるべき行政庁に送付し，かつ，その旨を審査請求人に通知しなければならない（同条2項）。
審査請求のみ行うことができる処分について，誤って再調査の請求をすることができる旨を教示した場合	処分庁に再調査の請求がされたときは，処分庁は速やかに再調査の請求書等を審査庁に送付し，かつ，その旨を再調査の請求人に通知しなければならない（審査法22条3項）。
審査請求と再調査の請求のいずれも行うことができる場合に，誤って審査請求をすることができることを教示しなかった場合	処分庁に再調査の請求がされた場合であって，再調査の請求人から申立てがあったときは，処分庁は速やかに再調査の請求書その他の物件を審査庁に送付しなければならない。送付を受けた行政庁は，速やかに，その旨を再調査の請求人及び当該再調査の請求に参加する者に通知しなければならない（審査法22条4項）。

⑦地方自治法の特則

　地方自治法において，法定受託事務に関する不服申立て等について，審査法の特則が規定されています。地方公共団体の職員にとっては重要なポイントです。教示を行う際には，十分に注意しなければなりません。

(1)　法定受託事務に関する審査請求

　法定受託事務の場合は，都道府県知事その他の都道府県の執行機関の処分については所管の大臣，市町村長その他の市町村の執行機関の処分については都道府県知事に対して審査請求を行うことができます（255条の2）。このように，地方公共団体の機関がした処分について，国等が審査請求・再審査請求の手続を通じて関与する制度を裁定的関与といいます。法定受託事務の場合は，国又は都道府県の機関による一般的な裁定的関与がなされます。

　なお，法定受託事務に関する審査請求以外にも知事・市町村長の被選挙権を喪失又は請負の禁止への該当についての選挙管理委員会の決定については，都道府県にあっては総務大臣に，市町村にあっては都道府県知事に審査請求を行うこととされています（143条3項）。

(2)　地方公共団体の長への審査請求

　次の場合は，地方公共団体の委員会等が行った処分について地方公共団体の長に審査請求できます。

①地方公共団体の長以外の機関が行った給与その他の給付に関する処分（206条1項）
②地方公共団体の長以外の機関が行った使用料，手数料の徴収等に関する処分（229条

1 項）

③地方公共団体の長以外の機関が行った行政財産を使用する権利に関する処分（238 条
の 7 第 1 項）

④地方公共団体の長以外の機関（指定管理者を含む）が行った公の施設を利用する権利に
関する処分（244 条の 4 第 1 項）

(3) 審査請求類似の制度

審査請求に類似のものとして，法律の定めるところにより審査請求等をすることができる
場合を除き，普通地方公共団体の機関がした処分により違法に権利を侵害されたとする者は，
その処分があった日から 21 日以内に，都道府県の機関がした処分については総務大臣，市
町村の機関がした処分については都道府県知事に審決の申請をすることができます（255 条の
4）。

この審決の対象となるのは，地方自治法に根拠があるものに限られます。具体的には，①
議会の解散（178 条），②議員の懲罰議決，③旧慣による公有財産の使用権に係る旧慣の変
更・廃止の議会の議決（238 条の 6 第 1 項），④旧慣による公有財産の新たな使用に係る市町村
の許可（同条 6 第 2 項）などが挙げられます。

(4) 議会への諮問を要する不服申立て

次のことに関して審査請求がされた場合，地方公共団体の長は，当該審査請求が不適法で
あり却下するときを除き，議会に諮問した上で裁決をしなければなりません。なお，議会に
諮問をしないで審査請求を却下したときは，地方公共団体の長はその旨を議会に報告しなけ
ればなりません。

①地方公共団体の委員会等が行った給与その他の給付に関する処分についての審査請求
（206 条 2 項）

②分担金，使用料，加入金又は手数料の徴収に関する処分についての審査請求（229 条
2 項）

③分担金，使用料，加入金，手数料及び過料その他の普通地方公共団体の歳入について
の督促，滞納処分等についての審査請求（231 条の 3 第 7 項）

④行政財産を使用する権利に関する処分についての審査請求（238 条の 7 第 2 項）

⑤会計管理者，会計管理者の事務を補助する職員等が故意又は重大な過失により，その
保管に係る現金，物品等を亡失，損傷した場合の損害賠償請求に関する審査請求（243
条の 2 の 2 第 11 項）

⑥公の施設を利用する権利に関する処分についての審査請求（244 条の 4 第 2 項）

17-02 行政事件訴訟

　行政処分に対するもう1つの救済方法としては裁判によって解決を図ることができます。このような行政上の法律関係に関して提起される訴訟は広く**行政訴訟**とよばれます。

①明治時代の行政事件訴訟

　明治時代には，行政訴訟は，行政組織に属する**行政裁判所**において審理されていました。しかし，憲法76条2項において「特別裁判所は，これを設置することができない。行政機関は，終審として裁判を行ふことができない」と規定したため，明治時代のように行政組織に属する行政裁判所の設置はできないことになりました。さらに，憲法76条1項は「すべて司法権は，最高裁判所及び法律の定めるところにより設置する下級裁判所に属する」と定めたため，民刑事の裁判を行う通常の裁判所が行政訴訟も扱うことになっています。

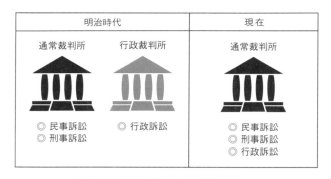

図 17-5　明治時代と現在の裁判所の違い

②行政事件訴訟法の制定

　1962年に行政事件訴訟の一般法である「**行政事件訴訟法**（以下，行訴法）」が制定，施行されました。一般法としての位置づけは，同法1条の「行政事件訴訟については，他の法律に特別の定めがある場合を除くほか，この法律の定めるところによる」との規定にも現れています。行政訴訟について必要なことは，一般法である行訴法にすべて規定されているべきなのかもしれませんが，実際の法律はそのようには規定されていません。行政事件訴訟の手続には，民事訴訟法の規定がそのまま使える場合も多いため，まったく同じ規定を行政政事件訴訟法で繰り返すのも無駄があるとの判断から，行訴法に規定のない事項については民事訴訟法の規定を補充的に用いるということにされています。行訴法に定めのない事項については「民事訴訟の例による」との行訴法7条の規定はそのような趣旨を表すと説明されています。

③行政事件訴訟の種類

　行訴法では，抗告訴訟，当事者訴訟，民衆訴訟，機関訴訟の4種類の訴訟の形態を規定しています。ここでは**主観訴訟**の抗告訴訟と**客観訴訟**の民衆訴訟，機関訴訟についてまず簡単に説明します。

❶抗告訴訟　　抗告訴訟は，行政庁の公権力の行使に関する不服の訴訟と定義され（行訴法3条1項），行政事件訴訟の中で最も基本的で重要な役割を果たします。抗告訴訟として，「処分の取消訴訟」「裁決の取消訴訟」「無効等確認の訴え」「不作為の違法確認の訴え」「義務付け訴訟」「差止訴訟」の6種が法定されていますが，さらにそれ以外のもの訴訟も理論上は考えられます。行訴法に規定のあるこの6種類の抗告訴訟を**法定抗告訴訟**，それ以外の訴訟を**無名抗告訴訟**（法律上その訴訟に関する規定がなく名前がないため）といいます。

❷民衆訴訟　　民衆訴訟は，法律の定めがある場合に，選挙人や住民というような資格に基づいて，自己の法律上の利益と無関係に提起される訴訟です。地方自治法に規定のある住民訴訟もこの民衆訴訟の一種です。

❸機関訴訟　　機関訴訟は，法律の定めがある場合に，行政機関の権限に関して行政機関の間で提起される訴訟です。この訴訟では，原告も被告も行政機関が位置づけられます。

④行政事件訴訟の類型

　行訴法は，次のように訴訟類型を規定しています（図17-6）。

（1）主観訴訟
　自己の権利や法的利益の保護を目的とする訴訟のことを**主観訴訟**といいます。抗告訴訟及び当事者訴訟が主観訴訟に該当します。

❶抗告訴訟　　抗告訴訟とは，先述のように「行政庁の公権力の行使に関する不服の訴訟をいう」と定義されています（行訴法3条1項）。つまり，行政処分に関する訴訟のことです。取消訴訟，無効等確認訴訟，不作為の違法確認訴訟，義務付け訴訟，差止訴訟が法律で抗告訴訟として定められているほか，法律に定めのない無名抗告訴訟も認められています（図17-7）。

❷当事者訴訟　　当事者訴訟とは，抗告訴訟と異なり公権力の行使の違法を争うのではなく，権利主体相互間における権利義務などの法律関係に関する訴訟をいいます。行訴法では，当事者訴訟として次の2種類を規定しています（行訴法4条）。

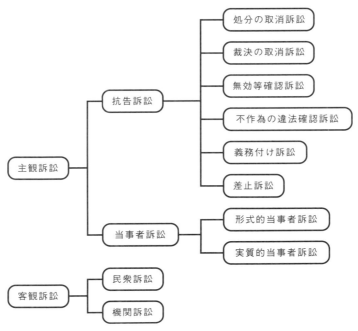

図 17-6　行政事件訴訟法の類型

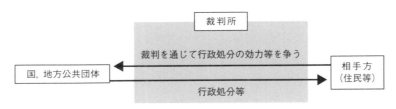

図 17-7　抗告訴訟のイメージ

表 17-2　抗告訴訟の類型

抗告訴訟の種類	内　　容
● 処分の取消訴訟	行政処分（裁決を除く）の取消しを求める訴訟です（行訴法３条２項）。行政事件訴訟の中心となる訴訟で，実際に提起される行政事件訴訟の大半がこの処分の取消訴訟と考えられます。
● 裁決の取消訴訟	審査請求その他の不服申立てに対する行政庁の裁決，決定その他の行為の取消を求める訴訟です（行訴法３条３項）。
● 無効等確認訴訟	行政処分や裁決の有効・無効，存在・不存在の確認を求める訴訟です（行訴法３条４項）。無効な行政処分であっても本来は取消訴訟で取消しを求めることができます。しかし，取消訴訟の出訴期間が経過してしまった場合には，取消訴訟によることはできないため，無効等確認訴訟の必要性があります。
● 不作為違法確認訴訟	行政庁が申請に対して相当の期間内に何らかの「処分」をすべきであるにもかかわらず，これを行わないことについての違法の確認を求める訴訟です（行訴法３条５項）。
● 義務付け訴訟	行政庁が何らかの行政処分又は裁決をすべきであるにもかかわらず，これがなされない場合に，行政庁に処分や裁決の義務付けを求める訴訟です（行訴法３条６項）。判決により，行政庁に処分又は裁決をすることを義務付けることになります。
● 差止訴訟	何らかの処分又は裁決をすべきでないにもかかわらず，これがなされようとしている場合に，行政庁にその処分又は裁決をしてはならない旨を命ずることを裁判所に求める訴訟です（行訴法３条７項）。

ⓐ**形式的当事者訴訟**　　**形式的当事者訴訟**とは，当事者間の法律関係を確認又は形成する処分・裁決に関する訴訟で，法令の規定により法律関係の当事者を一方の被告とするものです（行訴法4条）。

図17-8　形式的当事者訴訟のイメージ

　例えば，土地収用に伴う補償金の増額を起業者に対して求める訴訟（土地収用法133条）などがあります。土地収用に対する補償額（収用の補償として支払わる，いわば土地代）は，収用委員会の裁定によって決まります。この裁定は行政処分であるため，原則どおりであれば不服がある場合には土地所有者は収用委員会を被告として，この裁定の取消しを求める取消訴訟を提起することになります。しかし，土地収用法133条ではこの原則に例外を設けていて，補償額に不服があるときは，起業者（収用で土地を取得する者）と土地所有者との間の訴訟によって決することになります。

ⓑ**実質的当事者訴訟**　　**実質的当事者訴訟**とは，公法上の法律関係に関する確認の訴えその他の公法上の法律関係に関する訴訟です（行訴法4条後段）。具体的には，公務員の給与の支払いを求める訴訟，日本国籍を有することの確認などが挙げられます。

　2004年の行政事件訴訟法の改正で，実質的当事者訴訟について「公法上の法律関係に関する確認の訴え」が例示として規定されました。これは，抗告訴訟の対象となる行政処分を前提としない行政機関と国民・住民の間の紛争については，当事者訴訟の活用を図るべきという立法者意思の現れです。これを受けて実質的当事者訴訟の活用が進むようになってきています。

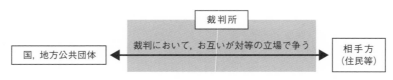

図17-9　実質的当事者訴訟のイメージ

　これまでの裁判例としては次のようなものがあります。

判　例：在外邦人が選挙において投票できる地位の確認を求めた事案において「在外国民であるXらが，次回の衆議院議員の総選挙における小選挙区選出議員の選挙及び参議院議員の通常選挙における選挙区選出議員の選挙において，在外選挙人名簿に登録されていることに基づいて投票をすることができる地位にあることの確認を請求する趣旨のものとして適法な訴えということができる。」として，実質的当事者訴訟を適法としました（最判平成17年9月14日民集59巻7号2087頁）。

判　例：インターネットを通じて医薬品の郵便等販売をすることができる権利ないし地位を有する
ことの確認を求めた訴訟において，確認訴訟を適法なものとしました（最判平成25年1月
11日民集67巻1号1項）。

(2) 客観訴訟

客観訴訟とは，自己の権利や法的利益の保護を目的とせず，国又は公共団体の違法な行為
を排除又は是正し，行政法規の正しい適用を確保するための訴訟です。一般的に訴訟におい
ては自己の権利等法律上の利害関係がなければ当事者適格がないものとして訴訟を提起する
ことができません。しかし，客観訴訟においては法律が特別に認めることによって，特別に
定められた要件に適合する者が出訴することを認めたものです。

❶民衆訴訟　　**民衆訴訟**とは，国又は公共団体の機関の法規に適合しない行為の是正を求め
る訴訟で，選挙の効力その他自己の法律上の利益にかかわらない資格で提起するものです
（行訴法5条）。客観訴訟の1つで，選挙又は当選の効力に関する訴訟（公職選挙法203条，204
条，207条，211条）や住民訴訟（地方自治法242条の2）が代表例です。

図 17-10　客観訴訟のイメージ

❷機関訴訟　　**機関訴訟**とは，客観訴訟の1つで，国又は公共団体の機関相互間における権
限の存否又はその行使に関する紛争についての訴訟です（行訴法6条）。議会の議決又は選挙
に関する長の訴訟（176条7項），国の関与に対する訴訟（251条の5），都道府県の関与に対す
る訴訟（251条の6）が代表例です。

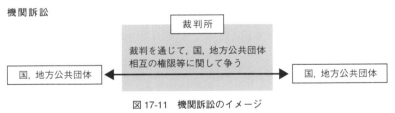

図 17-11　機関訴訟のイメージ

⑤取消訴訟

取消訴訟は，行政訴訟の中心となる訴訟です。ここからはこの取消訴訟をまず学ぶことと
しましょう。

一般の民事訴訟であれば，最終的に目的とする権利の実現を裁判で求めます。例えば，損
害賠償を求める場合，直接に民事訴訟で損害賠償請求を行います。取消訴訟は，かなり異な

るのでなかなか理解しにくい点もあります。

　例えば，A市の住民Bさんが，情報公開条例に基づいて公文書の請求を行いましたが，A市から，その文書は第三者の個人情報であるため，全部不開示にするという決定通知がBさんに届きました。民事訴訟と同様に考えるならば，Bさんは全部開示を求める訴訟を提起することになります。しかし，行政訴訟ではそのように構造になっておらずに，Bさんはその不開示決定という行政処分の取消しを求めることになります。不開示決定が取り消された場合は，A市はその裁判所の判断を踏まえて，全部開示決定を行うことになります。ただし，後で説明する義務付け訴訟を併合して提起することはできます。

(1) 訴訟要件

　訴訟要件とは，訴訟において実質的な審理（本案審理）に入るための要件のことです。訴訟要件がそろっていなければ，本案審理に入ることができず，訴えは却下されます。訴訟要件を満たした場合には，本案審理を行い，判決が下されることになります。取消訴訟の訴訟要件は，処分性，当事者適格（被告適格，原告適格），狭義の訴えの利益，出訴期間からなります。

❶処分性　取消訴訟の対象となるのは「行政庁の処分その他公権力の行使に当たる行為」（3条2項）と規定されています。行政活動が取消訴訟の対象となること，つまり取消訴訟の訴訟要件として行政処分に当たることを処分性を有するなどといいます。

　東京都ゴミ焼却場設置事件判決（最判昭和39年10月29日民集18巻8号1809頁）では，「行政庁の処分とは（略）公権力の主体たる国または公共団体が行う行為のうち，その行為によって，直接国民の権利義務を形成し又はその範囲を確定することが法律上認められているものをいう」としています。

　この判決では，ⓐ公権力性，ⓑ直接性，ⓒ外部性，ⓓ法効果性の四つの基準が示されています。

　ⓐ公権力性　当該行為が相手方（国民，住民）の同意に基づかないで，法律の規定に従って一方的に行われることです。行政契約については，相手方の同意を要するため，公権力性は認められません。

　例えば，地方公共団体が設置し管理する老人福祉施設の移管先公募において，決定に至らなかった旨の通知について処分性について争われた事案において，最高裁は「本件通知は，上告人が，契約の相手方となる事業者を選考するための手法として法令の定めに基づかずに行った事業者の募集に応募した者に対し，その者を相手方として当該契約を締結しないこと

とした事実を告知するものにすぎず，公権力の行使に当たる行為としての性質を有するものではない」としました（最判平成 23 年 6 月 14 日集民 237 号 21 頁）。

　　ⓑ**直接性**　　当該行為が行われることで，間接的にではなく，直接的に，個別具体的な国民の権利義務の変動が生じることです。例えば，行政立法は，通常，それによって直ちに個別具体的な国民の権利義務の変動が生じるのではないため，直接性は認められません。例えば最判平成 14 年 4 月 25 日（行政関係判例解説 14 年 104 頁）では，千代田区立小学校の統廃合のため区内に設置されていたすべての区立小学校を廃止し，新たに 8 校を設置すること等を内容とする条例の制定について取消が求められた事案において，「上告人らの子らが通学していた区立小学校の廃止後に新たに設置され就学校として指定を受けた区立小学校は，上告人らの子らにとって社会生活上通学することができる範囲内にないものとは認められないというのである。これによれば，本件条例は一般的規範にほかならず，上告人らは，被上告人東京都千代田区が社会生活上通学可能な範囲内に設置する小学校においてその子らに法定年限の普通教育を受けさせる権利ないし法的利益を有するが，具体的に特定の区立小学校で教育を受けさせる権利ないし法的利益を有するとはいえないとし，本件条例が抗告訴訟の対象となる処分に当たらない」としました。

　　ただし，横浜市が，市立保育所のうちの 4 つを廃止するという内容の条例を制定したことに関する事件の判決では，「本件改正条例は，本件各保育所の廃止のみを内容とするものであって，他に行政庁の処分を待つことなく，その施行により各保育所廃止の効果を発生させ，当該保育所に現に入所中の児童及びその保護者という限られた特定の者らに対して，直接，当該保育所において保育を受けることを期待し得る上記の法的地位を奪う結果を生じさせるものであるから，その制定行為は，行政庁の処分と実質的に同視し得る」。また「市町村の設置する保育所で保育を受けている児童又はその保護者が，当該保育所を廃止する条例の効力を争って，当該市町村を相手に当事者訴訟ないし民事訴訟を提起し，勝訴判決や保全命令を得たとしても，これらは訴訟の当事者である当該児童又はその保護者と当該市町村との間でのみ効力を生ずるにすぎないから，これらを受けた市町村としては当該保育所を存続させるかどうかについての実際の対応に困難を来すことにもなり，処分の取消判決や執行停止の決定に第三者効（行訴法 32 条）が認められている取消訴訟において当該条例の制定行為の適法性を争い得るとすることには合理性がある」としています（最判平成 21 年 11 月 26 日民集 63 巻 9 号 2124 頁）。

　　ⓒ**外部性**　　行政機関の内部行為は行政処分に当たらないため，当該行為の主体と当該行為の名宛人の関係が行政機関相互の関係ではないことが必要です。例えば，知事から局長への職務命令は，行為の主体たる知事と行為の名宛人たる局長との関係が行政機関相互の関係といえるから，一般的に，外部性が認められません。ただし，知事から局長への発令行為に

ついては，身分に変動を生じることから外部性を有するものと解されます。

　外部性が問題となった事案としては，最判昭和 34 年 1 月 29 日（民集 13 巻 1 号 32 頁）があります。福岡県知事の建築許可に関連して，東山村消防長が知事に対して行った同意の処分性が争われました。最高裁は，「本件消防長の同意は，知事に対する行政機関相互間の行為であつて，これにより対国民との直接の関係においてその権利義務を形成し又はその範囲を確定する行為とは認められないから，前記法律の適用については，これを訴訟の対象となる行政処分ということはできない」と判示しています。

　ⓓ**法効果性**　　当該行為によって権利義務の発生・変動・消滅があることです。例えば，行政指導は，あくまで任意の協力を前提とするもので，国民に対して権利義務を生じさせるものではないため，通常，法効果性は認められません。

　ただし，行政指導である勧告に例外的に処分性を認めた判例もあります。事案としては，富山県知事に対して，病院開設許可申請を行ったが，知事は高岡医療圏の病院の病床数は，富山県地域医療計画に定める必要病床数に達しているという理由で，開設を中止するよう勧告しました。この勧告について，取消訴訟が提起されたものです（最判平成 17 年 7 月 15 日民集 59 巻 6 号 1661 頁）。判決では，「病院開設中止の勧告は，医療法上は当該勧告を受けた者が任意にこれに従うことを期待してされる行政指導として定められているけれども，当該勧告を受けた者に対し，これに従わない場合には，相当程度の確実さをもって，病院を開設しても保険医療機関の指定を受けることができなくなるという結果をもたらすものということができる。（略）保険医療機関の指定を受けることができない場合には，実際上病院の開設自体を断念せざるを得ないことになる。このような医療法 30 条の 7 の規定に基づく病院開設中止の勧告の保険医療機関の指定に及ぼす効果及び病院経営における保険医療機関の指定の持つ意義を併せ考えると，この勧告は，行政事件訴訟法 3 条 2 項にいう「行政庁の処分その他公権力の行使に当たる行為」に当たる」としました。

❷**当事者適格**　　**当事者適格**とは，個々の取消訴訟において，当事者として訴訟を追行し，判決の名宛人となることにより，有効な紛争解決をもたらすことができる地位をいいます。この当事者適格には，被告となることができるという意味の**被告適格**と，原告として裁判を起こすことができるという意味の**原告適格**の 2 つのものがあります。

　ⓐ**被告適格について**　　適法に取消訴訟を提起するためには，適正な相手方を**被告**として訴えを提起する必要があります。取消訴訟では，当該処分をした行政庁の所属する国又は公共団体を被告とすることになります（行訴法 11 条 1 項本文）。

　従来は，被告は処分庁とすることが原則でしたが，どこが処分庁であるかが必ずしも明確でなく被告を誤ることが多くあったため（例えば，知事や市町村長か，教育委員会かなど），2004

年の改正により被告適格を有する行政庁を特定する原告の負担を軽減したものです。

　また，処分権限の承継があったときは，承継した行政庁が被告になります（同項ただし書）。例えば，ある市が，中核市から政令指定都市になったことにより新たに都道府県から市に処分権限が移った場合に，その事務について都道府県が当事者となって訴訟が係属している場合は，被告の地位は政令指定都市が承継し被告になります。

　ⓑ**原告適格について**　　行政処分に不満があれば，だれでも適法に取消訴訟を提起できるというわけではありません。行訴法9条は，「取消しを求めるにつき法律上の利益を有する者」に限り，取消訴訟を提起できるとしています。これは取消訴訟が原告本人の権利を保護するための訴訟であるために規定されている要件です。当事者が訴訟による解決を求めていないのに，無関係な第三者が裁判を起こすことは認められません。このように取消訴訟を提起する資格のことを取消訴訟の**原告適格**といいます。

・処分を受けた当事者

　取消訴訟の原告として，まず考えられるのが行政処分を受けた当事者で，この者に当事者適格が認められることには争いはありません。

・その他第三者の原告適格について

　取消訴訟の原告として，まず考えられるのが行政処分を受けた当事者ですが，行政処分を直接受けた当事者以外についても「取消しを求めるにつき法律上の利益を有する」場合には原告適格を有することになります。

　この場合の原告適格の有無の判定基準については，学説では大きく分けて2つの見解があります。一つは，侵害される利益を処分の根拠法規が保護しようとしている場合には原告適格が認められるとする説（法律上保護された利益説）です。もう一つは，侵害される利益が，処分の根拠法規に限らず，法全体から見て法的保護に値するものであれば原告適格が認められるとする説（裁判上保護に値する利益説）で，この説の方が原告適格の範囲は広くなります。判例は，法律上保護された利益説を採用しています（最判平成元年2月17日民集43巻2号56頁他）。

表 17-3　「法律上保護された利益説」と「法的保護に値する利益説」

	法律上保護された利益説（判例）	法的保護に値する利益説
判断内容	法律の文言を基準として，あくまでも法律の解釈として原告適格の有無を判断する。	ある者の被る不利益が事実上どのようなものを勘案した上で，それが法的救済に値するかどうかを検討する。
考え方の枠組み	法律の規定の枠内で原告適格の有無を判断する。	いったん法律の解釈から離れて救済の現実的必要性を検討することになる。

・9条2項による必要的考慮事項

　行訴法9条2項では，処分又は裁決の相手方以外の者について前項に規定する法律上の利益の有無を判断するに当たっては，当該処分又は裁決の根拠となる法令の規定の文言のみによることなく，①「当該法令の趣旨及び目的」及び②「当該処分において考慮されるべき利益の内容及び性質」を考慮することとされています。また，①「当該法令の趣旨及び目的」を考慮するに当たっては，当該法令と目的を共通にする関係法令があるときはその趣旨及び目的をも参酌することとされています。さらに，②「当該利益の内容及び性質」を考慮するに当たっては，当該処分又は裁決がその根拠となる法令に違反してされた場合に①「害されることとなる利益の内容及び性質」及び②「これが害される態様及び程度」をも勘案すると規定しています。

> 判　例：都市計画法の規定の趣旨及び目的，これらの規定が都市計画事業の認可の制度を通して保護しようとしている利益の内容及び性質等を考慮すれば，（略）都市計画事業の事業地の周辺に居住する住民のうち当該事業が実施されることにより，騒音，振動等による健康又は生活環境にかかる著しい被害を直接に受けるおそれのある者は，当該事業の認可の取消しを求めるにつき法律上の利益を有するものとして，その取消訴訟における原告適格を有するとしています（最判平成17年12月7日民集59巻10号2645頁）。

❸狭義の訴えの利益　　狭義の訴えの利益は，客観的訴えの利益ともいい，原告が請求について本案判決を求める必要性，あるいは実効性を意味します。判決によって処分が取り消されたとしても，現実に法律上の利益を回復することができなければ，訴訟を提起，審理する意味がありません。そのため，狭義の訴えの利益が認められない場合には，取消訴訟は却下されることになります。

(2) 処分の取消しの訴えと不服申立てとの関係

　行政不服審査法に基づく審査請求ができる場合でも審査請求を経ることなく取消訴訟を提起できるという原則があります（行訴法8条1項本文）。ただし，例外的に他の法律が不服申立てを訴訟の前に行うことを定める場合があります（行訴法8条1項ただし書）。

　すべての紛争が裁判所に持ち込まれると裁判所に過剰な負担をかけることになりますし，専門技術的なことについては，むしろ行政機関による解決のほうが望ましい場合もあります。そのような場合にはあらかじめ審査請求を経た後にしか訴訟を提起できないとされている場合もあります。これを**審査請求前置主義**といいます。

　例えば，①国税通則法115条や地方自治法229条5項のように大量に行われる処分であって，行政の統一を図る必要があるものや②建築基準法96条のように専門技術的な性格を有するものなどがあります。しかし，その場合でも，次のいずれかに該当するときは，不服申立てを経ないで処分の取消しの訴えを提起できます（行訴法8条2項）。

- ●審査請求があった日から 3 か月を経過しても裁決がないとき
- ●処分，処分の執行又は手続の続行により生ずる著しい損害を避けるため緊急の必要があるとき
- ●その他裁決を経ないことにつき正当な理由があるとき

●**出訴期間**

　取消訴訟に関しては**出訴期間**の定めがあります。これは行政行為の不可争力の実定法上の根拠といえるものです。

　ⓐ**行訴法の規定**　　取消訴訟は処分又は裁決があったことを知った日から 6 か月以内に提起しなければなりません（行訴法 14 条 1 項）。また，処分又は裁決があったことを知らなくても，処分又は裁決の日から 1 年を経過すると取消訴訟を提起することはできません（同条 3 項本文）。ただし，正当な理由があるときはこれらの経過後でも提起できます（同項ただし書）。

　ⓑ**個別法による修正**　　出訴期間の原則は行訴法で規定されていますが，次のように出訴期間等について個別法が特別の定めを置いている場合もあります。

【私的独占の禁止及び公正取引の確保に関する法律】
第 77 条　公正取引委員会の審決の取消しの訴えは，審決がその効力を生じた日から30 日以内に提起しなければならない。
【特許法】
第 178 条　審決に対する訴え及び審判又は再審の請求書の却下の決定に対する訴えは，東京高等裁判所の専属管轄とする。
2　前項の訴えは，当事者，参加人又は当該審判若しくは再審に参加を申請してその申請を拒否された者に限り，提起することができる。
3　第 1 項の訴えは，審決又は決定の謄本の送達があつた日から 30 日を経過した後は，提起することができない。

(3)　執行停止制度

❶**執行不停止の原則**　　処分の取消しの訴えが提起されても，原則として行政処分の効力は停止されません（行訴法 25 条 1 項）。これを**執行不停止の原則**といいます。もし，執行の停止を認めると，とりあえず取消訴訟を提起し時間稼ぎをするなどで，行政の円滑な執行が阻害されるおそれがあるために，執行不停止の原則がとられています。

❷**執行停止**　　**執行停止**が一切認められないとすると，原告が最終的に勝訴しても処分が既

に行われてしまったなど、原告の救済が不十分な場合が生じる可能性があります。そのため、例外的に重大な損害を避けるために緊急の必要があるときは、「裁判所は、申立てにより、決定をもって、処分の効力、処分の執行又は手続の続行の全部又は一部の停止をすることができる」としています（行訴法25条2項）。

❸執行停止の要件　　**執行停止の要件**は、次のとおりです。

- 原告、利害関係を有する第三者からの申立てがあること
- 重大な損害を避けるために緊急の必要があること
- 執行停止によって公共の福祉に重大な影響を及ぼすおそれのないこと
- 本案について理由がないとみえないこと

❹執行停止の効果　　執行停止の決定の確定により、処分の効果、処分の執行又は手続の続行の全部又は一部が停止されることになります。

❺即時抗告　　執行停止の申立てに対する決定に対し不服のある者は、原裁判所を管轄区域とする高等裁判所に**即時抗告**ができます（行訴法25条7項）。

(4) 内閣総理大臣の異議

　執行停止の申立てがあった場合又は執行停止の決定がなされた場合、内閣総理大臣は裁判所に対して異議を申し立てることができることとされています。なお、異議の申立てには、処分の効力を存続し、処分を執行し、又は手続を続行しなければ、公共の福祉に重大な影響を及ぼすおそれのある事情を示した理由を付さなければなりません。この異議がなされたときには、裁判所は、執行停止をすることができず、また既に執行停止の決定がなされているときには裁判所はこの決定を取り消さなければなりません（行訴法第27条）。

(5) 教　　示

　行政庁は、取消訴訟を提起することができる処分又は裁決をする場合には、処分又は裁決の相手方に対し、取消訴訟の被告、出訴期間、不服申立て前置等に関する事項を原則書面で**教示**しなければなりません（行訴法46条1項）。なお処分が口頭でなされる場合は、教示義務はありません（同条2項）。**教示義務を怠った場合**について行訴法は救済のための規定を用意していません。行政事件訴訟は出訴期間について、正当な理由がある場合は6か月を経過した後も出訴できると定めていますが、教示義務を怠った場合はこの「正当な理由」の有無を判断する事由になると考えられます。なお、教示文の標準的な形は次のようになります。

❶処分に対して不服申立て及び取消訴訟の提起の双方が認められている場合

> 1 この決定に不服がある場合には，この決定があったことを知った日の翌日から起算して3か月以内に，○○都道府県知事（△△市町村長）に対して審査請求をすることができます（なお，この決定があったことを知った日の翌日から起算して3か月以内であっても，この決定の日の翌日から起算して1年を経過すると審査請求をすることができなくなります）。
> 2 この決定については，この決定があったことを知った日から起算して6か月以内に，○○都道府県（△△市町村）を被告として（訴訟において○○都道府県（△△市町村）を代表する者は○○都道府県知事（△△市町村長）となります），処分の取消しの訴えを提起することができます（なお，この決定があったことを知った日から起算して6か月以内であっても，この決定の日から起算して1年を経過すると処分の取消しの訴えを提起することができなくなります）。ただし，上記1の審査請求をした場合には，当該審査請求に対する裁決があったことを知った日から起算して6か月以内に，処分の取消しの訴えを提起することができます。

❷法律に処分についての審査請求に対する裁決を経た後でなければ処分の取消しの訴えを提起することができない旨の定めがある場合

> 1 この決定に不服がある場合には，この決定があったことを知った日の翌日から起算して3か月以内に，○○都道府県知事（△△市町村長）に対して審査請求をすることができます（なお，この決定があったことを知った日の翌日から起算して3か月以内であっても，この決定の日の翌日から起算して1年を経過すると審査請求をすることができなくなります）。
> 2 上記1の審査請求に対する裁決を経た場合に限り，当該審査請求に対する裁決があったことを知った日から起算して6か月以内に，○○都道府県（△△市町村）を被告として（訴訟において○○都道府県（△△市町村）を代表する者は○○都道府県知事（△△市町村長）となります），処分の取消しの訴えを提起することができます。ただし，次の①から③までのいずれかに該当するときは，審査請求に対する裁決を経ないで処分の取消しの訴えを提起することができます。①審査請求があった日から起算して3か月を経過しても裁決がないとき。②処分，処分の執行又は手続の続行により生ずる著しい損害を避けるため緊急の必要があるとき。③その他裁決を経ないことにつき正当な理由があるとき。

❸法律に処分についての審査請求に対する裁決に対してのみ取消訴訟を提起することができる旨の定めがある場合

1 この決定に不服がある場合には，この決定があったことを知った日の翌日から起算して３か月以内に，○○都道府県知事（△△市町村長）に対して審査請求をすることができます（なお，この決定があったことを知った日の翌日から起算して３か月以内であっても，この決定の日の翌日から起算して１年を経過すると審査請求をすることができなくなります）。
2 この決定については，処分の取消しの訴えを提起できず，上記１の審査請求に対する裁決を経た場合に，当該裁決に対してのみ取消しの訴えを提起することができます。

⑥無効等確認訴訟

(1) 総　説

無効等確認訴訟は，行政処分・裁決の存否又はその効力の有無の確認を求める訴訟です。

訴訟手続については原則的に，取消訴訟について説明したとおりですが，審査請求が前置とされている場合であっても，そもそも行政処分の無効を争うものなので審査請求を経る必要はありません。また，取消訴訟の排他的管轄に属さず公定力を有しないことになり，出訴期間の制限もありません。つまり，行政処分の効力を争う際に，取消訴訟について６か月の出訴期間を経過した後にも無効等確認訴訟であれば提起できることになるため，「無効確認訴訟は時機に後れた取消訴訟である」（塩野行政法Ⅱ229頁）とも表現されています。

なお，この訴訟に「等」がついているのは，「処分又は裁決の有効確認訴訟」「処分又は裁決の不存在確認訴訟」「処分又は裁決の存在確認訴訟」も含まれるからです。

(2) 無効等確認訴訟の補充性原則

無効等確認訴訟は，以下のものに限り，提起することができます。

①当該処分又は裁決に続く処分により損害を受けるおそれのある者，②その他当該処分又は裁決の無効等の確認を求めるにつき法律上の利益を有する者で，③当該処分・裁決の存否又はその効力の有無を前提とする現在の法律関係に関する訴えによって目的を達することができないもの（行訴法36条）。

この条文の解釈について，次のように一元説と二元説とがあります。一元説は，先の①②両方に③が係ることから，①又は②のみではなくて③の要件を満たさない限り，原告適格を有さないものと考えます。一方，二元説では，①のみの要件を満たした者も②と③の要件を満たした者も原告適格を有するものと考えます。なお，最高裁は，二元説を採用していると

考えられます（最判昭和51年4月27日民集30巻3号384頁）。

　この2つの説の違いはなかなか理解が難しいのですが，図解すると図17-12のようになります。

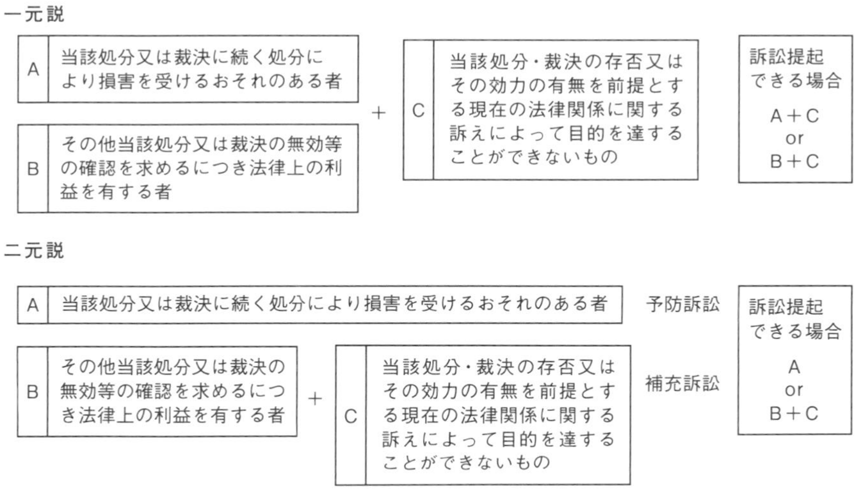

一元説

A	当該処分又は裁決に続く処分により損害を受けるおそれのある者		C	当該処分・裁決の存否又はその効力の有無を前提とする現在の法律関係に関する訴えによって目的を達することができないもの	訴訟提起できる場合　A＋C　or　B＋C
B	その他当該処分又は裁決の無効等の確認を求めるにつき法律上の利益を有する者	＋			

二元説

A	当該処分又は裁決に続く処分により損害を受けるおそれのある者				予防訴訟	訴訟提起できる場合　A　or　B＋C
B	その他当該処分又は裁決の無効等の確認を求めるにつき法律上の利益を有する者	＋	C	当該処分・裁決の存否又はその効力の有無を前提とする現在の法律関係に関する訴えによって目的を達することができないもの	補充訴訟	

図17-12　一元説と二元説（宇賀行政法，367頁）

⑦　不作為の違法確認訴訟

(1)　総　　説

　許認可等の申請に行ったにもかかわらず行政庁がいつまでも処分をしない場合であっても，申請者に拒否処分等がなければ，取消訴訟を提起することができません。**不作為の違法確認訴訟**とは，そのように処分がなされない場合に違法の確認を求める訴訟です。訴訟手続については原則的に，取消訴訟について説明したとおりです。

(2)　不作為の違法確認の訴えの要件

❶**法令に基づく申請の存在**　　不作為の違法確認の訴えを提起するには，「**法令に基づく申請**」がなされていることが必要です（行訴法37条）。

❷**相当期間の経過**　　不作為が違法となるには「**相当の期間**」が経過していなければなりません。どの程度の期間がこれに当たるかは一概にいえませんが，行政手続法（条例）の規定により「**標準処理期間**」が定められている場合には，それが1つの目安になると考えられます。標準処理期間が過ぎても直ちに違法な状態になるとはいえませんが，特別の理由がなければ標準処理期間を過ぎれば，「相当の期間」を経過しているとされる可能性があります。

⑧義務付け訴訟

2004年の行訴法の改正により，義務付け訴訟が法定されました。この**義務付け訴訟**には，(1) 申請型義務付け訴訟と (2) 非申請型義務付け訴訟との２種類があります。

この類型の訴訟は，行政機関に対して，何らかの処分を行わないこと，あるいは行うことを求めるものなので，これは司法権が行政権に何らかの関与を行うことになります。このため，三権分立の観点から抗告訴訟より厳しい要件をクリアしなければ，原告が勝訴し行政機関に作為や不作為を求めることはできません。

(1) 申請型義務付け訴訟

申請型義務付け訴訟とは申請に対して応答がないとき，直ちに何らかの処分を義務付けるような形の義務付け訴訟です。例えば，生活保護や労働災害補償給付申請に対する申請拒否処分に対して，ただちに給付を義務付けることを求める訴訟が考えられます。また，社会保障等の給付を求めて申請をした者が，行政庁の応答がない場合に，一定の処分の義務付けを求めるといったものも考えられます。

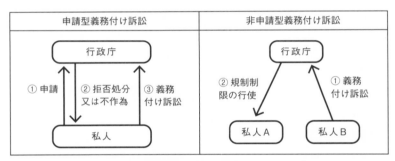

図 17-13　２つの義務付け訴訟（宇賀行政法, 376 頁）

❶**訴訟要件**　訴訟を提起するためには，次の３つの要件を満たすことが必要です（行訴法37条の3第1-3項）。

- ●申請又は審査請求に対して相当の期間内に処分，裁決がないこと（不作為型）又は申請・審査請求に対して当事者に棄却や却下の処分を下したがその処分が違法で認容の処分を下すべき場合（拒否処分型）
- ●原告が法令に基づく申請又は審査請求をした者であること
- ●処分又は裁決に係る取消訴訟又は無効等確認の訴えが併合して提起されていること

❷**義務付け判決のための要件（本案勝訴要件）**　裁判所が原告が勝訴し義務付け判決が認め

られる（原告が勝訴する）ためには，①「請求に理由があると認められ」及び次の要件のいずれかを満たすことが必要です（行訴法37条の3第5項）。原告の請求（訴訟物）そのものを本案というため，訴訟で最終的に勝訴するための要件を「**本案勝訴要件**」といいます。

- その義務付けの訴えに係る処分又は裁決につき，行政庁がその処分・裁決をすべきであることがその処分・裁決の根拠となる法令の規定から明らかであると認められること
- 行政庁がその処分・裁決をしないことがその裁量権の範囲を超え，又はその濫用となると認められること

(2) 非申請型義務付け訴訟

非申請型義務付け訴訟とは，行政庁が一定の処分をすべきであるにかかわらず，これがされないときに提起することができる訴訟です。例えば，申請権を有しない周辺住民が，行政庁に対して，環境に悪影響を及ぼしている事業者に対する規制権限の発動を求めるという訴訟が想定されます。

❶訴訟要件　　訴訟を提起するためには，次の3つの要件を満たすことが必要です（行訴法37条の2第1項）。

- 一定の処分がされないことにより重大な損害を生ずるおそれがあること
- その損害を避けるため他に適当な方法がないとき
- 行政庁が一定の処分をすべき旨を命ずることを求めるにつき法律上の利益を有する者であること

❷義務付け判決のための要件（本案勝訴要件）　　訴訟の結果，義務付けが認められるためには，次の要件のいずれかを充たす必要があります（行訴法37条の2第5項）。

- 行政庁がその処分をすべきであることがその処分の根拠となる法令の規定から明らかであると認められるとき
- 行政庁がその処分をしないことがその裁量権の範囲を超え，又は濫用となると認められるとき

　通常の訴訟ではこのような勝訴要件は法律で定められていませんが，裁判所の判断で行政機関に対して一定に義務を課すことになることからより厳しい要件が法律で規定されているのです。

(3) 義務付け判決の形式

　原告勝訴の場合の判決としては，一定の処分をすることを義務付けるという形（抽象的義務付け判決）と，具体的な処分（例えば建築物除却命令）をすることを義務付けるという形の判決が考えられます。**抽象的義務付け判決**は，一定の処分という枠の範囲内で行政庁の裁量も認めるような形でなされる可能性があるため，実効性については問題が残ります。

⑨差止訴訟

　差止訴訟は，行政庁が一定の処分又は裁決をすべきでないにもかかわらず，行われようとしている場合に認められます（行訴法 37 条の 4 第 1 項）。例えば，行政の規制監督権限に基づく制裁処分が公表にされると名誉や信用に重大な損害を生ずるおそれがある場合に，その処分の差止めを求める場合がこれに当たります。

❶訴訟要件　　差止訴訟を提起するためには，次の要件をすべて充たしていることが必要です（行訴法 37 条の 4 第 1 項）。

> ● 一定の処分又は裁決がされることにより重大な損害を生ずるおそれがある場合で，かつ，その損害を避けるために他に適当な方法がないこと
> ● 原告が行政庁に対して一定の処分又は裁決をしてはならない旨を命ずることを求めるにつき法律上の利益を有する者であること

❷差止判決のための要件（本案勝訴要件）　　差止が認められるためには，行政庁が処分・裁決をすべきでないことが根拠となる法令の規定から明らかであると認められるか，あるいは行政庁がその処分・裁決をすることがその裁量の範囲を越えるか，濫用となると認められることが必要です（行訴法 37 条の 4 第 5 項）。

⑩仮の義務付け制度・仮の差止制度

❶総　　説　　2004 年の法改正により，創設された制度です。仮の義務付け制度とは義務付け訴訟における仮の救済で，また仮の差止制度とは差止訴訟における仮の救済制度です。義務付け訴訟及び差止訴訟が新たに法律で定められたことにともなって設けられたものです。判決がなされるまで待っていたのでは何らかの不利益が予想される場合に，仮の処分を義務付けたり，仮に差し止めたりすることによって，損害の発生を未然に防止することが目的です。

❷要　　件　　仮の義務付け，仮の差止めのためには，次の要件を充たしていることが必要です（行訴法 37 条の 5 第 1 項）。

- ●義務付け訴訟又は差止訴訟の提起があったこと
- ●償うことのできない損害を避けるため緊急の必要があること
- ●義務付け訴訟又は差止訴訟について理由があると認められること
- ●公共の福祉に重大な影響を及ぼすおそれがないこと

17-03　国家補償

　ここまでは，行政処分等に関して救済を求めるための制度を説明しました。次に，行政の活動によって私人が受けた損害，損失を金銭的に補填する制度である国家補償について説明しましょう。この国家補償は，①国家賠償法に基づく損害賠償，②損失補償の２種類に分けることができます。

① 国家賠償

　憲法17条は「何人も，公務員の不法行為により，損害を受けたときは，法律の定めるところにより，国又は公共団体に，その賠償を求めることができる」と規定しています。「法律に定めるところにより」を受けて，国家賠償法（以下「国賠法」）が制定され，国や公共団体の賠償責任について明確に規定されています。

②賠償責任の類型

　国賠法は，２つの類型の賠償責任を規定しています。

(1) 公権力の行使に当たる公務員が違法行為を行った場合

　国賠法１条１項は「国又は公共団体の公権力の行使に当る公務員が，その職務を行うについて，故意又は過失によつて違法に他人に損害を加えたときは，国又は公共団体が，これを賠償する責に任ずる」と，**公務員の違法行為に対する損害賠償**を定めています。

　この賠償責任の根拠としては，２つの説があります。１つ目は，本来加害者である公務員が負うべき責任を国・公共団体が代わって負うとする「**代位責任説**」で，通説・判例となっています。もう１つ行政活動には常に国民に損害を与える危険が伴っており，この危険から生じた損害に対して国・公共団体が直接に負うとする「**自己責任説**」もあります。

　それでは損害賠償責任が生じるための要件について，順に説明することにしましょう。

❶成立要件

　ⓐ**国又は公共団体について**　　国賠法１条では「国又は公共団体の公権力の行使」と規定しています。この「**公共団体**」の範囲は必ずしも明確ではありません。地方公共団体は当然

これに該当しますが，その他にも公権力を行使する団体がこれに当たるものと考えられます。例えば，弁護士会の懲戒権の行使は，公権力の行使に当たることから，弁護士会は「公共団体」に当たるものと考えられています。

ⓑ**公務員について**　国賠法1条の「**公務員**」とは，国家公務員法あるいは地方公務員法に規定に基づく身分を有する公務員に限るという意味ではなく，公権力の行使をゆだねられた者の意味であると，通説・判例では解しています。したがって，公権力の行使をゆだねられた者はたとえ私人であっても国賠法1条に規定する公務員に該当することになります。もっとも「公権力をゆだねられた者」という範囲については不明確であることは否定できません。

　特に近年では，民間委託や公の施設の指定管理者制度の導入（☞217頁）によって，行政活動を民間が担うことが多くなってきていることから，この点はさらに複雑になっています。そこで，判例の状況を概観してみることにしましょう。まず，私人であっても国賠法1条の公務員に当たるとした判例としては次のようなものがあります。

> 判　例：①検察官から領置物件の保管を委託された会社の従業員が公務員に当るとした事例（東京高判昭和50年4月24日判タ328号264頁）：国賠法1条1項にいう「公務員」とは，「必ずしも国家公務員，地方公務員その他国又は公共団体と身分的なつながりを有する者に限らず，実質的に公務を執行するすべての者を指す」。このように解すれば，「検察官から領置物件の保管を委託された会社の従業員といえども，同人の保管を通じて検察官の領置が継続すると見られる以上，領置という側面に関する限り」，「公権力の行使に当る公務員である」。

> 判　例：②拘置所の被収容者に対する手術及び手術後の治療を行った医師を「公務員」とした事例（大阪地判昭和48年9月19日判時720号40頁）：A医師は，「開業医であつて国の公務員ではないが」，拘置所長の委託により手術に及んだものであり，「監獄法施行規則117条1項によれば，所長は必要な場合監獄の医師以外の医師に治療の補助をさせることができる」ところから，「拘置所での医療行為が同様公権力の行使にあたることはいうまでもないから」，「履行補助者としてのA医師」の「所為につき，国賠法1条1項，6条により，そのため原告の被つた損害を賠償する責任を負う」。

> 判　例：③市立図書館において警備に従事していた者を公務員とした事例（横浜地判平成11年6月23日判自201号54頁）：「国賠法1条にいう「公務員」とは，同条にいう「公権力の行使」に当たる者として，国又は公共団体のために公権力を行使する権限を有する者であり，そのような権限を委託された者も含まれ，公務員の資格の有無は問わないものと解される」。Aは，株式会社であるB社の「従業員であって公務員の資格を有しないが」，B社はC市との間で，「本件図書館の常駐警備業務を受託する旨の契約を締結しており」，Aの実力の行使は，「図書館の警備員として，本件図書館の警備をし，その秩序を守る過程において発生したものであって，これを「公権力の行使」と見ることに妨げはなく」，Aは，「国賠法1条にいう「公務員」に当た」る。

> 判　例：④建築物について確認を行った指定確認検査機関が「公務員」に当るとした事例（横浜地判平成17年11月30日判自277号31頁）：「指定確認検査機関による建築確認処分は，当

該確認に係る建築物について確認をする権限を有する建築主事が置かれた地方公共団体の公権力の行使であるといえるから，当該地方公共団体は，指定確認検査機関による建築確認処分に係る事務の違法それ自体を理由として，国賠法1条1項の「公共団体」として賠償責任を負うと解するのが相当である」。

判　例：⑤知的障害者更生施設の管理委託者が公務員に当たるとした事例（鹿児島地判平成18年9月29日判タ1269号152頁）：「国賠法1条1項の「公務員」とは，組織法上の公務員たる身分を与えられた者に限らず，国又は公共団体のために公権力を行使する権限を与えられた一切の者をいい，そのような権限を委託された私人もこれに含まれるものと解される。そして，私人が行う事務が国又は公共団体のための公権力の行使であるといい得るか否かは，当該事務がそれ自体強制的契機を含むか，あるいは国又は公共団体の行う公権力の行使と密接不可分のものか否か，また，当該私人が当該事務を専ら自らの事業・職務のために独自の判断で行うものかそうでないかといった観点からこれを検討する必要があるというべきである」。

判　例：⑥児童養護施設の管理委託者が公務員に当たるとした事例（最判平成19年1月25日判時1957号60頁）：「法は，保護者による児童の養育監護について，国又は地方公共団体が後見的な責任を負うことを前提に」，「児童養護施設の長が入所児童に対して監護，教育及び懲戒に関し」「必要な措置を取ることを認めている」。この法の規定及び趣旨に照らせば，「入所後の施設における養育監護は本来都道府県が行うべき事務であり」，「児童の養育監護に当たる児童養護施設の長は」，「都道府県が有する公的な権限を委譲されてこれを都道府県のために行使するものと解される」ことを根拠として，「当該施設の職員等による養育監護行為は，都道府県の公権力の行使に当たる公務員の職務行為と解するのが相当である」。

一方，「公務員性」が否定された例として，次のようなものがあります。

判　例：①特別区を実施主体とするホームヘルパー派遣事業に基づいて派遣されたヘルパーの「公務員性」を否定した事例（東京地判平成11年3月16日判時1702号113頁）：ホームヘルパー派遣事業について，特別区は「利用者に提供されるサービスの内容を決定するけれども，これらを自ら提供するのではなく」，「サービスを受ける費用を助成するに止まっている」ものであるため，「利用者に対するサービスは，家事援助者が利用者との契約に基づく債務の履行として提供するのであり，しかも，これについて被告の指揮監督は事実上も及ばないのであるから」，「公権力を行使する公務員に当たると評価することはできない」。

判　例：②東京特別区の家庭福祉員について「公務員性」を否定した事例（東京地判平成19年11月27日判時1996号16頁）：本件事業は，「保育ママ（家庭福祉員）と児童の保護者との間で直接締結される保育利用契約の履行として提供される役務であって，それ自体は被告世田谷区の事務ではないこと，被告世田谷区の保育ママ事業に対する運営費の補助は，あくまで別の事業主である保育ママに対する補助金であって，雇用関係にある職員に対する給与などではないこと，被告世田谷区が実施する保育ママ」は，「行政指導であり，保育ママに対する職務命令や監督ではないことが認められ」ること等から，「保育ママとして，被告世田谷区の公務を委託されてこれに従事しているものとは認定することができないから，「公務員」と認めることはできない」。

　このように，判例では，国賠法１条１項にいう「**公務員**」とは，必ずしも国家公務員，地方公務員その他国又は公共団体と身分的なつながりを有する者に限らず，実質的に公務を執行するすべての者を指すとして，公務員を幅広く認める傾向があります。ただし，地方公共団体が補助金を支出するに留まる団体の職員のように地方公共団体の指揮監督が及ばない者については「公務員性」を否定しています。

　ⓒ**職務関連性について**　　国賠法上で国又は公共団体が責任を負うのは，「その職務を行うについて」なされた場合に限ります。そのため公務員としての**職務関連性**が問われます。逆に，公務員が職務とまったく関係なしに，第三者に損害を与えても公共団体は賠償責任を負うことはありません。このような場合は公務員個人が民法の不法行為等の規定に従って賠償責任を負うことになります。一般的に公務員が職務執行の意思を有していなくても，客観的に職務執行の外形を備える行為をした場合には「その職務を行うについて」に該当すると解する説があり，**外形標準説**とよばれています。

　外形標準説に関連する判例としては，以下のものが挙げられます。

> **判　例**：警視庁の巡査が非番の日に駅前で制服制帽を着用のうえ，強盗殺人を行ったという事件で判例は次のように判断しています。「公務員が主観的に権限行使の意思をもってする場合に限らず，自己の利を図る意図をもってする場合でも，客観的に職務執行の外形を備える行為をしてこれによって他人に損害を加えた場合には，国又は地方公共団体に損害賠償の責を負わせ」るべきである（最判昭和31年11月30日民集10巻11号1502頁）。もっとも，この判例は当該警察官が制服制帽を着用しており，拳銃も携帯していたからこそ相手方が信頼して金銭等を預けたと考えられるので，一般論として外形標準説を採用しているとはいえないのではないかと考えられます。

　ⓓ**故意又は過失について**　　**故意**は一定の結果の発生とその違法性を認識しながらあえて行為することを意味します。また，**過失**とは一定の結果の発生とその違法性を認識すべきなのに不注意からそれを認識しない心理状態を意味するとされます。

　ⓔ**違法性について**　　国賠法１条の賠償責任が発生するには，公務員の行為が違法な場合に限られます。不法行為に関する民法709条は故意・過失とともに違法性を不法行為成立の要件としており，同条が規定する違法性とは「他人の権利又は法律上保護される利益を侵害すること」とされています。国家賠償法上の違法性についても同様に解するべきと考えられます。

　ⓕ**損害の発生**　　国家賠償が認められるためには**損害**が発生しなければなりません。損害には，生命身体，健康，財産にかかわるものはもちろんのこと，精神的損害も賠償の対象となります。

　ⓖ**因果関係**　　賠償請求が認められるためには公務員の行為と損害の発生の間に**因果関係**が存することが必要です。損害が公務員の行為と無関係に発生した場合に賠償請求が認められないのは当然のことです。

❷違法性に関する問題点

ⓐ違法性同一説と違法性相対説

この違法性の判断基準については，公権力の行使の内容の違法（行政処分等の実体要件等に係る違法性）と国家賠償法上の違法性が同一であるととする違法性同一説と国家賠償法上の違法性は公権力の行使の内容の違法とは別に判断をする違法性相対説とがあります。

違法性同一説は，法律による行政の原理の下で行政活動に関する根拠法令に適合している限り損害賠償責任を負わないが，違反した場合には国家賠償法上も違法となると考えます（塩野Ⅱ320頁）。これに対して，違法性相対説は，国家賠償請求の違法性は他人に損害を加えることが法の許容するとことであるかどうかという見地からする行為規範であり，損害補填の公平負担の見地から被侵害法益の重大性，加害行為の態様，被害者側の事情などを総合的に判断した結果，行為者側に責任を負担させることを根拠づける意味での加害者側の帰責であると考えます。そのため，行政処分等の効力発生要件に関する違法とはその性質を異にし，根拠法令に対する関係では適法な職務行為であるにもかかわらず国家賠償上の違法とされることがある一方，根拠法令に違反して違法であるにもかかわらず国家賠償法上の違法とされないことがあるとします（遠藤国家賠償法上巻166頁，187頁）。

ⓑ違法性の判断基準

国家賠償法1条1項の違法性の判断基準する主な見解として，結果の不法を重視する見解（結果不法説），侵害行為の不法を重視する見解（行為不法説）とがあります。

> ア　結果不法説
> 法益侵害と被害者救済を重視し，行政活動によって不法な状態を生じさせたことについて違法性を認める見解です。損失補償との違いも相対化されるため，国家賠償と損失補償を国家補償として統一的に把握する立場に近づくことになります。
> イ　行為不法説
> 　公務員の行為の違法性に着目し，侵害行為の態様から，不法な行為を行ったことについて違法性を認める見解です。さらに，職務行為基準説と公権力発動要件欠如説に分かれています。

・職務行為基準説

公務員が行政活動を行うに際して職務上尽くすべき注意義務に違反した場合に，違法になるという説です。この説によれば，国賠法上の違法性は，行政作用法上の違法性とは必ずしも一致しないことから，違法性二元説につながります。

この説は判例でも取られていますが，①行政処分に関してこの説を採用することは国家賠償法の制裁的・違法行為抑止・違法状態排除機能が大きく損なわれることになる，②この説の下では取消訴訟と国家賠償請求訴訟がともに提起された場合，前者では処分を違法としな

がら，後者では処分を違法ではないとする事態が起こりうるなどの批判があります（宇賀概説Ⅱ 472 頁）。

・公権力発動要件欠如説

行政活動（公権力の発動）の根拠法令によって定められた要件が欠如しているにもかかわらず行政活動が行われた場合に，違法になると考えます。この説によれば，国賠法上の違法性は，行政作用法上の違法性と一致することになり，違法性一元説の立場に立つことになります。

この説は，①根拠規範，規制規範違反をもって国家賠償法上の違法とする法治主義国家責任論に立てば，根拠規範，規制規範違反自体によって国，公共団体に責任を負わせることに親和性がある，②行政主体による侵害が公権力発動要件に適合したものであれば，行政法体系上は損害賠償の問題ではなく，損失補償の要否の問題として考えるべきである，などを根拠に学説では有力となっています（宇賀概説Ⅱ 473 頁）。

図 17-14　違法性に関する学説の分類
（宇賀概説Ⅱ 450 頁）

判　例：①窃盗罪等などで告訴されたが無罪判決を得た者が国に対して，捜査や公訴の提起について故意・重過失があったとして損害賠償を求めた事案において，「刑事事件において無罪の判決が確定したというだけで直ちに起訴前の逮捕・勾留，公訴の提起・追行，起訴後の勾留が違法となるということはない。けだし，逮捕・勾留はその時点において犯罪の嫌疑について相当な理由があり，かつ，必要性が認められるかぎりは適法であり，…起訴時あるいは公訴追行時における検察官の心証は，…起訴時あるいは公訴追行時における各種の証拠資料を総合勘案して合理的な判断過程により有罪と認められる嫌疑があれば足りるものと解するのが相当であるからである。」としました（最判昭和 53 年 10 月 20 日民集 32 巻 7 号 1367 頁）。
②前訴において敗訴判決を受けた者が，適用すべき法条を適用しなかった違法な判決であるとして，国に対して損害賠償を請求した事案において，「裁判官がした争訟の裁判に上訴等の訴訟法上の救済方法によつて是正されるべき瑕疵が存在したとしても，これによつて当然に国家賠償法一条一項の規定にいう違法な行為があつたものとして国の損害賠償責任の問題が生ずるわけのものではなく，右責任が肯定されるためには，当該裁判官が違法又は不当な目的をもつて裁判をしたなど，裁判官がその付与された権限の趣旨に明らかに背いてこれを行使したものと認めうるような特別の事情があることを必要とする」としました（最判昭和 57 年 3 月 12 日民集 36 巻 3 号 329 頁）。

③在宅投票制度を廃止しこれを復活しなかつた立法行為の違法性が争われた事案において，国会議員の立法行為が国会賠償法1条1項において「違法となるかどうかは，国会議員の立法過程における行動が個別の国民に対して負う職務上の法的義務に違背したかどうかの問題」であるとしています（最判昭和60年11月21日民集39巻7号1512頁）。
④税務署長から更正処分を受けた者が，所得金額を課題に認定した違法な処分だとして国に対して損害賠償請求をした事案において「税務署長のする所得税の更正は，所得金額を過大に認定していたとしても，そのことから直ちに国家賠償法1条1項にいう違法があつたとの評価を受けるものではなく，税務署長が資料を収集し，これに基づき課税要件事実を認定，判断する上において，職務上通常尽くすべき注意義務を尽くすことなく漫然と更正をしたと認め得るような事情がある場合に限り，右の評価を受けるものと解するのが相当である。」としました（最判平成5年3月11日民集47巻4号2863頁）。
⑤原爆特別措置法に基づく健康管理手当の受給権は日本からの出国によって失権の取扱いになると，厚生省の局長通達（402号）が定めていたため，これに従って国が在外被爆者Xに支給拒否をしたことに関して国に損害賠償請求を行った事案において，「402号通達の発出の段階において，原爆二法の統一的な解釈，運用について直接の権限と責任を有する上級行政機関たるYの担当者が，それまでYが採ってきたこれらの法律の解釈及び運用が法の客観的な解釈として正当なものといえるか否かを改めて検討することとなった機会に，その職務上通常尽くすべき注意義務を尽くしていれば，当然に認識することが可能であったものというべきである。そうすると，Yの担当者が，原爆二法の解釈を誤る違法の内容の402号通達を発出したことは，国家賠償法上も違法の評価を免れないものといわざるを得ない。」としました（最判平成19年11月1日民集61巻8号2733頁）。

ⓒ**規制権限の不行使**　国家賠償法1条1項の「公権力の行使」には，行政機関が権限を行使なかったという不作為の場合も含まれます。一般的には行政機関には権限行使に関して一定の裁量があり，法的に権限行使を義務付けられている場合ではありません。そのために，どのような場合に，権限の不行使により賠償責任を負うかという点が問題となります。
　この点について，最判平成16年10月15日（民集58巻7号1802頁）は，「国又は公共団体の公務員による規制権限の不行使は，その権限を定めた法令の趣旨，目的や，その権限の性質等に照らし，具体的事情の下において，その不行使が許容される限度を逸脱して著しく合理性を欠くと認められるときは，その不行使により被害を受けた者との関係において，国家賠償法1条1項の適用上違法となるものと解するのが相当である」としています。
　行政機関の権限の不行使に関して損害賠償責任を認めた事案として次のものがあります。
　①酒に酔って飲食店でナイフをちらつかせたりなどした者を警察署に連れていったが，その者が帰宅を許され，再び飲酒をしていた同人に切りつけられ重傷を負ったため，警察官がナイフを領置するなど適切な措置をとることなく加害者にナイフを携帯したまま帰ることを許したことが違法であるとして，大阪府に対して国家賠償を求めた事案です。判決は，「同人に本件ナイフを携帯したまま帰宅することを許せば，帰宅途中右ナイフで他人の生命又は身体に危害を及ぼすおそれが著しい状況にあつたというべきであるから，同人に帰宅を許す以上少なくとも（銃砲刀剣類所持等取締）同法24条の2第2項の規定により本件ナイフを提出さ

せて一時保管の措置をとるべき義務があつたものと解するのが相当であつて，前記警察官が，かかる措置をとらなかつたことは，その職務上の義務に違背し違法である」としました（最判昭和57年1月19日民集36巻1号19頁）。

　②第二次世界大戦後の武装解除により海中に投棄され，その後海岸に打ち上げられた砲弾の爆発により死亡，負傷した事案において「単に島民等に対して砲弾類の危険性についての警告や砲弾類を発見した場合における届出の催告等の措置をとるだけでは足りず，更に進んで自ら又は他の機関に依頼して砲弾類を積極的に回収するなどの措置を講ずべき職務上の義務があつたものと解するのが相当であつて，前記警察官が，かかる措置をとらなかつたことは，その職務上の義務に違背し，違法である」としました（最判昭和59年3月23日民集38巻5号475頁）。

　③通商産業大臣がじん肺法制定以後も規制権限を行使しなかつたことが違法であるなどとして国に対して損害賠償請求を行った事案で，「通商産業大臣は，遅くとも，昭和35年3月31日のじん肺法成立の時までに，前記のじん肺に関する医学的知見及びこれに基づくじん肺法制定の趣旨に沿った石炭鉱山保安規則の内容の見直しをして，石炭鉱山においても，衝撃式さく岩機の湿式型化やせん孔前の散水の実施等の有効な粉じん発生防止策を一般的に義務付ける等の新たな保安規制措置を執った上で，鉱山保安法に基づく監督権限を適切に行使して，上記粉じん発生防止策の速やかな普及，実施を図るべき状況にあったというべきである。そして，上記の時点までに，上記の保安規制の権限（省令改正権限等）が適切に行使されていれば，それ以降の炭坑労働者のじん肺の被害拡大を相当程度防ぐことができたものということができる。本件における以上の事情を総合すると，昭和35年4月以降，鉱山保安法に基づく上記の保安規制の権限を直ちに行使しなかったことは，その趣旨，目的に照らし，著しく合理性を欠くものであって，国家賠償法1条1項の適用上違法というべきである。」としました（最判平成16年4月27日民集58巻4号1032頁）。

❸公務員に対する求償　　国賠法1条に基づいて被害者に対して直接に賠償責任を負うのは国や公共団体です。しかし，公務員に故意又は重大な過失があったときは，国や公共団体はその**公務員に対する求償**を行うことができます（国賠法1条2項）。

　求償するかどうかは国又は公共団体の裁量ですが，権利の適正な行使という意味では公務員の行為の非難可能性や弁済能力等を考えて必要な額については適切に求償する必要があります。

❹公務員個人への直接請求　　公務員が住民に損害を与えた場合は，国賠法1条に基づき国又は公共団体が賠償責任を負いますが，被害者が加害行為を行った**公務員個人に対する直接の賠償請求**を行うことができるかという問題があります。この点について国賠法は明文の規定を設けていないため，肯定説，否定説，折衷説の三説に分かれています。

　ⓐ**肯定説**　　公務員個人に直接請求できるとする**肯定説**は，次の2点が根拠とされていま

す。まず，公務員個人の賠償責任を認めることによって公務員による職務執行の適正を担保することが1つ目の根拠のとされ，公務員を私人以上に保護すべき理由がないことが2つ目の根拠とされています。

　　ⓑ**否定説**　　次に公務員個人に直接賠償請求を行うことができないとする**否定説**については，公務員個人の責任を認めることにより，公務員が萎縮し公務の適正な執行に支障が生ずることを根拠とします。

　国賠法の立法過程においても，「公務員に責任があるとすれば，その日常の執務に就て臆病になる惧れあるに鑑み責任は国家にあると規定することにより公務員の積極行政に期待する次第なり」という説明がなされていますが，同様の見解に基づくものと考えられます。

　　ⓒ**折衷説**　　最後に，**折衷説**は，公務員に故意・重過失がある場合に限って直接賠償責任を認めるものです。その根拠としては公務員個人の責任としては民法709条により故意又は過失を要件とすることを基本としながら，国賠法上の求償権の要件が故意又は重過失であることを理由として主張されています。

　判例においては，リーディングケースである（最判昭和30年4月19日民集18号287頁）で「国又は公共団体が賠償の責に任ずるのであって，公務員が行政機関としての地位において賠償の責任を負うものではなく，また公務員個人もその責任を負うものではない」と判示して以来，その見解を維持しています。

　以上のとおり，判例は，原則として，加害公務員に対して直接に損害賠償請求することを認めていません。しかし，下級審判決においては，加害公務員等に対する損害賠償請求を認めたものもあります。

(2) 公の営造物の設置・管理に瑕疵があった場合

❶**根拠規定**　　国賠法2条1項は「道路，河川その他の公の営造物の設置又は管理に瑕疵があつたために他人に損害を生じたときは，国又は公共団体は，これを賠償する責に任ずる」と**損害賠償の根拠**を規定しています。

　民法717条の規定（土地の工作物の設置又は保存に瑕疵があった場合の占有者・所有者の賠償責任）によって国や公共団体の賠償責任が認められますが，国又は公共団体の責任を明確にするために規定されたものです。

❷**公の営造物**　　「**公の営造物**」とは，国又は公共団体によって直接公の目的に供される施設をいいます。「公の営造物」は不動産に限らず，動産も含むというのが通説・判例です。

❸**設置・管理の瑕疵**　　営造物の瑕疵について，判例は「営造物が通常有すべき安全性を欠いていること」を指すとしています（最判昭和45年8月20日民集24巻9号1268頁）。また，この責任は過失の存在を必要としない無過失責任と解されています。

　ただし，損害が**不可抗力**に基づく場合は，瑕疵に当たらず国・公共団体は責任を負いません。ガードレールに腰掛けて遊んでいた子供が転落した場合（最判昭和53年7月4日民集32巻5号809頁）やテニスコートの審判台に反対側から子供が登ったために審判台が倒れて子供が下敷きになった場合（最判平成5年3月30日民集47巻4号3226頁）などでは，損害賠償責任は否定されています。

③費用負担者の責任

　公権力の行使に当たる公務員が不法行為を行い，又は公の営造物の設置・管理に瑕疵があり，国又は公共団体が損害を賠償する責任を負う場合において，「公務員の選任若しくは監督又は公の営造物の設置若しくは管理に当る者と公務員の俸給，給与その他の費用又は公の営造物の設置若しくは管理の費用を負担する者とが異なるときは，費用を負担する者もまた，その損害を賠償する責に任ずる」こととされています（3条1項）。さらに，この場合に「損害を賠償した者は，内部関係でその損害を賠償する責任ある者に対して求償権を有する」こととされています（同条2項）。

　これは，被害者が被告とすべき者を誤ることによって十分な救済を受けることができないことがないように，本来的に賠償責任を負うべき者とともに，給与や管理費用等を負担する者にも賠償責任を負わせるという趣旨です。

　この規定が適用された判例としては，次のようなものがあります。

> 判　例：国が，地方公共団体に対し，国立公園に関する公園事業の一部の執行として周回路の設置を承認し，その際右設置費用の半額相当の補助金を交付し，また，その後の改修にも補助金を交付して，右周回路に関する設置費用の2分の1近くを負担している事案において，「法律の規定上当該営造物の設置をなしうることが認められている国が，自らこれを設置するにかえて，特定の地方公共団体に対しその設置を認めたうえ，右営造物の設置費用につき当該地方公共団体の負担額と同等もしくはこれに近い経済的な補助を供与する反面，右地方公共団体に対し法律上当該営造物につき危険防止の措置を請求しうる立場にあるときには」，国は国家賠償法3条1項の設置費用の負担者に含まれるものというべきであるとしました（最判昭和50年11月28日民集29巻10号1754頁）。

> 判　例：市立中学校教諭の体罰により被害を受けた生徒が提起した国家賠償請求訴訟で敗訴した県が，賠償額を当該生徒に支払った後に，国家賠償法3条2項の規定に基づき市に対して求償を求めた訴訟において，「当該教諭の給料その他の給与を負担する都道府県が国家賠償法1条1項，3条1項に従い上記生徒に対して損害を賠償したときは，当該都道府県は，同条2項に基づき，賠償した損害の全額を当該中学校を設置する市町村に対して求償することができる」としました（最判平成21年10月23日民集63巻8号1849頁）。

④適法行為に対する損失補償

　先ほど説明した国家賠償は，行政の違法な行為を前提とするものでした。しかし，行政の

適法な行為によっても損失が生じることはあります。そのような損失の補塡は，「**損失補償**」と呼ばれます。

　憲法 29 条 3 項は「私有財産は，正当な補償の下に，これを公共のために用ひることができる」と規定して，公共のために私有財産を収用するような場合には補償が必要であることを明示しています。

(1)　補償の要否

　「**補償の要否**」については，補償が必要かどうかの判断基準として，行政活動による損失が「**特別の犠牲**」に該当するときは補償を要すると解されています。行政活動については，財産権を侵害・制約することになるような法規制や行政活動は非常に多くあります。しかし，そのすべてについて補償が必要となるわけではなく，社会生活を営む以上，だれもが甘受すべきだと考えられるような財産権の侵害・制約もあります。そのような制約は，いわば普通の犠牲であって補償の対象にならないが，特定の者に通常のレベルを越えるような犠牲を要求するときは「特別の犠牲」に当たると考えられています。

　何が**特別の犠牲**に当たるかについては，①侵害行為が特定の者に対するものであり（形式的基準）と②侵害行為が受忍限度を越えるほど強度なもの（実質的基準）である場合に特別の犠牲があったと考えられています（芦部憲法 247 頁）。

(2)　補償の内容

　憲法 29 条 3 項は「正当な補償」と規定していますが，「正当な補償」が何を意味するかについては，完全な補償を意味するという「**完全補償説**」と相当な補償で足りるとする「**相当補償説**」の 2 説があります。

　現在では，完全補償説が通説になっています。最判昭和 48 年 10 月 18 日（民集 27 巻 9 号 1210 頁）は，「土地収用法における損失の補償は，特定の公益上必要な事業のために土地が収用される場合，その収用によつて当該土地の所有者等が被る特別な犠牲の回復をはかることを目的とするものであるから，完全な補償，すなわち，収用の前後を通じて被収用者の財産価値を等しくならしめるような補償をなすべきであり，金銭をもつて補償する場合には，被収用者が近傍において被収用地と同等の代替地等を取得することをうるに足りる金額の補償を要する」としています。

新版あとがき

　2014 年の初版の刊行からこの新版の刊行までの間に，私自身の職は地方公務員から大学教員へと変わり，取り巻く環境も大きく変化しました。かつては地方公共団体における法的課題の解決という視点から法律を見ることが中心でしたが，現在は研究，教育的側面を含めてより広い視点から行政法，地方自治法をとらえることができるようになったと感じています。

　一方，今でも変わらないのが，地方公務員の皆さんに分かりやすく法律を伝えたいとの思いです。新版においても自治体職員にとって必要な法的知識を分かりやすくという思いで，見直し，執筆を行いました。

　2021 年，多くの地方公務員が新型コロナウイルスへの対応という激務にご対応いただいていると思います。そんな中であっても本書を通じて 1 人でも多くの地方公務員が，法律を理解し，公務に役立てていただければ幸いです。

　最後になりますが，本書の初版から編集を担当していただいているナカニシヤ出版編集部の米谷龍幸さんに心からお礼を申し上げたいと思います。米谷さんは，コロナ禍においてさまざまな困難な状況にもかかわらず，本書の刊行に向けて種々ご調整いただきました。本書が版を重ね，このように新版を刊行することができたのも米谷さんのおかげです。

　私事にわたり恐縮ですが，私の研究生活を支えてくれている妻，長男，両親に感謝の言葉を贈りたいと思います。

2021 年 12 月

松村　享

初版あとがき

　政策法務という言葉が使われるようになって既に 20 年以上を経過し，近年では自治体法務の主要な位置を占めています。政策法務についてはさまざまなとらえ方がされていますが，私の理解によれば，地方公共団体の政策形成からその執行，評価，紛争処理のすべての過程において自治立法権，自主解釈権を行使し，政策の必要性，有効性，正統性を高いレベルで維持しながら，法的紛争に際しては政策主張を行うという考え方です。

　しかし，私自身は，地方公共団体職員にとっては政策法務が脚光をあびるなかでこそ基礎的な法務能力が必要であると痛感しています。地方公共団体に関連するさまざまな法律の基礎知識があってこそ，はじめて政策法務が機能するのです。基礎的な法務能力を欠いたままでの政策法務は，脆弱な砂上の楼閣にすぎないということができます。

　そのため，本書の執筆に当たっては，「法律の基礎的な知識を，できるだけ多くの職員が，できるだけ容易に身につける」ということを強く意識しました。今後，1 人でも多くの人が本書を通じて法律の基礎を身につけ，その知識を政策法務へと結びつけていただければ幸いです。それが，政策法務に対する私のアフェクションです。

　なお，本書の刊行は，母校同志社大学の田井教授からナカニシヤ出版をご紹介いただいたことが契機となりました。田井先生には，学生時代にご指導いただいたばかりでなく，今回はこのような素晴らしい機会を与えていただき，心より感謝いたしております。

　また，ナカニシヤ出版第 2 編集部の米谷編集長は，本書の刊行を積極的に進めていただいただけでなく，原稿に手を入れていただき，米谷編集長のご協力がなければ本書が日の目を見ることはなかったと思います。心から感謝いたしたいと思います。

　最後に私事ではありますが，私が法律の基本的な考えを学んだのは，同志社大学在学中の大谷實先生（現　学校法人同志社総長）の演習のクラスでした。大谷先生はご高名な刑法学者であり，演習でお教えいただいた内容も本書とは分野は異なるものですが，大谷先生に学んだことが私の法律の基礎となっています。

　私が本書を出版することができたのも，大谷先生にご指導いただいたおかげです。本書を大谷先生にお贈りして，感謝の気持ちをお伝えしたいと思います。

　このように多くの方々のご指導，ご協力の下で刊行することができた本書が，1 人でも多くの自治体職員の法律を学ぶきっかけとなることを願ってやみません。

2014 年　春

松村　享

事項索引

判例索引

■ 著者紹介

松村　享（まつむら・すすむ）

名古屋学院大学法学部教授（元四日市市会計管理者）
日本公法学会会員。日本地方自治学会会員。地方行政実務学
会会員。

著書は参考文献に記載のとおり。その他に論稿は多数。

新版 地方公務員のための法律入門

2022 年 2 月 22 日　新版第 1 刷発行　　　　　　$\left(\begin{array}{l}\text{定価はカヴァーに}\\\text{表示してあります}\end{array}\right)$

著　者　松村　享
発行者　中西　良
発行所　株式会社ナカニシヤ出版
〒 606-8161　京都市左京区一乗寺木ノ本町 15 番地
　　　　　　　Telephone　075-723-0111
　　　　　　　Facsimile　075-723-0095
　　　Website　http://www.nakanishiya.co.jp/
　　　E-mail　iihon-ippai@nakanishiya.co.jp
　　　　　　　郵便振替　01030-0-13128

装幀＝白沢　正／印刷・製本＝ファインワークス
Copyright © 2022 by S. Matsumura
Printed in Japan.
ISBN978-4-7795-1629-0